CYNNWYS

POBL Y FFORDD 2

HANES 100 O GRISTNOGION ENWOG

GAN

ALUN TUDUR

CYHOEDDIADAU'R
GAIR

ⓗ Cyhoeddiadau'r Gair 2014
Testun gwreiddiol: Alun Tudur
Golygydd: Mair Jones Parry
Golygydd Cyffredinol: Aled Davies
Clawr: Rhys Llwyd

ISBN 978 1 85994 704 3
Argraffwyd ym Mhrydain.

Cyhoeddwyd gan
Cyhoeddiadau'r Gair, Cyngor Ysgolion Sul Cymru,
Ael y Bryn, Chwilog, Pwllheli, Gwynedd LL53 6SH.
www.ysgolsul.com

Ninian Sant *c.*360 – *c.*432

Cenhadwr yn yr Alban

Roedd Ninian o dras frenhinol, yn fab i frenin Cumbria oedd yn Gristion, a threuliodd ei ddyddiau cynnar yn Nyffryn Solway. Fel plentyn fe'i hyfforddwyd yn y ffydd Gristnogol ac fe'i bedyddiwyd. Yn ystod ei lencyndod aeth ar bererindod i Rufain lle yr arhosodd am rai blynyddoedd gan astudio'r ysgrythurau. Fe'i cysegrwyd yn esgob naill ai yn 393 neu yn 394 ac fe'i hanfonwyd yn ôl i Ynysoedd Prydain i weithio ymhlith ei bobl ei hun.

Ar ei siwrnai yn ôl adref treuliodd beth amser gydag esgob Tours, Ffrainc, sef Martin, a ddylanwadodd yn eithriadol o drwm arno. Efengylydd brwd oedd Martin a gredai y dylai pob mynachlog fod yn ganolfan i daenu'r Efengyl ac nid yn fan i encilio.

Pan gyrhaeddodd Ninian Galloway sefydlodd fynachlog yn seiliedig ar batrwm Martin. Gwyngalchwyd yr adeilad cerrig fel ei fod yn gwbl weladwy a galwyd ef yn Candida Casa (Tŷ Gwyn). Gelwir y lle heddiw yn Whithorn. Yn 397 cysegrwyd y fynachlog i Martin yn dilyn ei farwolaeth.

Erbyn i Ninian gyrraedd Galloway roedd milwyr Rhufain wedi gadael y mur ac roedd cyfnod o heddwch yn parhau. Manteisiodd ef ar hyn er mwyn cyflwyno Cristnogaeth i'r Pictiaid a daeth llawer ohonynt i gredu. Ei lwyddiant mwyaf nodedig oedd tröedigaeth tywysog lleol o'r enw Tuduvallus. Bu Ninian wrthi'n pregethu am gyfnod o ddeng mlynedd ar hugain. Teithiodd ar hyd y mur Rhufeinig ac i fyny arfordir dwyreiniol yr Alban. Croesodd yr Efengyl hefyd i Iwerddon lle roedd Albanwyr gogledd ddwyrain Ulster yn byw.

Daeth mynachlog Candida Casa yn ganolbwynt i'r esgobaeth ac yn ganolfan addysg i Gristnogaeth gynnar. Deuai credinwyr yno o Gymru ac Iwerddon i astudio.

Pan fu farw Ninian oddeutu 432 claddwyd ei gorff yn y fynachlog a gellir gweld adfeilion y capel yno hyd heddiw. Disgrifiwyd ef gan Bede, yr hanesydd enwog, fel 'esgob parchus a sanctaidd'. Dylanwadodd gwaith Whithorn ar fywyd yr Eglwys yn Iwerddon yn ystod cyfnod Padrig Sant ac yn ddiweddarach yn y bumed ganrif.

Ataliwyd gwaith mynachlog Whithorn gan ymosodiadau chwyrn o du'r Barbariaid yn y bumed a'r chweched ganrif, a hynny am gyfnod o gant a hanner o flynyddoedd. Yn y cyfnod hwn edwinodd yr Eglwys Gristnogol Geltaidd wrth i'r ymosodwyr hyrwyddo eu duwiau a'u heilunod eu hunain a bu ond y dim i Brydain droi eto yn wlad baganaidd.

Padrig Sant 390–461
Apostol y Gwyddelod

Ychydig iawn a wyddom am fywyd cynnar Padrig ac y mae'r rhan fwyaf o'r wybodaeth wedi ei chywain o'i Gyffesion. Ei enw Lladin oedd Patricius ac yr oedd ganddo hefyd enw Prydeinig, sef Sucat neu Sochet. Brodor o Brydain ydoedd, a hanai o rywle rhwng aber afon Hafren a de-orllewin yr Alban. Honna rhai mai Cymro ydoedd. Nid oes neb yn gwybod ble mae lleoliad y pentref lle y ganed ef, sef Bannavem Taberniae, ond mae'n rhaid ei fod yn agos at dref Rufeinig gan fod ei dad, Calpurnius, yn ustus. Yr oedd ei deulu yn ddinasyddion Rhufeinig ac yn Gristnogion. Er bod ei dad yn ddiacon a'i daid yn bresbyter nid oedd Padrig yn grediniwr. Pan oedd yn fachgen treuliau lawer o'i ddyddiau yn gweithio ar fferm ei dad ac ni chafodd fawr ddim addysg. Yn 405 glaniodd ysbeilwyr o Iwerddon gan gipio nifer fawr o bobl, yn cynnwys Padrig a oedd oddeutu un ar bymtheg oed.

Fe'i cludwyd i Iwerddon lle y gweithiodd fel caethwas i amaethwr yn Slemish, nid nepell o'r fan le mae Ballymena, Swydd Antrim, heddiw. Gofalodd am y moch am ryw chwe blynedd. Yno ystyriodd ystyr bywyd a'i berthynas â Duw. Dywedodd, 'Dangosodd yr Arglwydd fy anghrediniaeth fel y gallwn, er ei bod yn hwyr, gofio fy ffaeleddau a dod i adnabyddiaeth o Dduw a'i gariad rhyfeddol.'

Un noson cafodd weledigaeth. Clywodd lais yn ei gymell i adael y fferm a mynd at lan y môr lle y byddai llong yn disgwyl amdano. Ufuddhaodd, ac yno ar yr arfordir yr oedd llong ar hwylio. Aeth arni ac wedi mordaith o ddeufis glaniodd a mynd i Sant Honorat ar arfordir deheuol Gâl. Yno treuliodd nifer o flynyddoedd yn astudio mewn mynachlog. Dychwelodd i Brydain yn 414/5. Yn y cyfnod hwn ymddangosodd cyfaill iddo o Iwerddon o'r enw Victoricus mewn gweledigaeth. Rhoddodd hwn lythyr iddo ac ar yr un pryd clywodd lais pobl oedd wrth goedwig Focluth ar arfordir y gorllewin yn galw gan ddweud, 'Os gweli di'n dda, fachgen sanctaidd, tyrd i gerdded yn ein plith eto.' Treiddiodd y gri i'w galon a deffrodd Padrig o'i gwsg. Credai mai galwad oedd hon gan Dduw i fynd i gyhoeddi'r Efengyl yn Iwerddon. Aeth i astudio am gyfnod yn Auxerre ac fe'i hordeiniwyd yn ddiacon. Yn ddiweddarach fe'i cysegrwyd yn esgob gan Germanus, esgob newydd Auxerre, ac fe'i hanfonwyd allan fel 'apostol i Grist'. Pan aeth Padrig i Iwerddon, gwlad baganaidd ydoedd ar y cyfan gydag ychydig o gymunedau Cristnogol bychain wedi eu sefydlu gan ei ragflaenydd Palladius. Wrth ddechrau ar ei waith, ei fwriad oedd annog y Cristnogion hyn i ymestyn allan i ardaloedd cyfagos gyda'r Efengyl.

Glaniodd yn Iwerddon yn 433 ar yr arfordir dwyreiniol ac fe gafodd groeso gan Dichu, pennaeth lleol oedd yn berchen castell yn Downpatrick. Daeth Dichu i gredu yn Iesu Grist a rhoddodd ysgubor i Padrig – mewn man a elwir heddiw yn Saul – er mwyn iddo'i defnyddio fel eglwys. Aeth Padrig i gyfarfod y brenin Laoghaire yn Tara, Swydd Meath, a chyflwyno'r newyddion da iddo am Iesu. Er na chredodd ef, fe gredodd un o'i frodyr, sef, Conall a rhoddwyd caniatâd i Padrig barhau â'i genhadaeth yno. Teithiodd Padrig wedyn i'r gorllewin i ardal Connaught lle y treuliodd saith mlynedd yn gweithio. Aeth ymlaen wedyn i Ulster ac Armagh, lle yr adeiladodd eglwys gadeiriol. Ar ei deithiau sefydlodd lawer o fynachlogydd ac ynddynt lletyai miloedd o fynaich. Ynddynt roedd disgyblaeth lem gan fod angen cadw trefn ar y cannoedd o baganiaid oedd wedi dod yn Gristnogion. Roedd y mynachlogydd hyn yn nyddiau cynnar yr eglwys yn Iwerddon yn ganolfannau pwysig lle roedd cenhadon yn ymestyn allan i'r gymuned. Byddai disgyblion yn dod i'r mynachlogydd i astudio'r ysgrythurau a yno gwneid copïau o'r Efengylau.

Erbyn diwedd ei oes treuliai Padrig lawer o'i amser yn y gogledd ac yn 457 rhoddodd y gorau i fod yn arweinydd y Cyngor Gwyddelig. Bedair blynedd yn ddiweddarach bu farw ar 17 Mawrth, sydd bellach yn ddydd gŵyl Padrig.

Santes Brigit *c.*455–523
Santes Wyddelig

Fel llawer o'r seintiau Celtaidd cynnar deuai Brigit o deulu bonheddig. Pennaeth llwyth o Leinster oedd ei thad, Dubthach, o linach brenhinoedd Iwerddon. Pan aned Brigit yn 455 roedd ei theulu'n byw yn Faughart, ger Dundalk yn Ulster. Yn fuan wedyn symudodd y teulu i gyffiniau Kildare lle y cafodd ei magu. Yno fe'i bedyddiwyd ac fe gafodd addysg gyffredinol a chrefyddol gan fod ei rhieni yn Gristnogion.

Pan ddaeth Brigit i oed penderfynodd fynd yn lleian. Ar ôl iddi gael ei hyfforddi aeth at esgob lleol a rhoddodd ef wisg wen iddi. Ymunodd wyth o ferched eraill gyda hi i fod o dan ei harweiniad a'i gofal. Oherwydd ei duwioldeb a'i natur annwyl ddeniadol daeth rhagor o ferched ieuainc ati ac aeth y sôn am ei chymuned ar led trwy'r wlad.

Lluniodd reolau caeth a manwl ar gyfer ei sefydliad cyntaf a dechreuodd esgobion o wahanol ardaloedd yn Iwerddon ei hefelychu. Ymwelodd â Longford, Tipperary, Limerick, de Leinster a Roscommon, gan sefydlu lleiandy ymhob un.

Gofynnodd pobl Leinster a fyddai'n barod i sefydlu cartref parhaol yn eu plith, ac felly y gwnaeth. Rhoddwyd darn o dir iddi ar lain gwelltog gwastad a elwid yn Curragh Kildare. Yma adeiladwyd eglwys fechan bren yng nghysgod derwen fawr. Dyma sut y cafodd y lle ei enw, oherwydd ystyr Kill dara yw eglwys y dderwen neu Kildare erbyn heddiw. Parhaodd y dderwen i dyfu ymhell ar ôl dyddiau Brigit a thrwy'r blynyddoedd roedd gan y bobl leol barch mawr tuag ati.

Ymsefydlodd yno oddeutu 485 pan oedd yn ddeg ar hugain oed. Wrth ymyl yr eglwys adeiladodd annedd iddi hi ei hun a'i chymuned o leianod. Yn fuan wedi hynny, dim ond ergyd bwa oddi wrth y lleiandy, sefydlwyd mynachlog, a ddatblygodd yn ddiweddarach i fod yn un o golegau enwog Iwerddon. Wrth i'r cymunedau Cristnogol a'r dref dyfu dymunai Brigit gael esgob i oruchwylio dros yr holl waith. Penodwyd Conleth, meudwy lleol a gŵr duwiol, i gyflawni'r gwaith ac ef oedd esgob cyntaf Kildare.

Lledodd y sôn am ddoethineb Brigit a deuai brenhinoedd a phenaethiaid o bell ac agos i ymgynghori â hi. Un o'i rhinweddau mawr oedd haelioni a charedigrwydd tuag at y tlodion. Ni allai oddef gweld dioddefaint heb geisio ymateb iddo a'i leddfu.

Er bod ganddi gymeriad addfwyn a thyner roedd yn gweithredu disgyblaeth lem yn ei lleiandai. Trwy hyn rhoddodd arweiniad clir i ferched a ddymunai ddilyn bywyd lleian a bod yn rhan o gymuned grefyddol.

Bu farw yn Kildare ac addurnwyd ei bedd â cherrig gwerthfawr, aur ac arian. Pan aeth Gerallt Gymro ar daith i Iwerddon ym 1185 dywedodd ei fod wedi dod ar draws tân y Santes Brigit yn Kildare yn Leinster. Tân oedd hwn a losgai'n barhaus ac a gedwid ynghynn gan y lleianod ers dyddiau Brigit. Neilltuwyd eglwysi iddi nid yn unig yn Iwerddon ond hefyd yn Lloegr a'r Alban. Bu farw ar 1 Chwefror 523 a dyna pryd y dethlir dydd gŵyl Brigit.

Brendan Sant *c.*489–578
(Brendan y Llywiwr) Sant Gwyddelig

Ganed Brendan yn Tralee, Swydd Kerry, oddeutu 489. Yn ystod ei ieuenctid cafodd addysg wrth draed Enda Sant ac Esgob Erc.

Dangosodd gryn addewid yn gynnar ac fe'i penodwyd yn Abad Llancarfan yng Nghymru. Yn ddiweddarach aeth i Lydaw lle y bu'n athro yn Sant Malo. Credir mai ef a sefydlodd Gadeirlan Ardfert yn Swydd Kerry.

Roedd Brendan yn deithiwr o fri. Mae rhai chwedlau o'r Alban yn honni ei fod wedi sefydlu cenhadaeth Gristnogol ar Ynysoedd yr Orkney ac iddo bregethu ar Ynysoedd Faroe.

Mae'r hanes enwocaf amdano yn gysylltiedig ag Abaty Clonfert, Swydd Galway. Yno siaradodd â mynach o'r enw Barrind a ddywedodd wrtho am Mernock, mynach arall oedd wedi teithio ymhell i'r gorllewin. Trwy ei waith ef roedd llawer wedi dod i gredu yn yr Arglwydd Iesu.

Pan glywodd hyn penderfynodd Brendan y byddai'n rhagori ar yr hyn a wnaeth Mernock. Adeiladodd long a dewisodd 14 o fynaich i gyd-deithio ag ef. Cychwynnodd o Fae Brandon tua'r gorllewin. Nid oes sicrwydd iddynt gyrraedd America ganrifoedd o flaen Columbus ond mae adroddiad am y fordaith yn sôn am fôr o wydr wedi ei rewi, ynysoedd folcanig a morfilod mawr yng nghefnfor yr Arctig.

Mae disgrifiad manwl o'r dulliau a ddefnyddiwyd i adeiladu ei long wedi goroesi. Er bod y disgrifiad o gyfnod diweddarach, adeiladodd Tim Severin gopi o'r llong ym 1976 a hwyliodd hi o orllewin Iwerddon trwy Ynysoedd yr Hebrides a'r Faroes, heibio Gwlad yr Iâ a'r Ynys Werdd (Greenland). O'r fan honno hwyliwyd dros Gulfor Davis i'r Tir Newydd (Newfoundland) a glanio ar 26 Mehefin 1978 gan brofi y gallai'r mynaich Gwyddelig fod wedi hwylio cyn belled ag America.

Bu Brendan farw yn 578 ac fe'i claddwyd yng Nghadeirlan Clonfert. Cynhelir Dydd Gŵyl Brendan ar 16 Mai.

Columba Sant *c.* 521–597
Abad a chenhadwr

Roedd Columba o dras frenhinol a gallai olrhain ei achau yn ôl at Niall, brenin Iwerddon ar ddechrau'r bumed ganrif. Fe'i haddysgwyd ym mynachdy Moville wrth draed yr ysgolhaig Finnian, a hyfforddwyd ym mynachlog Whithorn. Symudodd o Moville i Clonard yn Meath lle yr ordeiniwyd ef fel presbyter. Pan oedd yn bump ar hugain oed sefydlodd fynachlog yn Derry ac yna, ryw saith mlynedd yn ddiweddarach, un arall yn Durrow.

Fe'i gelwid, yn ôl y sôn, yn Columba y Durtur. Oddeutu 560 bu'n rhan o anghydfod diflas am lawysgrif a ddatblygodd yn wrthdaro mwy difrifol rhwng llwythau. Cododd wŷr arfog a gorchfygodd y gelynion mewn brwydr, gan adael tair mil yn gelain. Gorfu iddo ffoi ac ymdynghedodd na fyddai'n dychwelyd hyd nes iddo ennill cymaint o bobl i Grist ag a laddwyd ar faes y gad.

Gyda deuddeg cydymaith hwyliodd tua'r gogledd gan lanio ar ynys ar arfordir gorllewinol yr Alban a elwid yn Hy neu Ioua, sef Iona heddiw. Yno penderfynasant gladdu'r cwch ac ymgartrefu. Roedd yr ynys yn agos at deyrnas Albanaidd Dalriada, a lywodraethid gan dylwyth Columba. Rhoddodd Conall y brenin ganiatâd iddo sefydlu mynachlog ar yr ynys, er y bu'n rhaid cadarnhau hynny gyda'r brenin Pictaidd Brude.

Adeiladwyd y fynachlog ar batrwm Celtaidd, sef eglwys bren, cytiau a chychod gwenyn gyda muriau yn eu hamgylchynu. Treuliai'r mynaich eu hamser yn amaethu, pysgota, gweddïo a chopïo llawysgrifau. Yn ddiweddarach daeth galw mawr am y sallwyr a'r Efengylau a baratowyd ganddynt ac fe gymerai lawer iawn o amser y mynaich i'w copïo.

Cenhadaeth Columba oedd mynd â'r Efengyl i'r Pictiaid yn y gogledd, a cheisiodd wneud hynny trwy yn gyntaf ennill eu brenin Brude. Roedd ef yn byw yn ardal Inverness ac roedd yn gyndyn iawn o weld Columba.

Yn y diwedd, ar ôl i Columba ddyfalbarhau, fe'i derbyniwyd a bu i'r genedl droi at Gristnogaeth.

Dywedir bod Columba erbyn hynny wedi newid yn llwyr o fod yn ddyn ymladdgar a threisgar, fel yr oedd yn Iwerddon. Bellach yr oedd yn ddyn duwiol a chariadlawn oedd yn fawr ei ofal dros y tlodion. Aeth y sôn amdano ar hyd ac ar led y wlad, a daeth Iona yn gyrchfan i gleifion a rhai mewn trafferth. Pregethai'n gyson i'r paganiaid gan ddweud, 'Fy Nerwydd i yw Crist Fab Duw', gan herio cred y bobl mewn swynion a'r goruwchnaturiol. Wynebodd wrthwynebiad chwyrn o du'r derwyddon, ond yn raddol daethant hwythau i'w edmygu.

Pan fu farw Brude yn 585 daeth Columba yn gyfaill mynwesol i'w olynydd Abernethi ac aeth ati i genhadu ymhlith llwythau Tayside. Yr oedd Cristnogion eraill hefyd yn cenhadu yn yr Alban yn ystod y chweched ganrif ,megis Kentigern a fu'n gweithio yn Strathclyde a Glasgow, ond nid oedd neb yn cymharu â Columba y Durtur a drodd y Pictiaid at Gristnogaeth. Dywedir mai ef a osododd seiliau cenedl yr Alban. Bu farw ar Iona ar 9 Mehefin 597 yn 76 mlwydd oed. Yn yr un flwyddyn glaniodd y cenhadwr Rhufeinig Awstin yng Nghaint i efengylu yn Lloegr. Ym mlynyddoedd cynnar y nawfed ganrif ymosodai'r Llychlynwyr yn gyson ar yr Alban ac Iwerddon, ac er mwyn diogelu esgyrn Columba fe'u symudwyd i Downpatrick yn Swydd Down yn 824 i'w claddu gydag esgyrn Sant Padrig a Sant Brigit o Kildare.

Awstin Sant *m.* 604

Mynach ac archesgob cyntaf Caergaint

Dechreuodd ymgyrchoedd cenhadol Awstin yn Lloegr yn 596. Anfonodd y Pab Gregori Awstin o Fynachlog Sant Andreas, Rhufain, gyda deugain o fynaich yn y fintai. Cyraeddasant dde Ffrainc ond fe droesant yn ôl am fod arnynt ofn wynebu'r anwariaid yn Lloegr. Perswadiodd Gregori hwy i fynd yno eto ac fe gyraeddasant Ebbsfleet wrth aber afon Stour yng Nghaint. Er mawr syndod iddo, cafodd Awstin groeso gan Ethelbert, brenin cryfaf de Lloegr. Ymddengys fod Duw wedi paratoi'r ffordd iddynt gan fod gwraig Ethelbert, Bertha, yn Gristion a oedd wedi bod yn gweddïo dros y Saeson. Roedd Ethelbert yn ddyn gwâr, cryf a gwybodus, yn wahanol iawn i'r hyn a dybiai Awstin. Caniatawyd i Awstin genhadu'n agored ond fe roddwyd un amod iddo gan y brenin, sef nad oedd yn cael defnyddio gorfodaeth na thrais i ennill pobl. Gorymdeithiodd Awstin a'i fynaich i mewn i Gaergaint yn cario baner o'r Crist croeshoeliedig.

Roedd y frenhines Bertha'n gweddïo yn ddyddiol yn eglwys fechan Sant Martin, a ddaeth maes o law yn ganolfan ymgyrchu i Awstin. Dechreuodd y mynaich ganu, gweddïo, pregethu a gweinyddu'r offeren. Tyrrai pobl yno yn ddyddiol i glywed gair Duw. Cefnasant ar eu duwiau paganaidd gan droi at Grist. Sefydlwyd nifer o gymunedau Cristnogol a bu'n rhaid i Awstin anfon i Rufain am ragor o gymorth.

Yn Hydref 597 teithiodd Awstin i Arles er mwyn cael ei gysegru'n esgob. Yn ddiweddarach, dan gyfarwyddyd Gregori fe'i galwyd yn Archesgob Lloegr. Pan ddychwelodd i Gaergaint rhoddodd Ethelbert dir iddo adeiladu eglwys, palas a mynachlog arno.

Adeiladodd eglwys yno a'i galw yn Eglwys y Gwaredwr Sanctaidd. Yn raddol daeth y Brenin Ethelbert, trwy esiampl y mynaich, yn hoff o Gristnogaeth ac fe'i bedyddiwyd yn ystod y Pasg 601.

Roedd y Pab Gregori yn Rhufain yn awyddus i ennill gweddill Lloegr gydag Awstin wrth y llyw. Yn 603 ymdrechodd Awstin am y tro cyntaf i gyfarfod yr esgobion Celtaidd. Roedd am iddynt dderbyn awdurdod Rhufain. Bu'r cyfarfod cyntaf o dan dderwen rywle ar y ffin rhwng Swydd Gaerloyw a Gwlad yr Haf. Roedd y Celtiaid yn amheus o esgobion Rhufain ac ni ddaethpwyd i unrhyw gytundeb. Gwnaed ail ymdrech, gyda chyfarfyddiad yn ardal Bangor Is-Coed ond ni ddaeth dim o hynny chwaith. Dychwelodd Awstin i Gaergaint i barhau â'i genhadaeth ymhlith Sacsoniaid Dwyrain Essex. Sefydlwyd esgobaeth yn Llundain gyda Mellitus yn esgob. Roedd y gwaith yn llwyddo ond bu farw Awstin yn 604, ac fe'i claddwyd wrth ymyl eglwys Sant Pedr a Sant Paul ger Caergaint. Hyd ei weinidogaeth yn Lloegr oedd rhyw saith mlynedd. Mynach oedd Awstin ac nid efengylwr; ufuddhau a wnaeth i orchymyn y Pab. Er hyn cyflawnodd waith mawr yn sefydlu achosion Cristnogol.

Aidan Sant *m.* 651

Esgob Lindisfarne

Ordeiniwyd Aidan yn esgob Iona yn 634 ac aeth i Bamburgh lle roedd gan Oswallt, brenin Northumbria, gastell. Rhoddwyd iddo Ynys Lindisfarne yn rhodd fel canolfan i'w genhadaeth, a sefydlodd fynachlog yno.

Ysgrifennodd Bede gan ddweud bod pobl yn heidio i wrando ar Aidan yn pregethu'r gair a bod llawer wedi dod i gredu. Yn aml byddai'r brenin yn teithio gydag ef fel cyfieithydd. Teithiai Aidan bob amser ar droed, a byddai'n rhannu'r Efengyl gyda theithwyr eraill.

Fe'i hadnabyddid fel gŵr duwiol ac roedd yn gas ganddo bobl oedd yn malu awyr wrth iddo gerdded trwy gefn gwlad gyda'i fynaich yn adrodd salmau a myfyrio ar bregethau. Byddai'n ymprydio bob dydd Mercher a phob dydd Gwener, a hynny hyd y nawfed awr. Nid oedd ganddo unrhyw ddiddordeb mewn ymgyfoethogi fel rhai o'i olynwyr. Rhoddai lawer o'r rhoddion a dderbyniai i'r tlodion ac yn achlysurol byddai'n defnyddio ei arian i ryddhau caethweision.

Credai Aidan hefyd yng ngrym gweddi. Un tro, wrth i frenhinoedd paganaidd Mersia warchae ar Bamburgh, rhoddwyd y dref ar dân. Lledaenodd y tân dan rym y gwynt i gyfeiriad castell y brenin. Gweddïodd Aidan yn daer a newidiodd cyfeiriad y gwynt gan chwythu'r fflamau tuag at yr ymosodwyr.

Bu farw Oswallt mewn brwydr ger Croesoswallt yn 642 a chollodd Aidan gyd-weithiwr gwerthfawr dros yr Efengyl. Parhaodd i bregethu gan deithio o ardal i ardal. Arweiniodd genhadaeth i Swydd Lincoln, lle y sefydlwyd nifer o eglwysi, a dywedid i'w fynaich gyrraedd cyn belled ag afon Tafwys. Cynorthwyodd hefyd i sefydlu mynachlogydd a lleiandai yn Melrose, Gateshead a Whitby.

Ym mis Medi 651, tra oedd ar daith, dioddefodd salwch blin a bu farw. Claddwyd ei weddillion ar Lindisfarne. Llwyddodd Aidan i ailsefydlu Cristnogaeth yn Northumbria ar draul yr hen baganiaeth a bu Lindisfarne yn ddylanwadol wrth ledaenu Cristnogaeth trwy ardaloedd eraill.

Boniface 680–754

Apostol yr Almaen

Nodwedd o fywyd eglwys iach yw sêl genhadol. Erbyn diwedd y seithfed ganrif roedd Eglwys Loegr wedi cryfhau ac wedi ei strwythuro a'i gweinyddu'n effeithiol. O ganlyniad, dechreuodd weithio ymhlith llwythau paganaidd Ewrop. Daeth y weledigaeth i wneud hyn o'r mynachlogydd, oedd yn hyfforddi dynion a merched i genhadu.

Yn dilyn diwygiad Cristnogol yn y seithfed ganrif teimlai Cristnogion Lloegr faich dros eu cymdogion yn Ewrop, a chyn diwedd y ganrif lansiwyd ymgyrch efengylu ymhlith rhai o'r llwythau Ellmynig.

Cyrhaeddodd Cristnogaeth yr Almaen yn y bedwaredd ganrif ac er bod rhai llwythau ar lannau afonydd Rhein a'r Donwy wedi troi at Gristnogaeth Arminaidd ni chafodd Cristnogaeth ddylanwad mawr yno. Tua diwedd y chweched ganrif dechreuodd cenhadon o Eglwys Geltaidd Iwerddon fynd ar deithiau efengylu i'r Cyfandir. Y pwysicaf oedd Columban, (543–615) a aeth i Ffrainc, yr Eidal a'r Rheindir. Yn ddiweddarach aeth mynaich o Loegr i sefydlu'r Eglwys Almaenig. Wilfrid o Ripon oedd y cenhadwr cyntaf yno gan Eglwys Loegr. Ond yr oedd cyfraniad Boniface, mynach diymhongar o Loegr, yn allweddol. Trwy ei waith credodd miloedd a sefydlwyd eglwysi a mynachlogydd.

Ganwyd ef i rieni Cristnogol yn Crediton, Dyfnaint. Wynfrith oedd ei enw bedydd (rhoddwyd yr enw Boniface iddo yn ddiweddarach gan y Pab). Pan oedd yn ifanc aeth i fynachlog yn Exeter. Yr oedd yn fachgen dymunol ac yn ddisgybl disglair, a phan oedd yn bedair ar ddeg oed fe'i derbyniwyd fel cyflawn aelod o'r brodyr. Erbyn iddo gyrraedd dwy ar hugain oed teimlai ei fod wedi dysgu cymaint ag y gallai yn Exeter ac felly aeth i Nurslivig ger Caer-wynt (Winchester) i gael hyfforddiant pellach. Sylweddolwyd fod ganddo alluoedd anghyffredin ac fe'i hordeiniwyd yn ddiacon a phresbyter.

Yn 715, pan oedd yn 35 oed, dywedodd wrth ei abad ei fod yn teimlo galwad i wasanaethu Duw dramor. Wedi peth oedi, caniatawyd iddo fynd. Trefnwyd bod nifer fechan o gyfeillion yn ei hebrwng i orllewin Ffrisia. Gobeithiwyd y byddai maes o law yn gallu ymweld â dwyrain Ffrisia a'r hen Sacsoniaid yng ngogledd yr Almaen. Dim ond am bedwar mis y parhaodd yr ymgyrch oherwydd yr oedd paganiaeth ar gynnydd a'r eglwysi yn ardal Utrecht wedi eu dinistrio.

Yn Rhagfyr 718 aeth i Rufain er mwyn gofyn am gefnogaeth y Pab Gregori II i'w gynlluniau cenhadol. Comisiynwyd ef i weithio dros achos Crist mewn ardal fawr yn Ewrop. Rhoddwyd iddo'r enw Boniface ac fe'i hanfonwyd i Ffrisia.

Arhosodd Boniface am ddwy flynedd gyda Willibrord, lle y dysgodd Ffrangeg. Ymsefydlodd yn Amoneburg. Llwyddodd y gwaith ac adeiladwyd eglwysi gan ailsefydlu'r ffydd. Teithiodd drwy Hesse a Thuringia yn ystod y blynyddoedd dilynol gan roi trefn ar yr eglwysi oedd yn prysur dyfu.

Yn 732 fe'i gwnaed yn archesgob gan y Pab. Erbyn hynny roedd ei genhadaeth wedi ymestyn i'r gorllewin dros afon Rhein i Ffrainc.

Yn 754 aeth ar genhadaeth i Ffrisia ac yno fe'i lladdwyd ef a'i ddilynwyr ar lan afon Boorn gan dorf orffwyll. Claddwyd ei gorff yn Fulda. Trwy ei ymdrechion ef ailsefydlwyd yr eglwys yn yr Almaen a dyna pam y'i gelwir yn Apostol yr Almaen.

John Scottus (Eriugena) *c.800–c.870*

Athronydd ac awdur

Ganed John Scottus yn Iwerddon ond mae'n debygol iawn mai yn Ffrainc y bu farw. Ef oedd prif athronydd y nawfed ganrif. Gwyddel oedd John Scottus; roedd y gair 'scottus' yn golygu Gwyddel ar y pryd. Dyfeisiodd yr enw Eriugena sydd yn golygu 'ganed yn Iwerddon' fel disgrifiad ohono'i hun, a defnyddiodd yr enw yn nheitl ei gyfieithiad o waith Pseudo-Dionysius. Ni wyddom yn union ble y cafodd ei eni ond mae'n debygol iddo gael addysg dda oedd yn cynnwys Lladin a'r gyfraith Wyddelig mewn mynachlog. Mae'n debyg mai un o'r rhesymau pam y bu iddo adael Iwerddon oedd yr ymosodiadau cyson gan y Llychlynwyr. Os gwir hynny, byddai wedi gadael ar ôl 836, pan ddwysaodd yr ymosodiadau.

Ymddengys John yn y llyfrau hanes am y tro cyntaf mewn trafodaeth ar etholedigaeth. Ar ddiwedd yr 830au dechreuodd mynach o'r enw Gottschalk (805–868) ddysgu etholedigaeth ddwbl, sef fod Duw yn ethol y da i wynfyd tragwyddol a'r drwg i ddamnedigaeth dragwyddol. Ysgrifennodd John Scottus yn erbyn Gottschalk, ac oddeutu 850 ysgrifennodd y *De divina praedestinatione*. Yn hwnnw dadleuai yn erbyn etholedigaeth ddwbl gan ddweud, er bod Duw yn hollwybodol ac yn gwybod beth fyddai tynged pawb, dim ond ethol y da i wynfyd yr oedd. Nid oedd yn ethol y drwg i ddamnedigaeth. Erbyn hynny roedd John yn byw ym mhalas Siarl Foel, brenin Ffrancaidd gorllewin Carolingian. Tua 860 gorffennodd ei gyfieithiad o weithiau Pseudo-Dionysius, diwinydd o'r bumed ganrif, ac yna'r *Ambigua* gan Maximus y Cyffeswr.

Ei gampwaith mwyaf oedd y *De divisione naturae* neu *Periphyseon*. Mae'r gwaith hwn (sydd yn cynnwys pum cyfrol) ar ffurf sgwrs rhwng athro, sef Nutritor, a'i ddisgybl, sef Alumnus. Mae'r gyfrol gyntaf yn trafod perthynas Duw gyda deg categori Aristotlys a'r pedair arall yn esboniad o agoriad llyfr Genesis. Y mae'n ymdrin â phedwar peth yn benodol sef, 1. Yr hyn sy'n creu ond heb ei greu. 2. Yr hyn sy'n greëdig ac yn creu. 3. Yr hyn sy'n greëdig ond nad yw yn creu. 4. Yr hyn nad yw yn greëdig nac yn creu. Dengys y gwaith hwn ôl gwybodaeth eang o weithiau Groegaidd clasurol a deallusrwydd mawr.

Roedd hefyd yn dipyn o fardd a ysgrifennai mewn Groeg coeth. Roedd rhai o'i gerddi yn canmol y Brenin Siarl Foel.

Oherwydd gwreiddioldeb ei syniadaeth a beiddgarwch ei feddyliau roedd John Scottus yn unigryw yn ei gyfnod ac fe ddylanwadodd ei ysgrifau ar eraill. Dylanwadodd ar y rhai oedd â diddordeb mewn rhesymeg ac y mae nifer o syniadau yn yr ysgrif *Categoriae Decem,* a ymddangosodd yn y ddegfed ganrif, wedi eu hysbrydoli ganddo. Ni wyddom pryd na lle y bu farw.

Alffred Fawr 849–899

Brenin Wessex

Yn ystod y nawfed ganrif daeth Lloegr a'r ffydd Gristnogol dan fygythiad oherwydd cyrchau'r Llychlynwyr o Ddenmarc. Eto arbedwyd Lloegr trwy arweiniad Alffred, brenin Wessex, a deyrnasodd am 28 o flynyddoedd ac a orchfygodd y gelyn gan ailsefydlu Cristnogaeth.

Ganed Alffred yn Wantage, Swydd Rhydychen, yn 849, yr ieuengaf o bedwar mab i Ethelwulf, brenin Wessex. Roedd ei rieni yn Gristnogion a rhoesant i'w meibion hyfforddiant crefyddol. Wrth i Alffred dyfu dechreuodd gymryd ei ffydd o ddifrif a dylanwadodd hyn ar ei deyrnasiad fel brenin. Dysgodd ddarllen pan oedd oddeutu deuddeg oed ac fe gafodd flas anghyffredin ar ddarllen. Dysgodd ar ei gof wasanaethau dyddiol yr eglwys, salmau a nifer o weddïau ac yn ystod ei ieuenctid ymwelodd â Rhufain. Pan aeth yno am y tro cyntaf arhosodd mewn Coleg Saesneg a'r eildro aeth gyda'i dad gan ymweld ag Eglwys Sant Pedr a beddrodau'r apostolion Paul a Phedr.

Pan oedd yn ddwy ar hugain oed, wedi marwolaeth ei dad a'i dri brawd, etifeddodd orsedd Wessex. Ers i Lindisfarne gael ei ddinistrio yn 793 roedd y Llychlynwyr wedi ymosod yn gyson ar Loegr, yn enwedig ar yr eglwysi a'r mynachlogydd. Yn 865 ymosododd byddin o Lychlynwyr dan arweiniad Ivar y Diasgwrn ar East Anglia. Gorchfygwyd Northumbria a meddiannwyd y rhan fwyaf o Mersia ac yna yn 872 trechwyd Llundain.

Daeth Alffred yn frenin yn 871 ac yn ystod ei flwyddyn gyntaf ymladdodd naw brwydr. Yn 878 bu brwydr yn Edington i'r de o Chippenham a fu yn drobwynt i'r ymladd. Gorfodwyd y Llychlynwyr i geisio heddwch ac o ganlyniad trodd y Brenin Guthrum a 29 o benaethiaid llwyth at Gristnogaeth. Derbyniwyd Alffred fel arweinydd pobl rydd Lloegr.

Yn sgil yr heddwch gyda'r Llychlynwyr cafodd Alffred amser i gryfhau ei sefyllfa trwy adeiladu ei amddiffynfeydd. Creodd lynges i amddiffyn yr arfordiroedd. Ystyrir Alffred heddiw yn dad Llynges Lloegr. Roedd yn eiddgar i sefydlu Cristnogaeth fel rhywbeth canolog ym mywyd ei bobl, gan eu hannog i fyw yn ôl dysgeidiaeth y Beibl.

Dechreuodd adnewyddu mannau Cristnogol a ddinistriwyd gan yr ymosodwyr. Sefydlodd abaty yng Nghaer-wynt (Winchester), mynachlog yn Athelney a lleiandy yn Shaftesbury.

Yr oedd yn ŵr hael iawn. Rhoddai hanner ei enillion i Dduw gan eu rhannu rhwng y tlodion, y mynachlogydd a'r ysgolion a mynachdai yn Mersia a thu hwnt. Byddai hefyd yn anfon rhoddion blynyddol i Rufain. Roedd yn ddyn duwiol a fynnai lywodraethu dros ei ddeiliaid yn gyfiawn. Tua diwedd ei oes cyflwynodd gyfreithiau newydd ac yn y cyflwyniad iddynt dyfynnai'r deg gorchymyn a rheol euraid yr Iesu. Gwnaeth hyn er mwyn dangos sylfaen Gristnogol y gyfraith.

Rhwng 892 a'i farwolaeth yn 899 cynhyrchodd gyfieithiad Saesneg o bum gwaith Lladin yn cynnwys *Hanes yr Eglwys yn Lloegr* gan Beda, *Soliloquies* Awstin Sant a llyfr o fyfyrdodau Beiblaidd. Trwy ei waith gosododd sylfeini ar gyfer teyrnas Gristnogol yn Lloegr. Claddwyd ei weddillion yng Nghadeirlan Caer-wynt ac yna yn yr abaty.

Thomas Becket *c.*1120–1170

Archesgob Caergaint a merthyr

Ganed Thomas Becket yn ardal Cheapside yn Llundain, lle roedd ei dad Gilbert a'i fam Matilda yn dirfeddianwyr, ar 21 Rhagfyr. Normaniaid oedd ei rieni ac iaith yr aelwyd oedd Ffrangeg er y defnyddid Lladin ar gyfer materion swyddogol. Elfennol oedd ei addysg gynnar. Pan oedd yn ddeg oed fe'i hanfonwyd i aros yn ysgol y priordy Awstinaidd yn Merton, Surrey, ac yn ddiweddarach bu'n ddisgybl yn un o ysgolion gramadeg Llundain, efallai St Paul. Pan oedd oddeutu ugain oed treuliodd flwyddyn ym Mharis. Collodd ei dad lawer o'i eiddo o ganlyniad i danau mawr a bu'n rhaid i Becket fynd i weithio gydag Osbert Huitdeniers a oedd yn un o fasnachwyr mwyaf llwyddiannus Llundain, ac yna gyda Theobald, archesgob Caergaint, rhwng 1143 ac 1145. Fe'i hanfonwyd am flwyddyn i astudio'r gyfraith yn Bologna ac Auxerre.

Ym 1154 rhoddodd Theobald archddiaconiaeth i Becket oedd yn cynnwys bywoliaethau Bramfield yn Swydd Hertford, St Mary-le-Strand yn Llundain, Otford yng Nghaint a phrebendau yng nghadeirlannau Llundain a Lincoln a thrwy hyn daeth yn lled gyfoethog. Fe'i penodwyd yn ganghellor i'r Brenin Harri II a daeth y ddau yn gyfeillion agos. Uchafbwynt ei yrfa gyda'r brenin oedd ei gynorthwyo i adennill Toulouse gyda 700 o farchogion o dan ei awdurdod a hynny ym 1159. Yn y dyddiau hynny yr oedd gwleidyddiaeth yn annatod glwm gyda phenodiadau eglwysig. Yn dilyn marwolaeth yr Archesgob Theobald yn Ebrill 1161 bu trafodaeth ddwys pwy fyddai yn ei olynu. Wedi pendroni hir ar ran y brenin etholwyd Becket yn Archesgob Caergaint a thrwy hynny daeth yn arweinydd Eglwys Loegr. Fe'i hordeiniwyd yn offeiriad ar 2 Mehefin 1162 a'i gysegru yn archesgob drannoeth. Yn y cyfnod hwn daeth Becket yn llawer mwy defosiynol a duwiol ei natur. Disgwyliai'r brenin iddo gydsynio â'i holl ofynion, ond nid felly y bu a chododd gwrthdaro rhwng y ddau ohonynt. Gwrthododd Becket arwyddo Cyfansoddiad Clarendon a gwtogai ar annibyniaeth yr offeiriadaeth ac a fyddai'n arwain at lai o gysylltiad gyda Rhufain.

Ffodd Becket i Ffrainc lle yr arhosodd am chwe blynedd. Treuliodd beth amser mewn mynachlog Sistersaidd ym Mhontigny ac yna yn Sens. Yna o ganlyniad i fygythiad o gael ei esgymuno gan y Pab gwahoddodd y Brenin Harri ef yn ôl i Loegr ond yn fuan wedyn bu gwrthdaro eto rhyngddynt. Ym mis Mehefin 1170 coronwyd Harri – mab Harri II – yn frenin yn Efrog gan archesgob Efrog ac esgobion Llundain a Chaersallog (Salisbury). Roedd y weithred hon yn tanseilio awdurdod Caergaint ac felly esgymunwyd y tri fu'n gyfrifol am y coroni.

Treuliodd Harri II y Nadolig yn Bur-le-Roi ger Bayeux ac yn ei rwystredigaeth o ganlyniad i'r hyn oedd yn digwydd yn Lloegr dywedodd, 'What miserable drones and traitors have I nurtured and promoted in my household who let their lord be treated with such shameful contempt by a low-born clerk!' Wrth glywed hyn penderfynodd pedwar marchog y byddent yn mynd i Loegr i ddelio gyda Becket. Ymwelasant â'r Gadeirlan yng Nghaergaint ac wedi sgwrs gas rhyngddynt a'r archesgob ffodd yntau am loches i'r eglwys. Yno wrth yr allor fe'i lladdwyd trwy ergyd galed i'w ben gyda chleddyf ar 29 Rhagfyr 1170 a chladdwyd ei gorff yn ddiseremoni yng Nghapel y Drindod yn y Gadeirlan. Brawychwyd llawer gan ei lofruddiaeth ac yn fuan daethpwyd i'w ystyried yn ferthyr. Dim ond tair blynedd wedi ei farwolaeth canoneiddiwyd ef gan y Pab Alexander III. Yn ystod y blynyddoedd dilynol ei fedd oedd yr atyniad mwyaf poblogaidd i bererinion yn Lloegr.

Y Pab Adrian IV *m.* 1159

Pab yr Eglwys Gatholig Rufeinig

Adrian oedd yr unig Sais a etholwyd yn Bab ar yr Eglwys Gatholig
Rufeinig. Gan fod cymaint o chwedlau wedi tyfu amdano dros y
canrifoedd anodd iawn yw gwahaniaethu rhwng y gau a'r gwir.

Ganed ef nid nepell o St Albans a rhoddwyd iddo'r enw Nicholas. Enw
ei dad oedd Richard a drodd yn fynach yn St Albans. Efallai bod ei dad
yn offeiriad priod oherwydd yn ystod teyrnasiad Adrian IV bu gwrthdaro
gyda'r ymerawdwr Frederick Barbarossa a defnyddiwyd y ffaith hon i
barddu enw Adrian.

Aeth i Arles lle y treuliodd beth amser mewn ysgol ac fe'i dyrchafwyd
yn ganon rheolaidd ac yna yn abad St Ruf gerllaw Avignon. Yno, daeth
i sylw'r Pab Eugenius III a'i gwnaeth yn gardinal-esgob Albano. Fel
rhan o'r swydd hon fe'i hanfonwyd i Lychlyn. Roedd ei waith cenhadol
mor llwyddiannus yno fel y'i gelwid yn Apostol Llychlyn. Ym mis Medi
1152 llywyddodd gyngor o eglwysi Norwyaidd yn Nidaros (Trondheim
yn awr) a sefydlwyd talaith eglwysig yno. Yn Sweden cynullodd gyngor
Linköping ac aildrefnodd yr eglwys Swedaidd o dan archesgobaeth
Ddanaidd Lund. Ymddengys iddo deithio trwy Loegr ar ei ffordd i Norwy.

Bu farw olynydd Eugenius III, sef Anastasius IV ar 3 Rhagfyr 1154.
Dewiswyd Nicholas fel Pab a mabwysiadodd yr enw Adrian. Ddydd Sul
5 Rhagfyr fe'i gorseddwyd ac fe'i coronwyd yn eglwys Sant Pedr,
Rhufain. Yn y cyfnod hwn roedd sefyllfa'r Pab yn ansicr oherwydd
bygythiadau Arnold o Brescia a rhai o'r seneddwyr. Oherwydd hynny
gadawodd y Pab yn fuan ar ôl Pasg 1155 i Biterbo. Ei nod bryd hynny
oedd cael cefnogaeth yr ymerawdwr Frederick Barbarossa yn y ddinas
ac yr oedd Frederick, fel ymerawdwr newydd, am gael ei goroni gan y
Pab. Cyfarfu'r ddau yn Nepi ym mis Mehefin 1155 a buont yn ceisio
cael y gorau ar ei gilydd. Gwrthododd Frederick ddilyn yr arferiad lle
roedd disgwyl iddo dywys ceffyl y Pab a'i gynorthwyo i ddod oddi ar y
ceffyl. Yna gwrthododd Adrian roi iddo'r gusan o heddwch. Roedd

Frederick fodd bynnag yn dal eisiau i'r Pab ei goroni. Yn y diwedd daethpwyd i gyd-ddealltwriaeth; tywysodd Frederick y ceffyl ac fe'i coronwyd yn ymerawdwr mewn seremoni a ystyrid yn un ddiwygiedig. Er hynny pan ymosodwyd ar diroedd y Pab gan William I, brenin Sicily, ni ddaeth Frederick i'w gynorthwyo a gadawyd Adrian fwy neu lai yn alltud yn Tiboli. Wedi i William goncro'r Groegiaid a'r Apuliaid daeth Adrian i gytundeb ag ef trwy roi tiroedd iddo. Yn sgil hynny addawodd William ei deyrngarwch i'r Pab. Gwaethygodd y berthynas rhwng y babaeth a'r ymerodraeth.

Nid anghofiodd Adrian IV ei famwlad, Lloegr, yn ystod cyfnod ei deyrnasiad. Bu'n hael iawn tuag at yr abaty yn St Albans. Un peth arwyddocaol iawn a wnaeth oedd llunio bwl *Laudabiliter*, lle y rhoddodd Iwerddon yn nwylo Harri II. Hyrwyddodd hefyd y duedd o ganoli Pabyddiaeth yn Rhufain trwy ddatgan mai llys y Pab yn Rhufain oedd llys terfynol Pabyddiaeth. Cyn marw Adrian IV yn Anagni ar 1 Medi 1159 penododd olynydd iddo'i hun sef Cardinal Bernard, esgob Porto. Claddwyd ei weddillion yn eglwys Sant Pedr, Rhufain.

John Duns Scotus *c.*1265–1308

Mynach Ffransisgaidd, meddyliwr a diwinydd Catholig

Ganed John Duns Scotus yn Duns, yr Alban, rhyw 15 milltir o Berwick oddeutu 1265. Ymunodd â'r brodyr Ffransisgaidd (Y Brodyr Llwyd) rhwng 1278 a 1279 ac fe'i hordeiniwyd yn offeiriad yn Northampton ar 17 Mawrth 1291 gan esgob Lincoln, Oliver Sutton. Ni wyddom fawr ddim arall ffeithiol am ei fywyd cynnar er bod rhai chwedlau amdano. Ar adeg ei ordeinio fe ymddengys ei fod yn astudio yn Rhydychen lle y bu hyd 1293. Yna fe'i hanfonwyd i Baris am hyfforddiant pellach ac arhosodd yno hyd 1296. Rhwng 1297 a 1300 roedd yng Nghaergrawnt ac yna dychwelodd i Rydychen. Yn y ddau goleg bu'n darlithio ar y *Sentences* gan Peter Lombard, pedwar llyfr a gyflwynai sylfeini'r ffydd Gristnogol. Erbyn 1301 roedd yn feistr mewn diwinyddiaeth yn Rhydychen wedi iddo dreulio'r tair blynedd ar ddeg disgwyliedig yn astudio. Ym 1302 fe'i hanfonwyd i ddysgu ym Mhrifysgol Paris lle y darlithiodd eto ar y *Sentences,* ond bu'n rhaid iddo ddychwelyd i Rydychen ym Mehefin 1303 gan ei fod yn un o bedwar ugain o fynaich a wrthodai gefnogi brenin Ffrainc, Philippe IV, yn ei ddadl gyda'r Pab Boniface VIII ynglŷn â threthu offeiriaid Ffrengig. Wedi i bethau dawelu dychwelodd i Baris lle y derbyniodd ddoethuriaeth ym 1305. Fe'i penodwyd i ddysgu yng Nghwlen ym 1307 ym mynachlog y Ffransisgiaid.

Ysgrifennodd lawer iawn yn ystod ei oes. Ei weithiau cynharaf, a ysgrifennwyd yn Lladin, oedd y *parva logicalia* (gwaith ar resymeg) a chwestiynau ar *Isagoge* gan Porphyry (athronydd o Phoenicia) a *Categories, Peri hermeneias* gan Aristotlys (athronydd Groegaidd o'r bedwaredd ganrif cyn Crist). Y mae hefyd lawysgrifau pwysig o'i ddarlithoedd ar y *Sentences.* Cyhoeddwyd deuddeg cyfrol fawr o'i weithiau ym 1639 gan Wadding yn Lyons. Yn ei weithiau datblygodd syniadaeth am Ddiwinyddiaeth Naturiol lle y ceisir prawf am fodolaeth Duw ar wahân i'r datguddiad ohono Ef ei hun. Trafododd hefyd yn fanwl yr athrawiaeth o Dduw fel bod tragwyddol a metaffiseg (cangen o athroniaeth sydd yn ymwneud â natur realaeth). Roedd yn ysgolhaig o fri ac yn feddyliwr dwfn a dwys oedd yn ymdrin â materion yn eithriadol o fanwl.

Wedi ei farwolaeth mabwysiadwyd llawer o'i athrawiaethau yn enwedig ymhlith ei urdd ei hun, y Ffransisgiaid. Fe'i hystyrid yn ffigwr pwysig yn natblygiad diwinyddiaeth a methodoleg. Ystyrir Thomas Acwin yn brif ddiwinydd Urdd y Dominiciaid a John Duns Scotus yn brif ddiwinydd y Ffransisgaid, urdd Ffransis o Assisi.

Yn ystod yr unfed ganrif ar bymtheg daeth disgyblion Duns dan ymosodiad am orfanylder a hollti blew. Mabwysiadwyd ei enw yn Saesneg i olygu rhywun twp – 'dunce'. Bu farw ar 8 Tachwedd 1308 ac fe'i claddwyd yn eglwys y Ffransisgaid yng Nghwlen. Fe'i gwnaed yn sant gan y Pab John Paul II ym 1993 a chofir amdano bob blwyddyn ar 8 Tachwedd.

John Wyclif *c.*1330–1384
Seren fore'r Diwygiad Protestannaidd

Ychydig iawn a wyddom am ddyddiau cynnar John Wyclif ar wahân i'r ffaith iddo gael ei eni yng ngogledd Swydd Efrog. Roedd ei dad yn arglwydd y faenor yn Wyclif. Efallai iddo fynd i Goleg Merton yn Rhydychen ym 1345, ac o 1360 hyd 1362 ef oedd Meistr Coleg Balliol. Treuliodd naw mlynedd yn astudio ar gyfer ei ddoethuriaeth a graddiodd ym 1372. Disgleiriodd yn y coleg yn enwedig mewn athroniaeth ac nid oedd unrhyw syndod pan aeth i weithio i'r brenin ym 1366 o dan nawdd Dug Lancaster, Siôn o Gawnt.

Datblygodd athrawiaeth ar arglwyddiaeth a gythruddai'r eglwys. Awgrymai fod awdurdod y brenin yn cael ei roi gan Dduw ac felly fod ganddo awdurdod dros yr offeiriadaeth. Gan fod arglwyddiaethu yn seiliedig ar ras, yna nid oes rhaid ufuddhau i babau pechadurus, a dyletswydd y brenin yw diwygio'r eglwys.

Defnyddiodd Wyclif y ddamcaniaeth hon i ymosod ar lygredd yn yr Eglwys ac i lyffetheirio awdurdod y Pab. Condemniwyd ef gan yr Eglwys a galwyd ef gerbron cyngor o esgobion yn eglwys Sant Paul ym 1377 i ateb cyhuddiadau oedd yn ei erbyn. Y flwyddyn ddilynol aeth pethau o ddrwg i waeth pan ymosododd ar athrawiaeth traws-sylweddiad yr Eglwys. Credai fod Crist yn ei bresenoli ei hun yn ysbrydol yn yr offeren ond nad oedd y bara a'r gwin yn troi yn wir gorff a gwaed yr Arglwydd. Derbynnid Crist felly trwy ffydd heb orfod dibynnu ar offeiriad. Sylfaenai Wyclif ei syniadaeth ar awdurdod llwyr y Beibl, cyfraith Duw, ac yr oedd dysgeidiaeth yr Eglwys yn eilradd. Dadleuai hefyd y dylid cyfieithu'r Beibl i amrywiol ieithoedd fel bod pob person yn cael cyfle i'w astudio.

Oherwydd ei safbwyntiau fe'i gorfodwyd i adael Prifysgol Rhydychen ym 1381 ac fe ymddeolodd i Lutterworth lle y cafodd fywoliaeth oherwydd iddo gefnogi'r goron yn erbyn y Pab. Er bod ei iechyd erbyn hyn yn fregus aeth ati gyda Nicholas o Henffordd i ddechrau cyfieithu'r

Beibl, am y tro cyntaf, o Ladin i Saesneg. Rhoddodd drefn hefyd ar rai o'i ddilynwyr a elwid yn Lolardiaid (Lollards). Pregethwyr teithiol oedd y rhain yn mynd o farchnad i ffair yn cyhoeddi syniadau a dosbarthu tractiau Wyclif. Mewn rhai ardaloedd buont yn llwyddiannus gan sefydlu celloedd bychain o gredinwyr yng nghanolbarth Lloegr. Bu ei waith ysgrifenedig yn ddylanwadol iawn ar y cyfandir. Bu farw ym mis Rhagfyr 1384.

Julian o Norwich 1342–*c.*1416

Meudwy a chyfrinydd

Efallai i Julian gael ei henwi ar ôl eglwys Santes Julian sef eglwys y plwyf yn Conisford, Norwich, lle yr oedd ei chell. Nid oes unrhyw wybodaeth ar gael am ei chefndir, ei magwraeth na'i phlentyndod. Mae un o'i llawysgrifau yn cynnwys tafodiaith ogleddol gref a chyfeiriad at Sant John o Beverley sydd yn awgrymu cysylltiadau efallai gyda Swydd Efrog. Deillia ein holl wybodaeth am Julian o'i gwaith *Revelations of Divine Love*. Cyfansoddodd ddau fersiwn o'r gwaith hwn, un yn hir a'r llall yn fyr. Y mae'r gwaith yn cynnwys myfyrdodau dwys ar gyfres o un weledigaeth ar bymtheg o'r Crist croeshoeliedig. Fe gafodd y gweledigaethau hyn ym 1373 pan oedd yn 31 oed ac yn ddifrifol wael, un ai ar 8 neu 13 Mai. Nid yw'n datgelu dim o hanes ei bywyd cyn y digwyddiadau hyn ac y mae haneswyr wedi bod yn dyfalu tybed oedd hi yn feudwy cyn y digwyddiad hwn neu yn lleian ym mhriordy Benedictaidd Carrow gerllaw neu yn lleygwraig gyffredin. Awgrymir yn y fersiwn byr ei bod yn ei chartref pan gafodd y gweledigaethau hyn. Efallai ei bod yn ddibriod neu'n weddw a oedd wedi colli gŵr a phlant yn y plâu difrifol fu ym 1362 a 1369.

Gallai cefndir fel hyn fod wedi bod yn ffynhonnell ei harddull unigryw oedd yn cynnwys uniongrededd a gwreiddioldeb mawr. Er enghraifft, gallai ei thrafodaeth am Grist fel Mam ddeillio'n uniongyrchol o'i phrofiadau hi ei hun yn hytrach nag o weithiau awduron Lladin fel Anselm o Gaergaint a fynegodd yr un syniad. Yn ei dameg 'Yr Arglwydd a'i Was' rhydd ddehongliad ychydig yn wahanol wrth ddadansoddi'r cwymp yn Eden, sef bod Adda wedi syrthio i bechod o ganlyniad i'w sêl yn hytrach na'i anufudd-dod. Pan gyfeiria at y Crist croeshoeliedig y mae'n tynnu sylw, yn anarferol, at ddysychiad corff Crist ac yn pwysleisio'r emosiwn o lawenydd fod Crist wedi ei roi ei hun yn llwyr dros ddynoliaeth ar y groes.

Mae ansawdd uchel ei mynegiant a'i syniadaeth wedi arwain rhai i amau ei gosodiad ei bod yn 'a symple creature vnlettyred' (*Book of Shewings*, 285) gan awgrymu ei bod yn dra dysgedig. Efallai yn wir iddi fod yn lleian ond nid oes unrhyw dystiolaeth fod person o'i natur hi yn Carrow yn y cyfnod dan sylw.

Rywbryd cyn 1394 fe wnaed cymynrodd i 'Julian anakorite' (sef Julian y meudwy) ac ysgrifennodd y ddau gofnod o'i gweledigaethau. Credir fod y ffurf fer wedi ei hysgrifennu yn fuan ar ôl y digwyddiad ond nid oes sicrwydd o hynny. Mae dau gyfeiriad yn ei gwaith yn rhoi rhyw syniad inni o'r hyn ydoedd. Noda sgrifellwr o'r fersiwn byr ym 1413 fod Julian yn wraig dduwiol, yn feudwy oedd yn byw yn Norwich. Yn yr un flwyddyn ymwelodd Margery Kempe o Bishop's Lynn â hi gan ei chanmol am ei chyngor doeth. Cyfrannwyd cymynroddion eraill iddi ym 1404, 1415 a 1416 oedd yn dangos ei bod yn dal yn fyw yn 73 oed.

Byddai pob gwybodaeth amdani wedi diflannu oni bai am dair llawysgrif o'r ail ganrif ar bymtheg oedd yn cynnwys y testun hir o'i gwaith, a gopïwyd gan leianod Seisnig ym Mharis a Cambrai. Argraffwyd y testun yn Lloegr gan Serenus Cressy ym 1670. Mae calendr Eglwys Loegr yn ei choffáu yn flynyddol ar 8 Mai.

Hugh Latimer *c.*1485–1555

Esgob Caerwrangon a merthyr Protestannaidd

Ym mhentref Thurcaston i'r gogledd o Gaerlŷr y ganwyd Hugh Latimer. Roedd ei dad yn ffermwr cyffredin a magwyd ef a'i chwe chwaer mewn awyrgylch Gristnogol. Roedd yn fachgen galluog ac anfonwyd ef i ysgol ramadeg a phan oedd yn bedair ar ddeg oed i Gaergrawnt. Enillodd radd BA ym 1511, MA ym 1514 a BTh ym 1524. Fe'i hetholwyd yn gymrawd yng Ngholeg Clare ym 1510 ac fe'i hordeiniwyd yn ddiacon yng Nghadeirlan Lincoln ac yn offeiriad yn Lidington ym 1515.

Pan ddaeth syniadaeth newydd Protestaniaeth i Loegr roedd Latimer ar y dechrau yn chwyrn yn ei herbyn ond yn raddol newidiodd ei feddwl. Daeth dan ddylanwad Thomas Bilney a George Stafford, dynion oedd â diddordeb mawr yn nysgeidiaeth Martin Luther yn yr Almaen. Daeth Latimer dan amheuaeth o goleddu Lutheriaeth ac ymwelodd yr Esgob Nicholas West o Ely ag ef ym 1525 i fwrw llinyn mesur dros ei bregethu. Yn fuan wedyn bu'n rhaid iddo fynd gerbron y Cardinal Thomas Wolsey am yr un rheswm. Yn ystod tymor yr Adfent 1529 achosodd gynnwrf trwy alw am i'r Beibl gael ei gyfieithu i'r Saesneg. Roedd hynny yn anghyfreithlon ar y pryd. O 1530 ymlaen dechreuodd ef a'i gyfeillion ymosod ar rai o ddaliadau'r Eglwys Gatholig Rufeinig, yn enwedig yr athrawiaeth am y purdan. Dwysaodd y gwrthdaro rhwng y diwygwyr a'r Cristnogion traddodiadol yn enwedig pan ddaeth yr Archesgob William Warham fel olynydd i Wolsey. Llosgwyd cyfaill Latimer sef Bilney, oherwydd ei argyhoeddiadau Protestannaidd, yn Norwich ym 1531. Yn y cyfnod hwn y daeth anghenion Harri VIII i achub cam y diwygwyr. Daeth Anne Boleyn i gefnogi Latimer ac oherwydd ei dylanwad hi fe'i dyrchafwyd o fewn yr eglwys. Fe'i gwahoddwyd gan y Brenin Harri i bregethu am y tro cyntaf yn y llys yn ystod Grawys 1530 yng Nghastell Windsor. Y flwyddyn ddilynol fe'i penodwyd yn rheithor ffyniannus West Kington, Wiltshire. Er hynny, fe'i cyhuddwyd o arddel syniadau Protestannaidd ac fe'i hesgymunwyd ym 1532 a'i garcharu yn Lambeth, ond oherwydd ei deyrngarwch i'r brenin fe'i rhyddhawyd. Yn ystod cyfres o bregethau yng nghyfnod y Grawys ym Mryste achosodd ragor o gythrwfl trwy danseilio'r athrawiaethau am gyfiawnhad trwy weithredoedd a swyddogaeth y Forwyn Fair fel cyfryngwr. Roedd y cyfnod hwn yn gyfnod allweddol yn natblygiad y Diwygiad Protestannaidd yn Lloegr.

Cysegrwyd Latimer yn Esgob Caerwrangon gan Cranmer ym mis Medi 1535 ac yn ddiymdroi aeth ati i gael gwared â delwau a delweddau o'r eglwys gadeiriol. Testun llawenydd mawr i Latimer oedd ymddangosiad y cyfieithiad swyddogol cyntaf o'r Beibl i Saesneg ym 1537. Ond ddwy flynedd yn ddiweddarach fe newidiodd y Brenin Harri ei safiad a rhoddodd sêl ei fendith ar chwe erthygl a gyflwynwyd i'r senedd. Roedd rhain fwy neu lai yn camu'n ôl i'r hen ddaliadau eglwysig traddodiadol. Dadleuodd Latimer a'i gyfeillion yn erbyn y chwe erthygl yn Nhŷ'r Arglwyddi ac o ganlyniad fe'i diswyddwyd ef ac fe'i gwaharddwyd rhag pregethu tra byddai'r brenin byw.

Treuliodd nifer o flynyddoedd yn dawel gyda'i deulu yn astudio ond ef o hyd oedd prif gocyn hitio'r arweinwyr ceidwadol. Arestiwyd Latimer a degau o arweinyddion eraill a goleddai Brotestaniaeth dan amheuaeth o heresi. Fe'i carcharwyd yn y Tŵr yn Llundain ond ar farwolaeth Harri VIII ym mis Ionawr 1547 fe'i rhyddhawyd. Bwriodd ati gydag egni i bregethu ac fe'i hystyrid yn ei gyfnod yn un o'r dynion mwyaf effeithiol yn y pulpud yn llawn arabedd a rhethreg effeithiol. Pan fu farw'r Brenin Edward ym 1553 Latimer oedd y caplan yn ei angladd. Yna daeth ei chwaer Gatholig, Mari, i'r orsedd a golygodd hyn newid byd i'r Protestaniaid. Arestiwyd Latimer ac fe'i carcharwyd unwaith eto yn y Tŵr ond ar ôl cyfnod byr yno fe'i symudwyd i Bocardo, carchar Rhydychen. Ar 16 Hydref 1555 fe'i llosgwyd ac fe ddywed yr hanesydd John Foxe mai ei eiriau olaf oedd, 'Be of good comfort, Master Ridley, and play the man: we shall this day light such a candle by God's grace in England, as (I trust) shall never be put out.'

Miles Coverdale 1488–1569

Cyfieithydd y Beibl Saesneg ac esgob Caerwysg (Exeter)

Ganed Miles Coverdale yn Swydd Efrog ac ychydig a wyddom am ei ddyddiau cynnar. Fe'i hordeiniwyd yn offeiriad yn Norwich gan John Underwood, esgob Chalcedon. Aeth yn fynach Awstinaidd gan ymuno â'r brodyr yng Nghaergrawnt ac yno daeth o dan ddylanwad Robert Barnes a gredai mewn diwygio'r eglwys. Dechreuodd ymddiddori o ddifrif yn yr ysgrythurau ac ymrodd fwyfwy i ddysgu amdanynt. Gadawodd yr Awstiniaid a dechreuodd bregethu yn erbyn traws-sylweddiad, addoli delwau a chyffes. Roedd y rhain yn agweddau peryglus i'w mynegi yn yr oes honno. Tua diwedd 1528 ffodd dramor. Mae ansicrwydd beth oedd ei symudiadau rhwng 1528 a 1535. Ef yn gweithio ar ei ben ei hun yn Antwerp oedd y cyntaf i argraffu'r Beibl cyfan yn Saesneg. Nid ef oedd yn gyfrifol am y cyfieithu ond yn hytrach addasodd gyfieithiad William Tyndale o'r Testament Newydd a defnyddiodd weithiau nifer o gyfieithwyr wrth roi'r Hen Destament at ei gilydd.

Ei gamp oedd rhoi i genedl y Saeson y Beibl yn eu hiaith eu hunain am y tro cyntaf erioed. Y mae'n llyfr hardd gyda phrint clir a 150 o luniau bychain i gyd-fynd â'r testun. Y tu mewn i glawr yr argraffiad cyntaf y mae llun o'r Brenin Harri VIII yn dosbarthu Beiblau a'r geiriau 'faithfully translated out of Douche (Almaeneg) and Latin into English'. Gorffennwyd ei argraffu ar 4 Hydref 1535 ac fe'i hystyrir yn gamp eithriadol. Ymddangosodd ail argraffiad ym 1537 ac fe gafwyd caniatâd y Brenin Harri VIII i'w osod mewn eglwysi plwyf. Dychwelodd Coverdale i Loegr ym 1535 a chyhoeddodd y *Goostly Psalmes and Spirituall Songs Drawen out of the Holy Scripture*, cyfieithiad Saesneg o emynau Almaeneg. Erbyn 1539 yr oedd Coverdale yn byw yn Newbury ac yn cyflogi John Winchcombe Junior i fod yn gyswllt rhyngddo a Thomas Cromwell. Ond treuliodd y rhan fwyaf o'r cyfnod hwn o'i fywyd yn Fflandrys a'r Almaen o dan nawdd y Palgrave. Gadawodd Loegr ym 1540 ac aeth i Strasbwrg lle y cafodd groeso mawr gan wraig John Calvin. Yn y cyfnod hwn derbyniodd radd DTh yn Tübingen a chyhoeddodd ragor o lyfrau fel *Confutation of that Treatise which one J. Standish Made.*

Dychwelodd i Loegr ar ôl marwolaeth y brenin ac fe bregethodd lawer iawn. Cafodd groeso gwresog yn y llys brenhinol a threuliodd lawer o amser yng nghastell Windsor. Pan aeth yr Arglwydd Russell i Swydd Dyfnaint a Chernyw er mwyn taweli gwrthryfel oedd wedi codi yno yn erbyn y Llyfr Gweddi newydd Saesneg, aeth Coverdale yno fel caplan iddo a phregethodd ar faes y gad wedi'r ymladd yn Clyst St Mary.

Penodwyd ef yn esgob Caerwysg ym 1551. Dywed Hooker, un o'i gyfoedion, ei fod yn ddyn gostyngedig a duwiol. Roedd yn gyfeillgar ac yn hael tuag at y tlawd a'i gartref yn llawn lletygarwch. Er hynny roedd yn gas gan rai pobl ef, yn enwedig y rhai hynny o gefndir Pabyddol. Pan ddaeth Mari Waedlyd i'r orsedd cafodd ei garcharu. Trwy ymbil taer brenin Denmarc fe'i rhyddhawyd, ond ni chafodd ei ailbenodi fel esgob. Cafodd fywoliaeth eglwys St Magnus, Llundain, ym 1564 ond rhoddodd heibio ei gyfrifoldebau oherwydd ei ddaliadau Anghydffurfiol. Bu farw ym 1569 a chladdwyd ei weddillion yn eglwys St Bartholomew by the Exchange. Symudwyd ei weddillion i St Magnus pan ddymchwelwyd St Bartholomew ym 1840.

Thomas Cranmer 1489–1556
Archesgob Caergaint

Wedi cyfnod o ansicrwydd mawr yn sgil y Diwygiad Protestannaidd yn ystod teyrnasiad Elisabeth I fe ddaeth cyfnod mwy sefydlog yn hanes yr Eglwys Anglicanaidd. Yn ystod y cyfnod newydd hwn un o benseiri'r diwygio crefyddol yn Lloegr oedd Thomas Cranmer, archesgob cyntaf Eglwys Loegr ar ei newydd wedd.

Ganed Cranmer i deulu cyffredin yn Aslacton yn Swydd Nottingham a phan oedd yn bedair ar ddeg oed aeth i astudio i Goleg yr Iesu, Caergrawnt. Gwnaed ef yn gymrawd ym 1511 ac efallai ei fod yn un o'r criw o ysgolheigion oedd yn cyfarfod yn ddirgel yn nhafarn y White Horse i drafod syniadau newydd. Gŵr tawel ysgolheigaidd ydoedd a chyffredin fu ei fywyd hyd nes iddo gael ei alw i Gaergaint gan y Brenin Harri VIII. Roedd Harri yn eithriadol o awyddus i gael mab fel etifedd ac roedd arno angen rhywun i gefnogi ei gais i'r Pab yn Rhufain am ysgariad.

Mae'n debygol mai daliadau Cranmer ynglŷn ag awdurdod dwyfol brenhinoedd oedd y rheswm iddo gael ei benodi. Pan sefydlwyd ef yn Abaty Westminster tyngodd lw o ufudd-dod i Rufain ac o ffyddlondeb i'r brenin. Yn raddol roedd rhwyg yn datblygu gyda Rhufain. Bwriad Harri VIII ar y dechrau oedd sefydlu Eglwys Gatholig yng ngwledydd Prydain gydag ef ei hun yn ben arni. Byddai hynny yn hwyluso ei briodas gydag Anne Boleyn. O ganlyniad cafwyd deddfwriaethau newydd oedd yn dinistrio awdurdod yr Eglwys Gatholig Rufeinig yng ngwledydd Prydain.

Ar 20 Mai 1533 cyhoeddodd Cranmer fod priodas Harri gyda Catherine o Aragon wedi ei diddymu. Golygai hyn y gallai'r brenin ailbriodi. Esgymunwyd Harri VIII gan y Pab a ddatganodd nad oedd ei ysgariad a'i briodas gydag Anne yn ddilys.

Yn ystod y flwyddyn ddilynol cadarnhawyd safle'r brenin gan gyfreithiau newydd o'r senedd yn cynnwys Deddf Goruchafiaeth. Datganai hon mai

Harri oedd 'unig Ben daearol yr Eglwys yn Lloegr', a rhoddwyd iddo awdurdod llwyr dros yr eglwys, ei hathrawiaeth, ei haddoliad a'i heiddo. Yn raddol symudodd Cranmer tuag at safbwynt mwy diwygiedig. O dan ddylanwad ei gaplan Nicholas Ridley newidiodd Cranmer ei agwedd tuag at yr offeren. Gwrthododd y syniad o draws-sylweddiad (fod y bara a'r gwin yn troi yn wir gorff Iesu Grist) a daeth i gredu fod presenoldeb Iesu yn yr offeren yn ysbrydol ac nid yn gorfforol.

Pan fu farw Harri daeth ei fab Edward VI i'r orsedd, un oedd wedi derbyn hyfforddiant gan Cranmer, ac yn ystod ei deyrnasiad ef y dylanwadodd Protestaniaeth o ddifrif ar Loegr. Ym 1549 cyhoeddwyd y Llyfr Gweddi cyntaf yn Saesneg, a Cranmer oedd yn gyfrifol am y rhan fwyaf o'i gynnwys. Roedd hwn yn gam pwysig eto tuag at ddiosg dylanwad athrawiaethau Pabyddol.

Ym 1553 lluniodd Cranmer ac Esgob Ridley y Ddwy Erthygl a Deugain oedd yn crynhoi credoau'r Eglwys. Ym 1571 fe'u talfyrrwyd i 39 erthygl. Pan basiwyd Deddf Unffurfiaeth oedd yn gorfodi'r credoau hyn ar offeiriaid, gadawodd nifer ohonynt yr Eglwys.

Pan fu farw Edward daeth y Catholic Mari Tudur i'r orsedd ac aeth hi ati i adfer Catholigiaeth. Adferwyd awdurdod y Pab a seremonïau Catholig a dechreuodd cyfnod cas o erledigaeth. Llosgwyd nifer o Brotestaniaid.

Carcharwyd Cranmer yn Nhŵr Llundain ac wedi tair blynedd yno fe'i dedfrydwyd ym 1556 i gael ei ddienyddio. Cafodd ei glymu mewn cadwynau a'i losgi wrth stanc. Wrth i'r fflamau gau amdano dywedodd, 'Arglwydd Iesu, derbyn fy ysbryd.'

Harri Tudur 1491–1547

Brenin Lloegr ac Iwerddon a sefydlydd yr Eglwys Anglicanaidd

Ganwyd Harri yn Greenwich, Llundain, ar 28 Mehefin 1491. Ail fab ydoedd i Harri VII ac Elisabeth o Efrog. Yr oedd o linach Gymreig gan fod ei hen daid Owain ap Meredydd ap Tudur yn hanu o Benmynydd, Môn. Gelwid ef gan rai Cymry yn 'fab darogan'. Cafodd yr addysg orau bosibl ar y pryd a daeth yn gwbl rugl mewn Lladin, Ffrangeg a Sbaeneg. Fe'i paratowyd ar gyfer gyrfa yn yr eglwys, ond pan fu farw ei frawd Arthur yn 15 oed ym 1502 daeth Harri yn etifedd yr orsedd ac fe'i coronwyd ym 1509. Roedd yn ŵr ifanc athletaidd, cyffrous, poblogaidd a'i orsedd yn ddiogel. Roedd yn ddyn deallus a allai fod yn eithriadol o ddidostur wrth wynebu unrhyw her i'w frenhiniaeth. Roedd yn ymwybodol o bwysigrwydd cefnogaeth ei bobl ac yr oedd yn graff wrth ddewis ei gynorthwywyr.

Yn nyddiau cynnar ei frenhiniaeth rhoddodd gefnogaeth frwd i'r Pab yn Rhufain yn erbyn Martin Luther, y diwygiwr Protestannaidd. Oherwydd hynny cafodd ei anrhydeddu gyda'r teitl 'Amddiffynnydd y Ffydd' gan y Pab ym 1521. Pan oedd yn ifanc roedd yn awyddus i ennill anrhydeddau fel milwr ac nid oedd ganddo unrhyw ddiddordeb mewn bod yn wladweinydd trefnus. Gadawai hynny i gyd i Thomas Wolsey a ddaeth yn un o weinidogion grymusaf y goron erioed. Costiodd ei fuddugoliaethau cynnar ym 1513 ffortiwn i Harri – ei fuddugoliaeth dros y Ffrancod ym Mrwydr yr Ysbardunau ac yn erbyn yr Albanwyr yn Flodden. Roedd pwyslais polisi tramor Harri VIII yn canolbwyntio ar orllewin Ewrop a'r berthynas anodd rhwng Sbaen, Ffrainc a'r Ymerodraeth Sanctaidd Rufeinig. Buddsoddodd symiau mawr o arian yn y llynges a thyfodd ei maintioli o bum llong i 53. Yn ystod ail hanner ei deyrnasiad yr oedd dwy brif elfen a ddylanwadodd yn drwm ar hanes Prydain sef y Diwygiad Protestannaidd a sefydlu Eglwys Loegr.

Priododd Harri weddw ei frawd sef Catherine o Aragon ym 1509. Cawsant un plentyn, sef Mari, a aned ym 1516 ac yr oeddent yn dra awyddus i gael mab ond buont yn aflwyddiannus. Felly, ceisiodd Harri ysgaru ei wraig er mwyn priodi Anne Boleyn. Yr unig un a allai ganiatáu ysgariad oedd y Pab a gwrthodwyd ei gais. O ganlyniad trodd y brenin at Thomas Cromwell – olynydd Wolsey – ac aeth yntau at y Senedd. Yno pasiwyd mesurau yn cwtogi ar rym y Pab. Ym 1533 diddymwyd priodas Harri ac fe briododd Anne Boleyn. Esgymunwyd ef o'r eglwys gan y Pab. Y flwyddyn ddilynol daeth Deddf Goruchafiaeth i rym yn Lloegr pan ddatganwyd mai'r brenin oedd pen Eglwys Loegr – yr *Anglicana Ecclesia*. Roedd hwn yn newid enfawr a hanesyddol ar grefydd yng ngwledydd Prydain a hwylusodd ddylanwad a thwf Protestaniaeth. Gwrthodwyd talu trethi i Rufain a gorfodwyd offeiriaid i ddewis i ba ochr yr oeddent yn deyrngar. Yn fuan wedyn aethpwyd ati i ddiddymu'r mynachlogydd a gwerthwyd eu tiroedd a'u heiddo. Rhwng 1535 a 1540 caewyd yr holl fynachlogydd ac ymgyfoethogodd y goron yn ddirfawr.

Ganed Elisabeth i Harri ac Anne Boleyn ond ni chawsant fab. Dienyddiwyd Anne ar gyhuddiad o deyrnfradwriaeth ym 1536, yr un flwyddyn â Deddf Uno Lloegr a Chymru. Golygai'r Ddeddf Uno fod Cymru i fwynhau holl 'ryddid, rhyddfreiniau, hawliau a breintiau Saeson'. Ag un ergyd dilëwyd y Deddfau Penyd diraddiol. Golygai hyn y dylid defnyddio cyfraith Lloegr yng Nghymru. Hefyd o hynny ymlaen roedd tir i gael ei etifeddu yn ôl y gyfundrefn Seisnig o gyntafenedigaeth yn hytrach na'r drefn Gymreig o rannu'n gyfartal rhwng meibion. O ran yr iaith Gymraeg, Saesneg oedd i'w defnyddio yn y llysoedd barn i gyd ac nid oedd hawl gan Gymro uniaith Gymraeg i ddal swydd gyhoeddus yng Nghymru na Lloegr. Ni ddefnyddiwyd y Gymraeg mewn llysoedd tan 1942.

Gyda'i drydedd wraig Jane Seymour cafodd Harri fab sef Edward. Bu farw Jane ym 1537. Priododd deirgwaith eto cyn diwedd ei oes gydag Anne o Cleves, Katherine Howard a Catherine Parr. Ni chafwyd unrhyw blant ychwanegol. Bu farw ym Mhalas Whitehall ar 28 Ionawr 1547 ac fe'i claddwyd yng Nghapel St Siôr, Windsor.

William Tyndale *c.*1494–1536
Cyfieithydd y Beibl i Saesneg

'Without Tyndale, no Shakespeare.'

Mae'n debygol i Tyndale gael ei eni yn ardal Dursley, Swydd Gaerloyw (Gloucestershire), tua 1494 ac yr oedd ganddo ddiddordeb ysol yn yr ysgrythurau ers ei ddyddiau cynnar. Roedd o deulu cefnog oedd yn dirfeddianwyr a masnachwyr gwlân. Ni wyddom pwy oedd ei rieni ond yr oedd ganddo ddau frawd hŷn. Efallai iddo ddysgu Lladin pan oedd yn blentyn yn Ysgol Ramadeg Lady Berkeley yn Wotton under Edge. Enillodd radd BA yng Ngholeg Magdalen, Rhydychen, ac fe'i hordeiniwyd yn is-ddiacon ym 1512 ac yn offeiriad yn Llundain ym 1515.

Dychwelodd i Gaerloyw fel tiwtor i blant Syr John Walsh yn Little Sodbury Manor yn y Cotswolds. Yn y cyfnod hwn defnyddiodd ei amser sbâr i astudio, pregethu yn lleol a dechrau cyfieithu Testament Newydd Groeg Erasmus i Saesneg. Yn ystod ei oes fe feistrolodd saith o ieithoedd sef Groeg, Lladin, Hebraeg, Almaeneg, Sbaeneg, Ffrangeg a Saesneg. Roedd Tyndale wedi penderfynu argraffu'r Testament Newydd yn Saesneg ond oherwydd nad oedd cefnogaeth yn Lloegr fe aeth i Cwlen yn yr Almaen ym 1525. Yno dechreuwyd argraffu cyfieithiad o'r Testament Newydd yng ngwasg Peter Quentell. Cyn i'r gwaith gael ei gwblhau fe ymwelodd yr awdurdodau â'r argraffdy gan atal y gwaith ond llwyddodd Tyndale i ddianc. Aeth oddi yno i Worms, tref oedd â chydymdeimlad mawr gyda'r Lutheriaid, ac fe argraffwyd y fersiwn cyntaf erioed o'r Testament Newydd yng ngwasg Peter Schoffer ym 1526. Mae'r cyfieithiad hwn yn un o drysorau mawr yr iaith Saesneg. Yn fuan dechreuodd copïau ymddangos yn Lloegr a'r Alban ond fe ymatebodd yr awdurdodau'n chwyrn. Anfonodd Cuthbert Tunstall, Esgob Llundain, orchymyn yn gwahardd y llyfr gan rybuddio llyfrwerthwyr i beidio â'i werthu. Trefnodd losgi nifer o'r Testamentau Newydd yn St Paul's ac fe bregethodd ar yr achlysur gan ddweud ei fod wedi canfod 2,000 o gamgymeriadau. Aeth yr awdurdodau ati i geisio cael gwared â phob copi ac arestio pobl oedd yn berchen arno. Ymddengys i Tyndale ymgartrefu yn Antwerp am gyfnod gan ysgrifennu llyfrau yn cynnwys *The Parable of the Wicked Mammon* a'i lyfr mwyaf dylanwadol, *The Obedience of a Christian Man.*

Aeth ati i ddysgu Hebraeg ac yn fuan ymddangosodd *The First Book of Moses called Genesis* a'r Pumllyfr ganddo yn Saesneg. Caniataodd Cuthbert Tunstall i Syr Thomas More ymchwilio i lyfrau hereticaidd Saesneg er mwyn gallu ymosod ar Tyndale. Cyhoeddwyd ganddo'r *Dialogue Concerning Heresies* ym 1529 yn ymosod yn chwyrn ar Tyndale. Atebodd Tyndale ef yn egnïol yn *An Answer unto Sir Thomas More's 'Dialogue'* ym 1531 gan ymosod ar lygredd yr eglwys. Yn ystod y cyfnod hwn hefyd cyhoeddodd nifer o esboniadau Beiblaidd ar y Llythyr at y Rhufeiniaid, Epistol Cyntaf Ioan a rhannau o Efengyl Mathew.

Ym mis Mai 1535 arestiwyd Tyndale yn Antwerp, lle roedd yn aros yn nhŷ Thomas Poyntz, gan swyddogion imperialaidd ac aethpwyd ag ef i Gastell Vilvorde ar gyrion Brwsel lle y carcharwyd ef am un mis ar bymtheg. Cyhuddwyd Tyndale o hereticiaeth ac aeth o flaen ei well. Cynhaliwyd ei achos ym mhresenoldeb dau ar bymtheg o gomisiynwyr a arweiniwyd gan brif erlidiwr hereticiaid Ewrop sef Jacobus Latomus. Dyfarnwyd ef yn euog o hereticiaeth yn Awst 1536 ac mae'n debygol iddo gael ei ddiarddel o'r offeiriadaeth. Ar 6 Hydref 1536 fe'i dienyddiwyd y tu allan i Gastell Vilvorde. Cyn marw gwaeddodd, 'Lord, open the King of England's eyes.' Ni chafodd ei losgi yn fyw gan ei fod yn ysgolhaig ond yn hytrach fe'i crogwyd yn gyntaf ac yna fe losgwyd ei gorff. Dylanwadodd gwaith Tyndale yn fawr ar fywyd Lloegr oherwydd ei fod wedi galluogi pawb i ddarllen yr holl Destament Newydd yn Saesneg. Ni ellir gorbwysleisio pwysigrwydd hyn. Cyfrannodd ei waith i ddatblygiad yr iaith Saesneg a bu yn sylfaen i weithiau llenyddol mawr oes Elisabeth.

George Buchanan 1506–1582
Bardd, hanesydd ac ysgolhaig

Ganwyd George Buchanan ar 1 Chwefror 1506 yn Killearn, Swydd Stirling, yn fab i'r amaethwr Thomas Buchanan ac Agnes ei briod. Ef oedd y pumed o wyth o blant. O ganlyniad i farwolaeth ei dad pan nad oedd ond saith oed treuliodd lawer o'i blentyndod yn Cardross, Swydd Dunbarton. Mae'n bur debygol ei fod yn siarad Gaeleg. Pan oedd yn bedair ar ddeg oed gadawodd addysg leol ac aeth i astudio ym Mharis. Dychwelodd i'r Alban ym 1522. Bu am gyfnod yn gwasanaethu gyda milwyr Ffrengig yn erbyn y Saeson ac yr oedd yn bresennol yng ngwarchae Wark. Enillodd radd BA yng ngholeg St Andrews ym 1525. Aeth eto i Baris am gyfnod byr i ddarlithio yn y Collège de Ste Barbe, oedd yn enwog am ei astudiaethau Groeg, ond dychwelodd i'r Alban pan benodwyd ef yn diwtor i fab Iarll Cassilis yn Swydd Ayr. Daeth hefyd yn diwtor i James Stuart, mab anghyfreithlon y Brenin Iago V.

Daeth o dan lach y Cardinal Beaton oherwydd ei ysgrifau barddonol Lladin dychanol am fynaich yn y *Somnium* a'r *Franciscantis*. Yn y cerddi hyn tynnai sylw at anonestrwydd a welid yn y mynachlogydd ac o ganlyniad fe'i carcharwyd yng Nghastell St Andrews a'i gyhuddo o fod yn heretic. (Roedd hefyd wedi bwyta cig yn ystod y Grawys ac ymhél â Lutheriaeth.) Llwyddodd i ddianc o'r fan honno ym 1539 a ffoi am ei fywyd i Lundain ac yna i Ffrainc. Fe'i penodwyd yn Athro yn y Collège de Guyenne yn Bordeaux ac yn ystod y cyfnod hwn cyfansoddodd a chyfieithodd ddramâu sef y *Baptistes*, y *Medea*, y *Jephthes* a'r *Alcestis*. Ym 1547 gwahoddodd y brenin João o Bortiwgal Andre Gouvea i fod yn brifathro coleg yn Coimbra ac aeth Buchanan yno i ddarlithio. Yn y fan honno fe dramgwyddodd y Chwilys ac fe'i caethiwyd mewn mynachlog ar gyhuddiad o fod yn heretic. Yno treuliodd ei amser yn gweithio ar gyfieithiad o Salmau Dafydd i'r Lladin. Dangosodd y gwaith hwn ei feistrolaeth lwyr o'r iaith a'i ddawn fel bardd. Wedi iddo gael ei ryddhau bu yn Lloegr am gyfnod byr ac yn Ffrainc a'r Eidal am saith mlynedd.

Pan ddychwelodd i'r Alban am y tro olaf ym 1561 fe'i penodwyd yn diwtor y clasuron i Mary Stuart, brenhines yr Alban, a hefyd yn brifathro coleg St Andrews. Yn y cyfnod hwn datganodd ei fod yn ochri gyda Phrotestaniaeth ac yn raddol trodd yn erbyn Mary Stuart. Yn wir, rhoddodd dystiolaeth yn ei herbyn mewn achos llys yn Lloegr a arweiniodd at ei dienyddiad.

Yn ystod ei oes ysgrifennodd nifer o weithiau pwysig yn Lladin yn cynnwys *De Jure Regni Apud Scotos* (1579) sef traethawd ar gyfyngiadau grymoedd brenhinol a *Rerum Scoticarum Historia* (1582) sef hanes yr Alban. Er bod ei lyfr ar hanes yr Alban yn unllygeidiog fe'i hystyrir fel ffynhonnell eithriadol o werthfawr i hanes ei gyfnod ei hun. Gan ei fod yn ysgrifennu yn Lladin yr oedd yn cael ei gydnabod fel ysgolhaig galluog trwy Ewrop gyfan.

Penodwyd ef yn diwtor i'r brenin ifanc Iago VI ym 1570 a hyd 1578 ef oedd Arglwydd y Sêl Gyfrin. Bu farw ar 28 Medi 1582 yng Nghaeredin a chlaadwyd y rhan fwyaf o'i weddillion ym mynwent eglwys Greyfriars. Codwyd cofeb iddo ym 1878 a rhoddwyd ffenestr goffa iddo yn yr eglwys. Cedwir ei benglog yn amgueddfa anatomi Prifysgol Caeredin.

John Knox *c.*1514–1572
Diwygiwr Cristnogol

Ganwyd John Knox yn Giffordgate yn Haddington. Ychydig a wyddom am ei ddyddiau cynnar. Enw ei dad oedd William a deuai ei fam o deulu Sinclair, enw a ddefnyddiai Knox weithiau fel ffugenw. Mae'n fwy na thebyg fod ganddo frawd hŷn o'r enw William. Efallai iddo fynd i ysgol leol gan dderbyn addysg elfennol ac yna i Brifysgol St Andrews. Ar ddiwedd y 1530au fe'i hordeiniwyd yn ddiacon ac yn offeiriad gan William Chisholm, esgob Dunblane. Bu am gyfnod yn notari yng nghyffiniau Haddington.

Daeth John Knox i gysylltiad â dysgeidiaeth Brotestannaidd am y tro cyntaf yn ystod taith bregethu Thomas Guilliame yn Lothian. Ni wyddom ddim am hanes ei dröedigaeth ond fe aeth yn diwtor i feibion Hugh Douglas, Longniddry, a meibion John Cockburn, Ormiston. Dysgodd Ladin i'r bechgyn a'u harwain i astudio'r Beibl a holwyddoregau. Yn Ionawr 1546 aeth i gyfarfodydd gyda George Whishart. Ond gwaetha'r modd fe arestiwyd Whishart ac fe'i dienyddiwyd am heresi. Ofnai John Knox y byddai'r un peth yn digwydd iddo yntau ac felly aeth i guddio, ond roedd ei ofnau'n ddi-sail. Dychwelodd i ddysgu'r bechgyn. Daeth dan ddylanwad pregethu'r Protestant John Rough ac effeithiodd hyn yn drwm arno. Traddododd ei bregeth gyntaf ar Daniel 7:24-5 ac ynddi ymosodai'n chwyrn ar awdurdod y Babaeth. Yna ymosodwyd ar Gastell St Andrews ac fe'i cipiwyd gan y Ffrancwyr. Carcharwyd yr uchelwyr mewn cestyll Ffrengig a dedfrydwyd pobl gyffredin gan gynnwys Knox i fynd ar long gali. Bu yno am bedwar mis ar bymtheg. Yn ystod y dyddiau cynnar mabwysiadodd safbwynt eithriadol o wrth-Babyddol a bu hyn yn un o'i nodweddion trwy gydol ei oes.

Rhyddhawyd ef o'r llong yn Chwefror 1549 ac fe'i penodwyd fel pregethwr yn nhref filwrol Berwick. Yno casglodd o'i amgylch nifer o ddilynwyr Protestannaidd ac fe gyhoeddodd lyfr ar weddi, *A Confession and Declaration of Praiers* (1553). Aeth ati i ddatblygu litwrgi newydd ar gyfer addoliad a phwysleisiai fod yn rhaid i bopeth ddeillio'n uniongyrchol o'r Beibl. Ym 1551 symudodd i Newcastle i fyw lle y cyfarfu John Willock, gŵr a ddaeth yn ddiweddarach yn un o arweinyddion y Diwygiad Protestannaidd yn yr Alban. Yna symudodd i

Lundain i fod yn gaplan brenhinol. Ei waith oedd pregethu i'r Brenin Edward VI a'i lys a derbyniai gyflog blynyddol o £40. Aeth ati i awgrymu newidiadau i'r Llyfr Gweddi Gyffredin ac un ohonynt oedd gwahardd yr arfer o benlinio wrth dderbyn yr elfennau mewn cymun. Yn syth ar ôl marwolaeth Edward VI aeth i'r Alban a phan ddaeth y Pabydd Mari i'r orsedd ffodd i'r cyfandir am bedair blynedd. Aeth i Zurich i weld Heinrich Bullinger ac i Genefa i ofyn cyngor John Calvin. Yna gofynnodd y gymuned Saesneg yn Frankfurt a fyddai Knox yn barod i fod yn weinidog arnynt. Cytunodd am gyfnod byr ond fe gododd dadl ffyrnig yno a gofynnwyd iddo adael.

Yn Hydref 1555 dychwelodd i'r Alban. Priododd Marjory Bowes a ganed dau fab iddynt. Am gyfnod bu'n pregethu i'r eglwysi Protestannaidd tanddaearol yng Nghaeredin, y Lothians, Swydd Ayr a Swydd Renfrew. Noddwyd ef gan deuluoedd bonheddig ond roedd ei ddaliadau diwygiedig yn ennyn llid yr awdurdodau. Unwaith eto ciliodd i'r cyfandir, y tro hwn i Genefa. Credai Knox fod John Calvin wedi llwyddo i newid Genefa yn 'The maist perfyt schoole of Chryst ...' Gwasanaethodd yno mewn eglwys gyda Christopher Goodman. Yn y cyfnod hwn ysgrifennodd ei dract enwocaf sef *The First Blast* oedd yn condemnio hawl merched i lywodraethu ac yn annog gwrthwynebiad i'r Frenhines Mari Tudur. Ysgrifennodd ei waith hiraf yng Ngenefa ym 1558 sef *An Answer to a Great Nomber of Blasphemous Cavillations* oedd yn ymdrin â rhagordeiniad. Dychwelodd i'r Alban ym 1559 gan barhau gyda'r frwydr i ddiwygio'r eglwys yno. Daeth yn weinidog yn St Andrews a oedd yn ganolfan Brotestannaidd. Y flwyddyn ddilynol derbyniodd y Senedd y gyffes ffydd Albanaidd gan wrthod awdurdod y Pab. Aeth ati gyda phump o ddynion eraill i lunio llyfr disgyblaeth newydd i'r Kirk a mabwysiadwyd Beibl Genefa. Penodwyd ef yn weinidog yn St Giles, Caeredin, lle y derbyniai gyflog mawr o £566. Yma bu'n gweithio fel Comisiynydd Cyffredinol Cymanfa'r Eglwys yn yr Alban. Ym 1564 priododd ei ail wraig Margaret Stewart a oedd yn ddwy ar bymtheg oed ac yntau yn hanner cant.

Dychwelodd Mari i'r Alban ym 1561 a daeth Knox i wrthdrawiad â hi. Cyfarfyddodd â hi bedair gwaith i drafod materion crefyddol yn bennaf.

Yn Hydref 1570 cafodd strôc fawr a effeithiodd ar ei lais a'i gorff. Parhaodd i bregethu'n wythnosol yn St Giles ond bu farw ar 24 Tachwedd 1572 ac fe'i claddwyd ym mynwent yr eglwys.

Andrew Melville 1545–1622
Prifathro coleg a diwinydd

Ganwyd Andrew Melville yn Baldovy ger Montrose, Angus, ar 1 Awst 1545, yr ieuengaf o naw o feibion Richard Melville. Bu farw ei dad ym mrwydr Pinkie ddwy flynedd ar ôl ei enedigaeth a chafodd ei fagu gan ei frawd Richard. Aeth i ysgol ramadeg Montrose lle y dysgodd beth Lladin a Groeg ac ym 1559 aeth i Goleg St Mary ym Mhrifysgol St Andrews gan ennill gradd MA oddeutu 1563. Dywedodd un sylwebydd mai ef oedd 'yr athronydd, y bardd a'r Groegwr gorau trwy'r holl wlad'. Treuliodd wedyn ddwy flynedd yn astudio ym Mhrifysgol Paris a thair blynedd ym Mhrifysgol Poitiers. Symudodd i Genefa lle yr arbenigodd mewn diwinyddiaeth. Cafodd swydd yno yn dysgu Lladin yn y coleg a daeth yn ffrindiau gyda'r athronydd Joseph Scaliger.

Wedi pum mlynedd yn Genefa fe'i perswadiwyd gan ei gyfoedion i ddychwelyd i'r Alban er mwyn iddo rannu ei ysgolheictod gyda'i gydwladwyr. Fe'i penodwyd yn brifathro Prifysgol Glasgow ym 1574 a phenderfynodd wneud newidiadau mawr i'r cwricwlwm a'r dulliau dysgu yno a adlewyrchai bwyslais dyneiddiol yr oes. Dylanwadodd yn fawr hefyd ar yr eglwys yn yr Alban. Byddai'n mynychu cyfarfodydd o'r Gymanfa Gyffredinol ac yn awgrymu gwelliannau i'w strwythur er mwyn iddi weithredu yn fwy effeithiol. Bu trafodaeth fanwl ar swyddogaeth esgob yn y Testament Newydd a beth oedd natur y swydd honno o fewn Eglwys yr Alban. Etholwyd ef yn Gymedrolwr Cymanfa Gyffredinol yr Eglwys yn Ebrill 1578. Ym 1580 fe'i penodwyd yn brifathro Coleg St Mary ym Mhrifysgol St Andrews. Ar ôl symud i'r fan honno dechreuodd ddiwygio'r cwricwlwm ar unwaith ond cododd gwrthwynebiad ymhlith cydweithwyr mwy ceidwadol eu hysbryd. Bu dadlau poeth rhyngddynt ynglŷn â safbwyntiau gwahanol Ramus ac Aristotlys ond Melville enillodd y dydd. Ym 1584 gwysiwyd ef i ymddangos gerbron y Cyfrin Gyngor a'i gyhuddo o deyrnfradwriaeth oherwydd cynnwys pregeth a draddododd lle cymharodd y brenin i Nebuchodonosor (Llyfr Daniel). Yn sgil hyn fe ffodd gyda'i frawd Roger i Loegr gan chwilio am loches. Yn y cyfnod hwn ymwelodd â Llundain, Rhydychen a Chaergrawnt.

Dychwelodd i'r Alban a daeth i wrthdrawiad gyda'r Brenin Iago VI. Gwrthwynebai Melville Ddeddfau Du (Black Acts) 1584 a bwysleisiai oruchafiaeth y brenin ac awdurdod yr esgobion. O ganlyniad gwaharddwyd ef am gyfnod rhag pregethu yn Saesneg i'r bobl ar y Sul. Dyma pryd y traddododd ef ei anerchiadau enwog am 'ddwy deyrnas' oedd yn sôn am natur wahanol awdurdod eglwysig ac awdurdod sifil. Aeth pethau o ddrwg i waeth. Gwaharddwyd ef gan y brenin o henaduriaethau'r eglwys, fe'i diswyddwyd fel Rheithor Prifysgol St Andrews ac fe'i gorchmynnwyd i adael y Gymanfa Gyffredinol.

Pan rwystrodd y Brenin Iago y Gymanfa Gyffredinol rhag cyfarfod ym 1604 cynhaliodd Melville a'i gyfeillion Gymanfa arbennig yn Aberdeen y flwyddyn ddilynol. Gwysiwyd ef gan y brenin i Lundain lle y cyfarfu ag ef yn Hampton Court gan amddiffyn rhyddid ac annibyniaeth y Gymanfa Gyffredinol. O ganlyniad fe'i carcharwyd yn Nhŵr Llundain ym 1607. Ymhen pum mlynedd fe'i rhyddhawyd ond fe'i gwaharddwyd rhag dychwelyd i'r Alban. Yn groes i'r graen derbyniodd wahoddiad i fynd yn athro Diwinyddiaeth Feiblaidd yn Sedan, Ffrainc, ac yno y bu farw ym 1622. Ystyrir Melville fel olynydd teilwng i John Knox a safai'n gadarn dros egwyddorion y Diwygiad Protestannaidd.

Robert Browne *c.*1550–1633

Anghydffurfiwr a sefydlydd yr eglwys gynulleidfaol gyntaf yn Lloegr

Ganwyd Robert Browne mae'n fwy na thebyg yn Tolethorpe Hall, Rutland, yn drydydd o saith o blant i Anthony a Dorothy Browne. Yr oedd y teulu yn lled fonheddig ac yn perthyn o bell i William Cecil. Aeth yn fyfyriwr i Goleg Corpus Christi, Caergrawnt, ym 1570 gan raddio gyda gradd BA ym 1572. Yno daeth i gysylltiad gyda nifer o fyfyrwyr Protestannaidd blaengar eu meddyliau. Wedi gadael y coleg aeth am gyfnod i weithio fel athro ac wrth wneud hynny myfyriodd ar gyflwr gwael y byd yr oedd ei ddisgyblion yn gorfod byw ynddo. Daeth i'r casgliad fod y bai am hynny ar dystiolaeth aneffeithiol yr Eglwys. Gadawodd ei swydd a thua diwedd 1578 aeth i aros gyda'r rheithor Piwritanaidd Richard Greenham yn Dry Drayton gan bregethu yn ei eglwys. Yn fuan wedyn cafodd wahoddiad i bregethu yn ei hen goleg yng Nghaergrawnt. Yn lle pregethu i foddhau ei wrandawyr, manteisiodd ar y cyfle i ymosod o'r pulpud ar esgobion, gan eu cyhuddo o geisio cymryd lle Crist yn yr Eglwys. Yn y cyfnod hwn roedd ei syniadaeth yn datblygu ac yn raddol daeth i'r casgliad fod y strwythurau eglwysig yn anysgrythurol ac yn annerbyniol gan Dduw. Ar y dechrau credai mewn ceisio diwygio'r eglwys yn fewnol ond teimlai fwyfwy mai ymneilltuo oedd yr unig ateb. Gwaharddwyd ef rhag pregethu gan yr awdurdodau.

Symudodd i Norwich lle'r arhosodd gyda Robert Harrison. Arwyddodd ef a 173 o Biwritaniaid Norwich ddeiseb i'r frenhines sef *A supplication of Norwich men to the Queen's majesty* yn gofyn iddi benodi henuriaid a diswyddo gweinidogion nad oeddent yn pregethu. Yn y cyfnod hwn roedd ganddo ddaliadau Presbyteraidd ynglŷn â'r eglwys gan ddweud y dylai gweinidogion a henuriaid gael eu dewis gan y cynulleidfaoedd. Ym 1581 cafodd ei arestio yn ardal Bury St Edmunds, Suffolk, oherwydd gwrthwynebiad yr Esgob Freake o Norwich i'r ffaith ei fod yn pregethu yn anghyfreithlon mewn anedd-dai. Penderfynodd Browne a rhai Cristnogion eraill anghydffurfio a gadael Eglwys Loegr gan sefydlu eu cynulleidfa eu hunain. Eu nod oedd sefydlu eglwys Feiblaidd lle y pregethid yr Efengyl, y gweinyddid y sacramentau ac y gweithredid disgyblaeth gan y gynulleidfa o dan arweiniad ei swyddogion.

Oherwydd erledigaeth ymfudodd y gynulleidfa ym 1582 i Middelburg yn yr Iseldiroedd. Yno cyhoeddodd Browne dri thraethawd a'r pwysicaf ohonynt oedd *A Treatise of Reformation without Tarrying for Anie*. Yn hwn galwai am ddiwygio mawr yn Eglwys Loegr ac o ganlyniad gwaharddwyd ei waith.

Chwalodd yr eglwys yn Middelburg a symudodd i'r Alban gan geisio mynediad i'r Kirk yng Nghaeredin. Gwrthodwyd ef oherwydd ei safbwyntiau anghonfensiynol. Wedi ei ddadrithio dychwelodd i Loegr ym 1584 lle y cafodd ei arestio. Cyfaddawdodd gyda'r awdurdodau ac arwyddodd ddatganiad a ddywedai fod Eglwys Loegr yn wir eglwys i Dduw a'i fod o dan awdurdod yr Archesgob Whitgift. Etholwyd ef yn feistr Ysgol St Olave's, Southwark, ym 1586. Yma fe gafodd amser anodd gan i'r Piwritan Stephen Bredwell ei gyhuddo o fod yn rhagrithiwr llwyr a hefyd oherwydd gwrthdaro chwerw gyda'r Ymneilltuwr Henry Barrow.

Erbyn 1588 yr oedd wedi gadael St Olave's ac yn datgan ei fod yn 'Erastian congregationalist'. Ymosododd eto ar esgobion ac ar yr Eglwys Bresbyteraidd yn yr Alban. Ym 1591 ordeiniwyd ef yn offeiriad yn Thorpe Achurch, Swydd Northampton. Cafodd gyfnod anhapus iawn yma gyda'i ail wraig a chydag awdurdodau'r eglwys. Cyhuddwyd ef o Anghydffurfiaeth ac fe'i hesgymunwyd ym 1631. Aeth pethau o ddrwg i waeth ddwy flynedd yn ddiweddarach pan y'i carcharwyd am daro'r cwnstabl Robert Greene. Bu farw yn y carchar yn Northampton ac fe gladdwyd ei gorff ar 8 Hydref 1633 ym mynwent eglwys St Giles. Roedd Browne yn gymeriad deallus ac eithriadol o benderfynol ac ef sefydlodd yr eglwys gynulleidfaol gyntaf yn Lloegr.

Thomas Helwys *c.1575–c.1614*

Arweinydd y Bedyddwyr a hyrwyddwr goddefgarwch

'Let them be heretics, Turks, Jews, or whatsoever, it appertains not to the earthly power to punish them in the least measure' (Helwys, *Mystery of Iniquity*, 69).

Hanai Thomas Helwys o deulu bonheddig o Swydd Nottingham ac enw ei dad oedd Edward Helwys. Ychydig a wyddom am ei ddyddiau cynnar. Aeth i Gray's Inn ym 1593 lle y derbyniodd addysg gyffredinol. Ddwy flynedd yn ddiweddarach ymsefydlodd yn Broxtowe Hall, Basford ger Nottingham, a phriododd Joan Ashmore.

Daeth eu cartref yn gyrchfan i offeiriaid oedd â thueddiadau Piwritanaidd ac yr oeddent yn aml yn cyfarfod yno. Hefyd daeth i gysylltiad â'r anghydffurfiwr John Smyth a gafodd ddylanwad mawr arno. Tra oedd ar ymweliad â Broxtowe Hall trawyd John Smyth yn ddifrifol wael ond trwy'r gofal a gafodd yno fe'i hadferwyd i lawn iechyd.

Ymunodd Helwys ag Eglwys Anghydffurfiol Smyth yn Gainsborough a daeth yn un o'r arweinwyr yno. Dechreuodd Llys yr Esgob yn Efrog erlid rhai o aelodau'r eglwys yn Gainsborough ac o ganlyniad ymfudodd rhai ohonynt i Amsterdam yn yr Iseldiroedd ym 1607. Yn eu plith yr oedd Thomas Helwys. Gadawodd ei deulu ar ôl gan gredu y byddent hwy yn ddiogel ond cythruddwyd yr awdurdodau gan hyn a bu iddynt ddal a charcharu ei wraig, Joan, am gyfnod yng Nghastell Efrog.

Ar ddechrau 1609 bu digwyddiad tyngedfennol yn eu hanes. Ailfedyddiodd Smyth ei hun ac yna bedyddiodd Helwys a'r gweddill o'r gynulleidfa. Golygai hyn eu bod yn awr yn eglwys fedyddiedig. Ymhen amser cododd anghydfod yn yr eglwys a arweiniodd yn y diwedd at rwyg. Cododd deg o aelodau yn cynnwys Helwys yn erbyn Smyth. Asgwrn y gynnen oedd eu hanhapusrwydd fod Smyth yn pwysleisio mai dim ond henuriaid oedd yn cael bedyddio. Credent fod hyn yn sawru o Olyniaeth Apostolaidd, athrawiaeth oedd yn gwbl wrthun iddynt. Yn y diwedd gwahanodd y ddwy garfan.

Penderfynodd Helwys a'i gyfeillion ddychwelyd i Loegr ac i Lundain tua diwedd y flwyddyn 1612 gan lawn sylweddoli'r peryglon yr oeddent yn eu hwynebu. Sefydlasant yr Eglwys Fedyddiedig gyntaf yn Lloegr yn Spitalfields y tu allan i furiau Llundain. Roeddent yn cyfarfod yn neuadd Pinner ac o'r fan honno cafodd Helwys gryn ddylanwad fel pregethwr. Eglwys fedyddiedig gyffredinol oedd hon gyda phwyslais arbennig. Pwysleisiai Calfiniaid y cyfnod fod Iesu Grist wedi marw dros yr etholedig yn unig (Iawn Cyfyngedig) ond fe gredai'r eglwys hon ei fod wedi marw dros ddynoliaeth yn ei chyfanrwydd (Iawn Cyffredinol). Yr oeddent yn erbyn yr athrawiaeth Galfinaidd o etholedigaeth.

Gwnaeth Helwys ddatganiad o'i ddaliadau yn nheitl un o'i lyfrau sef *A Short and Plaine proofe, by the Word and Works of God, that God's Decree is not the cause of anye Mans Sinne o'r Condemnation and that all men are redeemed by Christ, as also that no infants are condemed.* Ym 1612 cyhoeddwyd llyfr ganddo sef *A short Decleration of the Mistery of Iniquity.* Yn hwn cafwyd am y tro cyntaf yn hanes Lloegr rywun yn hawlio rhyddid crefyddol cyffredinol, rhyddid cydwybod i bawb. Fe geir mêr yr hyn a ysgrifennodd yn y geiriau hyn, 'Nid yw'n Harglwydd frenin, yn ddim ond brenin daearol, ac nid oes ganddo fel brenin awdurdod, ond dros bethau daearol, ac os yw deiliaid y brenin yn ufudd, yn dilyn pob gorchymyn o'i eiddo, ni all yr Arglwydd frenin erfyn rhagor; mae crefydd dyn rhyngddo ef a Duw, ac nid oes gan y brenin le yn hyn o beth, yn yr un modd ni all brenin fod yn farnwr rhwng Duw a dyn. Nid i awdurdodau daearol y mae cosbi, bydded hwy yn hereticiaid, Twrciaid neu Iddewon.'

Nid oedd y beiddgarwch cywilyddus hwn yn erbyn y brenin yn dderbyniol gan yr awdurdodau ac felly carcharwyd Helwys. Erbyn 1616 yr oedd wedi marw.

James Ussher 1581–1656
Ysgolhaig ac Archesgob yn Eglwys Anglicanaidd Iwerddon

Ganwyd James Ussher yn Nicholas Street, Dulyn, ar 4 Ionawr 1581. Hanai ei rieni o deuluoedd blaenllaw Eingl-Wyddelig a magwyd ef mewn cartref Protestannaidd ffyniannus. Dysgodd ddarllen yn ifanc gyda chymorth dwy fodryb ac yna fe aeth i Ysgol Rydd Dulyn oedd gerllaw eu cartref. Pan agorwyd coleg newydd y Drindod, Dulyn, ym 1594, ef oedd un o'r myfyrwyr cyntaf. Effeithiodd y cyfnod hwn yn drwm iawn arno wrth iddo ddod dan ddylanwad y Diwygiad Protestannaidd.

Ym 1598 enillodd radd BA, ac MA ym 1601. Penderfynodd fynd i'r weinidogaeth ac fe'i hordeiniwyd yn offeiriad. Enillodd radd BD ym 1607 a DD ym 1612. Fe'i gwnaed yn gymrawd yn y coleg ac yno y bu yn pregethu a darlithio.

Yn ystod ei gyfnod cynnar roedd ganddo ddiddordeb mawr mewn diwinyddiaeth wrth-babyddol. Cyhoeddodd ei lyfr cyntaf sef *Gravissimae quaestionis, de Christianarum ecclesiarum* a amlygai ei ysgolheictod a'i ddawn i ganfod llawer o ffynonellau gwreiddiol. Ymosodai hefyd yn chwyrn ar y Pabyddion gan honni mai hwy oedd yr Anghrist. Ef hefyd oedd un o'r rhai a fu'n gyfrifol am lunio cyffes ffydd gyntaf yr Eglwys yn Iwerddon ym 1615. Yn y blynyddoedd dilynol daeth yn enw cyfarwydd trwy wledydd Prydain yn enwedig ar ôl iddo gyfarfod Iago I a chael ei benodi yn Esgob Meath a phregethu ger bron y ddau Dŷ yn Llundain ym 1621. Ymddiddorai yn hanes yr eglwys yn Iwerddon a chyhoeddodd *A Discourse of the Religion Anciently Professed by the Irish and British* (1622). Yn y gwaith hwn deuai i'r casgliad mai eglwys Brotestannaidd oedd yr Eglwys Geltaidd ac felly ei bod yn gwbl briodol fod yr eglwys Anglicanaidd yn berchen ar yr eglwysi yn Iwerddon. Yn dilyn marwolaeth Archesgob Hampton etholwyd Ussher i'r Archesgobaeth ac fe'i hordeiniwyd i'r gwaith ym 1626. Gwrthwynebai yn chwyrn unrhyw symudiad tuag at ddeddfau goddefiad i'r Pabyddion gan ddweud ei bod yn grefydd ofergoelus a gau. Am gyfnod bu'n ymwneud â gwleidyddiaeth eglwysig. Ceisiodd Thomas Wentworth,

William Laud a John Bramhall ddisodli Cyffes Ffydd 1615 gyda 39 erthygl Eglwys Loegr. Gwrthwynebai Ussher hyn gan ddweud bod angen cadw hunaniaeth yr eglwys yn Iwerddon. Wedi dadl fawr penderfynwyd derbyn y ddau ochr yn ochr â'i gilydd.

Yn dilyn hyn enciliodd Ussher er mwyn canolbwyntio ar waith academaidd. Cyhoeddodd hanes Gotteschalc o Orbais, mynach o'r nawfed ganrif (1631). Ymddengys ei fod trwy'r gyfrol hon wedi pwysleisio athrawiaethau Awstin Sant a hynny ar draul Arminiaeth oedd yn codi ei ben yn Iwerddon. Trodd ei sylw wedyn at hanes Iwerddon gyda'r *Veterum epistolarum Hibernicarum sylloge,* cyfrol arloesol a edrychai'n fanwl ar lythyrau a thestunau Gwyddelig o'r canol oesoedd (1632). Un o'i weithiau pwysicaf oedd y *Britannicarum ecclesiarum antiquitates* (1639) a geisiai adrodd hanes Cristnogaeth ym Mhrydain o'r dechreuad hyd y seithfed ganrif.

Newidiodd cyfeiriad ei fywyd eto ym 1640 pan alwodd y Brenin Siarl y Senedd. Pregethodd Ussher ar agoriad y senedd yn Iwerddon (1640) a'r mis dilynol symudodd i fyw i Lundain lle yr ailgydiodd yn ei waith academaidd. Wrth i'r sefyllfa wleidyddol ddwysáu fe ochrodd gyda'r brenin a symudodd ef a'i deulu, am gyfnod byr, i gastell Sain Dunwyd (St Donats), Bro Morgannwg, er diogelwch. Ym 1654 fe ysgrifennodd ei lyfr enwocaf sef yr *Annalium Pars Posterior.* Ynddo fe weithiodd allan yn fathemategol trwy astudio'r Beibl beth oedd – yn ei dyb ef – dyddiad y creu sef 4004 cyn geni Crist. Bu farw ar 21 Mawrth 1656 a chladdwyd ef yng Nghapel Sant Erasmus, Abaty Westminster, Llundain.

Oliver Cromwell 1599–1658

Arglwydd Amddiffynnydd Lloegr, Yr Alban ac Iwerddon

Ganwyd Oliver Cromwell ar 25 Ebrill 1599 yn Huntingdon yn fab i Robert ac Elisabeth. Cymro o Forgannwg oedd ei hen daid Morgan Williams a aeth i gadw tŷ tafarn a bragdy yn Putney. Priododd ef chwaer hynaf Thomas Cromwell, gweinidog Harri VIII, a thrwyddo ef fe ymgyfoethogodd y teulu. Cawsant afael ar diroedd rhai o'r mynachlogydd a ddiddymwyd gan Harri VIII ym 1538-9 a daeth peth o'r etifeddiaeth i ddwylo tad Oliver Cromwell. Adeiladodd ei dad dŷ hardd ar gyrion Huntingdon lle y byddai'n gyson yn croesawu'r Brenin Iago. Ychydig a wyddom am Cromwell yn ystod deugain mlynedd gyntaf ei fywyd. Pe bai wedi marw yn ddeugain ni fyddai unrhyw sôn amdano mewn llyfrau hanes. Aeth i'r ysgol ramadeg leol ac yna i Goleg Sidney Sussex yng Nghaergrawnt ym 1616-17. Ym 1620 priododd Elizabeth Bourchier, merch ifanc oedd o deulu eithriadol o gefnog yn Essex. Daeth hyn ag ef i gysylltiad â llawer o deuluoedd bonheddig a dylanwadol.

Cafodd Cromwell dröedigaeth. Daeth yn Biwritan o argyhoeddiad a dechreuodd bregethu'n gyson mewn cyfarfodydd crefyddol anghyfreithlon. Ni allai oddef aros yn yr eglwys Anglicanaidd oherwydd bod cymaint o ddefodau Pabyddol ynddi. Dyheai am Gristnogaeth symlach a llai seremonïol. Cafodd ei ethol yn aelod seneddol Caergrawnt ym 1640. Roedd yn AS ymfflamychol ac yr oedd yn amlwg iawn yn y senedd. Galwai am ddiwygio'r eglwys Anglicanaidd ac am ddiddymu esgobion.

Ym 1642, adeg y Rhyfel Cartref yn Lloegr, anfonwyd ef gan y senedd i atal rhai o filwyr y brenin yng Nghaergrawnt a gwnaeth hynny yn effeithiol. Yn ystod y blynyddoedd dilynol bu'n filwr a byddai'n cael ei ddyrchafu'n gyson oherwydd ei ddoniau fel arweinydd hyd nes iddo gael ei benodi yn is-gadfridog y New Model Army o 1645 i 1649. Trefnodd lawer o gyrchoedd yn erbyn milwyr y brenin. Ei gryfder mawr oedd nid ei strategaethau na gwreiddioldeb milwrol ond ei allu i ysbrydoli milwyr. Roedd ei fyddin yn effeithiol wrth goncro ac yn gwbl ddigymrodedd wrth ymladd. Ym 1648 daethant i dde Cymru gan chwalu cefnogwyr y brenin. Y flwyddyn ddilynol fe aeth trosodd i Iwerddon gan ddangos ffyrnigrwydd a chreulondeb mawr. Lladdwyd pob swyddog yn y fyddin, offeiriad a mynach Pabyddol ac yn Wexford bu cyflafan erchyll. Yn y diwedd cymerwyd cymaint â 40% o diroedd Iwerddon oddi ar Gatholigion Gwyddelig a'u rhoi i Brotestaniaid o Brydain. Yn dilyn hyn bu problemau enbyd yn Iwerddon. Ym 1650 aeth Cromwell i'r Alban gan goncro byddinoedd y brenin a meddiannu'r iseldir. Dychwelodd yn fuddugoliaethus i Lundain ym 1651. Ym 1653 diddymodd y Senedd yn Llundain gan benodi 140 o ddynion 'duwiol' i lywodraethu gydag egwyddorion Cristnogol; gelwid hwy yn Senedd y Saint. Byrhoedlog fu'r arbrawf ac wedi dim ond pum mis rhoddwyd y grym yn ôl i Cromwell ac fe'i penodwyd yn Arglwydd Amddiffynnydd.

Roedd yn gymeriad cymhleth oherwydd ar un llaw roedd yn greulon a digyfaddawd ac ar y llaw arall yn eangfrydig. Rhoddwyd rhyddid crefyddol i Babyddion ac Iddewon i addoli yn breifat yn ôl eu cydwybod. Hefyd nid oedd aelodaeth o'r eglwys wladol yn amod mynediad i goleg na swydd gyhoeddus. Yn annisgwyl roedd y cyfnod hwn yn un o ryddid crefyddol anarferol. Ceisiodd ei ddilynwyr ei wneud yn frenin ond gwrthododd y cynnig. Dirywiodd ei iechyd yn frawychus o sydyn. Bu farw ar 3 Medi 1658 a chladdwyd ei gorff yn Abaty Westminster.

Samuel Rutherford *c.*1600–1661

Gweinidog yn Eglwys yr Alban, damcaniaethwr gwleidyddol

Ganwyd Samuel Rutherford yn Nisbet, ger Crailing, yn ne ddwyrain yr Alban. Ni wyddom pwy oedd ei rieni ond roedd ganddo ddau frawd sef George a James. Mae'n fwy na thebyg ei fod wedi derbyn ei addysg yn Ysgol Ramadeg Jedburgh. Yn gynnar daeth o dan ddylanwad David Calderwood, oedd yn weinidog yr Efengyl yn Crailing.

Aeth i Brifysgol Caeredin ym 1617 a graddiodd ym 1621. Ym 1623 fe'i penodwyd yn 'regent of humanity' sef athro yn y clasuron. Godinebodd gydag Euphame Hamilton a ganed plentyn iddynt. Collodd ei swydd a bu'n rhaid iddo chwilio am blwyf.

Erbyn 1627 roedd Rutherford yn weinidog Anwoth yn Kirkcudbrightshire ar wahoddiad bonheddwr lleol a chefnogwr brwd i Bresbyteriaeth, sef Syr John Gordon o Lochinvar, ond yn fuan bu farw ei blant a'i wraig. Er gwaethaf y colledion roedd Rutherford yn weithiwr brwd o blaid Presbyteriaeth. Trefnodd ymgyrch Bresbyteraidd yn erbyn polisïau eglwysig brenhinol. Ym Mehefin 1630 fe'i galwyd gerbron yr uchel gomisiwn oherwydd ei weithgarwch anghydffurfiol. Er na ddyfarnwyd ef yn euog bryd hynny, o hynny ymlaen cadwyd llygad barcud arno gan yr awdurdodau. Ym 1636 daeth gerbron yr uchel gomisiwn eto yng Nghaeredin ac fe'i carcharwyd yn Aberdeen. Yn ystod ei garchariad yn 1636–7 ysgrifennodd doreth o lythyrau at foneddigion, arglwyddi a gweinidogion ar hyd a lled yr Alban. Yn y llythyrau hyn anogai'r derbynwyr i sefyll dros burdeb Kirk yr Alban gan wrthod unrhyw ymyriad o'r tu allan.

Rhyw fis wedi i'r Cyfamod Cenedlaethol gael ei arwyddo yn Chwefror 1638 symudodd Rutherford o Aberdeen i Anwoth. Y mis Tachwedd dilynol rhyddhawyd ef gan gynulliad Eglwys yr Alban o bob cyhuddiad a fu yn ei erbyn ac o ganlyniad daeth yn ganolog i weinyddiad yr Eglwys. Ym 1639 fe'i penodwyd yn Athro Diwinyddiaeth yn New College, St Andrews. Priododd Jean McMath ar 24 Mawrth 1640 ac fe gawsant lond tŷ o blant. Yna, daeth tro ar fyd pan gafodd ei benodi yn gomisiynydd i gynulliad y difinyddion yn Westminster gyda Robert Baillie, Alexander Henderson a George Gillespie.

O ganlyniad symudodd i fyw i Lundain lle y bu hyd 1647. Yn ystod y cyfnod hwn cymerodd ran flaenllaw yn nhrafodaethau'r cynulliad am lywodraethu o fewn i'r eglwys. Cyhoeddodd nifer o lyfrau yn cynnwys *Lex, rex, or, The Law and the Prince* (1644) sef amddiffyniad hirfaith o'r gwrthsafiad arfog yn erbyn Siarl I. Dadleuid bod llywodraeth gyfreithlon yn bodoli pan fo cyfamod rhwng brenin a'i bobl. Roedd Siarl I wedi torri'r cyfamod hwn trwy orfodi eilunaddoliaeth ar y bobl, ac felly nid oedd ganddynt unrhyw ddewis ond gwrthwynebu'r awdurdod. Prif ddyletswydd Rutherford yn Llundain oedd hyrwyddo Presbyteriaeth ond yn fuan fe gafodd ei ddadrithio gan Biwritaniaeth Seisnig y wladwriaeth. Yn y cyfnod hwn cyhoeddodd ddau o'i lyfrau pwysicaf sef *The Due Right of Presbyteries* (1644) a *The Divine Right of Church Government and Excommunication* (1646). Erbyn iddo adael Llundain am yr Alban ym 1647 roedd wedi anobeithio y byddai'n gweld eglwys wladol Bresbyteraidd yn Lloegr.

Wedi iddo ddychwelyd i'r Alban bu cyfnod o gynnwrf mawr. Arwyddodd cyfamodwyr cymedrol o fewn Eglwys yr Alban gytundeb gyda Siarl I. Gwrthwynebai Rutherford hyn yn chwyrn a chychwynnodd ymgyrch yn erbyn y cytundeb gan gyflwyno datganiad i Senedd yr Alban. Ym 1648 gorymdeithiodd byddin i Gaeredin er mwyn sefydlu cyfundrefn plaid filwriaethus yn y Kirk. Lluniodd ddeddf er mwyn gwahardd nawddogaeth yn yr eglwysi fel bod gan gynulleidfaoedd hawl i ddewis eu gweinidogion eu hunain. Hefyd fe'i hetholwyd yn Athro ym Mhrifysgolion Caeredin a Harderwyck yn yr Iseldiroedd. Ond pan drechwyd byddin y cyfamodwyr gan Oliver Cromwell yn Dunbar ym mis Medi 1650 fe ddadrithiwyd Rutherford yn llwyr. Perswadiodd ef Cyrnol Gilbert Ker i greu byddin fechan o ddynion duwiol, fel byddin Gideon, gan gredu y byddai hynny'n dod â llwyddiant. Ond fe gawsant grasfa enbyd gan y Saeson yn Hamilton. Pan goronwyd Siarl II yn frenin yn Scone ym mis Ionawr 1651 bu'r nesaf peth i ryfel cartref yn yr Eglwys. Ym 1651 gadawodd Rutherford Gymanfa Gyffredinol Eglwys yr Alban ac ni ddychwelodd yno byth wedyn. Parhaodd i bregethu i dorfeydd mawr ond roedd y llanw wedi troi yn ei erbyn. Collodd ei swydd yn y brifysgol, ei safle a'i gyflog yn yr Eglwys a llosgwyd rhai o'i lyfrau gan brotestwyr yng Nghaeredin a'r tu allan i New College, St Andrews. Fe'i gwysiwyd i ymddangos gerbron y senedd wedi ei gyhuddo o deyrnfradwriaeth ond cyn i hynny ddigwydd bu farw ym mis Mawrth 1661. Claddwyd ei weddillion ym mynwent y Gadeirlan yn St Andrews.

John Eliot 1604–1690

Apostol i frodorion America, gweinidog a chenhadwr

Ganwyd John Eliot yn Widford, Swydd Hertford, ac fe'i bedyddiwyd yn Eglwys St John the Baptist ar 5 Awst 1604. Yr oedd yn un o saith o blant i Bennett a Lettese ac yr oedd y teulu yn amaethwyr lled ffyniannus a oedd yn berchen tir yn Nyffryn Lea. Treuliodd John Eliot y rhan fwyaf o'i blentyndod yn Nazing, Essex, ac fe gafodd beth addysg. Bu'n llwyddiannus mewn arholiad mynediad i Goleg yr Iesu, Caergrawnt, ym 1619. Cafodd gymynrodd o £8 yn ewyllys ei dad, a fu farw ym 1621, a'i galluogodd i ennill gradd BA ym 1622. Ni wyddom nemor ddim beth a wnaeth yn y blynyddoedd dilynol ond erbyn 1629 roedd yn gweithio fel meistr cynorthwyol yn academi Biwritanaidd Thomas Hooker ger Chelmsford, Essex. Yn y cyfnod hwn o dan ddylanwad Hooker fe'i deffrowyd yn ysbrydol a daeth i werthfawrogi grym duwioldeb. Cafodd y gymuned Gristnogol leol ddylanwad trwm arno hefyd. Ym 1630 bu'n rhaid i Hooker ffoi i'r Iseldiroedd oherwydd erledigaeth gan William Laud, esgob Llundain. Caeodd Laud yr academi oherwydd ei bod yn gysylltiedig ag Anghydffurfiaeth. Penderfynodd Eliot ymfudo i New England yn yr Unol Daleithiau.

Wedi mordaith o ddeng wythnos ar y llong *Lyon* glaniodd Eliot yn Boston ar 3 Tachwedd 1631. Aeth yn syth i fod yn fugail dros dro ar y First Church yn Boston gan fod y gweinidog yn Lloegr. Yna fe aeth i fod yn fugail cynorthwyol gyda Thomas Weld yn Roxbury rhyw ddwy filltir i ffwrdd lle roedd rhai o'i frodyr a'i chwiorydd yn byw. Priododd Hanna Mumford, merch oedd yn aelod o'r gynulleidfa yn Roxbury. Symudasant i'r Massachusetts Bay Colony ac yno fe gafodd ddylanwad mawr gan mai dim ond newydd ei sefydlu yr oedd y drefedigaeth hon. Yn fuan daeth i wrthdrawiad gyda'r awdurdodau am wneud cytundeb gyda'r 'Indiaid' brodorol heb ymgynghori â hwy yn gyntaf. Ond am ryw reswm newidiodd ei safbwynt gan droi yn eithriadol o geidwadol. Ef oedd cyd-awdur y *Bay Psalm Book* ym 1640 gyda Richard Mather a Thomas Weld. Hwn oedd y llyfr cyntaf a argraffwyd erioed yn New England. Sefydlodd ddwy ysgol, un yn Roxbury a'r llall yn Jamaica Plain. Er ei fod wedi ymwneud ag ystod eang o weithgareddau pwysig yn ystod ei oes fe'i cofir yn bennaf am ei waith cenhadol gyda'r trigolion brodorol yn nwyrain Massachusetts. Bu'n gynhyrchiol iawn yn cyhoeddi a chyfieithu llenyddiaeth Gristnogol i iaith yr Algonquian, ond rhaid cyfaddef mai yn araf iawn y datblygodd y gwaith hwn. Digwyddiad a ysgogodd Eliot oedd Rhyfel y Pequot (1636–7). Bu'r rhyfel hwn yn niweidiol iawn i nifer o lwythau brodorol, ac fe gollodd y brodorion ddarnau mawr o'u tiriogaeth. Yn sgil hyn anogwyd gweinidogion i ymestyn allan at y brodorion gyda'r Efengyl gan ddysgu iddynt sylfeini Cristnogaeth.

Ymddengys mai Eliot oedd un o'r rhai cyntaf i ymateb a dechreuodd ddarlithio i'r Indiaid yn Neponset ym 1646. Roedd yn siomedig iawn oherwydd yr ymateb negyddol a gafodd. Ymdrechodd eto yn ddiweddarach yn y flwyddyn trwy bregethu iddynt yn Nonantum a'r tro hwn fe gafodd ymateb llawer mwy cadarnhaol. Roedd ei ddwy bregeth gyntaf yn Saesneg yn cael eu cyfieithu ar y pryd ond yn fuan wedyn aeth ati i astudio'r iaith frodorol sef Algonquieg. O dipyn i beth daeth yn rhugl a chyhoeddodd dros ugain o gyfrolau yn yr iaith rhwng 1654 a 1688 yn cynnwys Genesis, Llyfr y Salmau, cyffes ffydd, Y Testament Newydd (1661) a'r 'Beibl Massachusett'. Hwn oedd y Beibl cyntaf i gael ei argraffu yng Ngogledd America. Sefydlodd hefyd bentrefi bychain i'r rhai oedd yn dod i gredu yn Iesu Grist lle roeddent yn rhydd oddi wrth erledigaeth gan frodorion eraill a phobl wyn a lle roedd digon o dir i'w cynnal. Erbyn 1674 gallai Eliot ddweud bod 1,100 o Indiaid yn byw yn y pentrefi hyn. Ond roedd y gwaith yn anodd a disgwyliadau Eliot yn uchel iawn. I bob pwrpas daeth y gwaith i ben gyda Rhyfel y Brenin Philip yn 1675–6, pan drechodd y Saeson Metacom a'r Cynghrair Wampanoag. Dyn ei oes ydoedd fel pawb ohonom ac, er bod ei fwriadau yn dda, yn ogystal â chyflwyno'r Efengyl Gristnogol cyflwynai hefyd ddiwylliant, disgwyliadau ac agweddau'r Piwritaniaid Ewropeaidd i'r brodorion. Wedi oes hir bu farw John Eliot ar 20 Mai 1690 ac fe'i claddwyd yn Roxbury.

George Fox 1624–1691
Sylfaenydd Cymdeithas y Cyfeillion neu'r Crynwyr

Ganwyd George Fox yn Drayton-in-the-Clay – heddiw fe'i gelwir yn Fenny Drayton – Swydd Caerlŷr (Leicestershire). Roedd ei rieni yn Biwritaniaid, ei dad yn wehydd a'i fam 'o linach y merthyron'. Nid yw'n ymddangos iddo gael unrhyw addysg ffurfiol. Dywedir pan oedd yn fachgen un ar ddeg oed ei fod yn honni iddo gael profiadau ysbrydol a theimlo purdeb y presenoldeb dwyfol. Roedd ei rieni yn awyddus iddo fynd i'r offeiriadaeth ond fe'i prentisiwyd yn hytrach fel crydd.

Un diwrnod mewn ffair cafodd wahoddiad gan ddau Biwritan i fynd i wlychu ei big a diota. Gadawodd yn fuan oherwydd ei fod yn gweld anghysondeb mawr rhwng eu cred Gristnogol a'u hymddygiad moesol. Y noson honno, ac yntau yn bedair ar bymtheg oed, teimlodd alwad gan Dduw i adael ei waith a mynd ar bererindod ysbrydol.

Am dair blynedd bu'n chwilio am berffeithrwydd gan drafod gydag offeiriaid, ond nid oedd hyn yn ei fodloni. Ni allai deimlo sicrwydd ei fod wedi ei achub na phrofi buddugoliaeth dros bechod. Treuliodd lawer o amser yn darllen y Beibl a gweddïo ond ni chafodd dawelwch yn ei galon hyd 1647 pan glywodd lais Duw yn siarad gydag ef. Yn ddiweddarach dywedai ei fod wedi cael tangnefedd nid trwy'r Ysgrythur ond trwy i Grist ei ddatguddio ei hun yn uniongyrchol iddo. Yn raddol datblygodd ei syniadaeth ynglŷn â goleuni mewnol yng nghalonnau pobl. Yn nes ymlaen rhai o brif nodweddion y Crynwyr oedd eu bod yn wrth-offeiriadol, yn gwrthod tyngu llw ac yn ffyrnig yn erbyn talu'r degwm i'r Eglwys Sefydledig ac erbyn diwedd cyfnod Fox yn heddychwyr.

Yn fuan dechreuodd weinidogaethu fel pregethwr teithiol. Dywedai, 'Am ormod o amser mae Crist wedi cael ei gloi mewn offeren neu yn Y Llyfr; caniatewch iddo fod yn broffwyd, yn offeiriad, yn Frenin. Ufuddhewch iddo.' Argyhoeddwyd cannoedd gan yr hyn a ddywedai. Pregethai yn yr awyr agored ac ar ddiwedd cyfarfodydd gan y Piwritaniaid. Wrth bregethu un tro o Efengyl Ioan dywedodd fod 'pob dyn yn cael ei oleuo gan oleuni dwyfol Crist ac y byddai pobl oedd yn ffyddlon iddo yn cyrraedd cyflwr o berffeithrwydd fel Adda cyn y cwymp.' Oherwydd ei safbwyntiau ac am iddo dorri ar draws pregeth fe'i carcharwyd yn Nottingham ym 1649. Mewn achos llys y flwyddyn ddilynol disgrifiodd yr Ynad ef fel 'Quaker', ac fe gydiodd yr enw. Yn ddiweddarach gelwid ei ddilynwyr yn Blant y Goleuni a Chyfeillion y Gwirionedd.

Ym 1652 symudodd i Pendle Hill, Swydd Gaerhirfryn (Lancashire), ac yma fe gafodd lwyddiant mawr. Daeth miloedd i gredu ac erbyn 1654 gallai anfon 60 o genhadon allan i gyhoeddi eu cenadwri.

Yn ystod ei oes cyhoeddodd Fox lawer o bamffledi a thraethodau. Un o'i bamffledi mwyaf radical oedd *Fifty-Nine Particulars for the Regulating [of] Things* (1659). Yn hwn galwai ar y llywodraeth i gymryd eiddo oddi ar y cyfoethogion er mwyn rhannu gyda'r tlodion.

Datblygodd arferion arbennig ymhlith y Crynwyr. Roeddent yn gwrthod gwisgo dillad crand, codi eu hetiau i ustusiaid ac ymuno â'r fyddin, ac yr oeddent yn galw ar yr Eglwys i droi at heddychiaeth. Oherwydd hyn bu'n rhaid iddynt wynebu llawer o erledigaeth; ymosodwyd ar rai a charcharwyd eraill. Lladdwyd 32 o Grynwyr.

Ym 1669 priododd Fox gyda Margaret Fell a daeth eu cartref, sef Swarthmore Hall, Swydd Gaerhirfryn, yn ganolfan i'r mudiad. Anfonwyd cenhadon i Barbados, Jamaica, Virginia a Lloegr Newydd. Ym 1671 aeth Fox ar daith i Barbados a Jamaica ac i Maryland, Long Island a Rhode Island yng Ngogledd America er mwyn cyfarfod ac annog y Crynwyr oedd wedi ymsefydlu yno. Roedd y Crynwyr yn enwog am eu tegwch mewn busnes ac oherwydd hynny ffynnodd llawer ohonynt. Pan fu farw George Fox ar 13 Ionawr 1691 roedd nifer y Crynwyr wedi cynyddu i oddeutu 100,000. Claddwyd ei weddillion gerllaw Tŷ Cwrdd Bunhill Fields.

Oliver Plunket 1625–1681

Archesgob Catholig Armagh a merthyr Pabyddol

Er nad oes sicrwydd, credir bod Oliver Plunket a anwyd ar 1 Tachwedd 1625 yn fab ieuengaf i John a Thomassina Plunket o Loughcrew, Swydd Meath. Er ei fod o hen linach Seisnig, oherwydd ei fod mor gyfarwydd â'r diwylliant Gaeleg tybir iddo fod gyda theulu maeth Gwyddelig, sef yr O'Farrells o Longford. Bu mewn ysgol yn Killeen ac ym 1647 ymadawodd ag Iwerddon yng nghwmni Pierfrancesco Scarampi gan fynd i'r Coleg Gwyddelig yn Rhufain lle y derbyniodd addysg ffurfiol eglwysig a hyfforddiant athrofaol. Fe'i hordeiniwyd yn offeiriad ym 1654. Ym mis Mehefin y flwyddyn honno gwnaeth gais am gael aros yn Rhufain yn hytrach na dychwelyd yn syth i Iwerddon. Arhosodd gyda'r Oratoriaid yn eglwys San Gerolamo della Carita gan astudio'r gyfraith ym Mhrifysgol Rhufain. Fe'i penodwyd yn Athro Diwinyddiaeth yn y Coleg Dinesig. Athrofa genhadol oedd y sefydliad hwn oedd yn gyfrifol am gynnal achos yr Eglwys Gatholig lle roedd yn wan.

Pan ailorseddwyd brenin Lloegr ym 1660 dychwelodd nifer o Gatholigion gan gynnwys Plunket i Iwerddon yn y gobaith y byddai sefyllfa'r Catholigion yn gwella yno. Pan fu farw Edmund O'Reilly, Archesgob Armagh, ym 1669 penodwyd Plunket i'r swydd. Ordeiniwyd ef yn Ghent ar 1 Rhagfyr lle y gwasanaethodd Nicholas French, Esgob Ferns.

Wedi taith anodd i Gaergybi cyrhaeddodd Iwerddon ar ddydd gŵyl Sant Padrig 1670. Mewn llythyrau a anfonodd i Rufain mynegodd ei ryfeddod at ddefosiwn a ffyddlondeb pobl i'r ffydd a hynny yn wyneb erledigaeth. Dywedodd ei fod wedi rhoi conffyrmasiwn i 10,000 erbyn dechrau mis Mai. Yn ystod y cyfnod hwn er diogelwch yr oedd yn cymryd arno ei fod yn filwr o'r enw Captain Browne ac yn gwisgo cuddwisg. Sefydlodd ysgol i blant gwŷr bonheddig Ulster yn Drogheda oedd yn cael ei rhedeg gan ddau Iesuwr. Yn y cyfnod hwn bu'n rhaid iddo ddelio gyda thyndra o fewn yr eglwys Gatholig rhwng y Gwyddelig a'r Hen Saeson a buddiannau'r Pabyddol a'r Gwyddelod. Bu hefyd wrthdaro rhyngddo ef a'r Archesgob Peter Talbot o Ddulyn.

Pan ailddechreuodd yr erlid ar Gatholigion ym 1673 caewyd ei ysgol a bygythiwyd cosb ac alltudiaeth ar offeiriaid Catholig gan y rhaglaw newydd, Iarll Essex. Gorchmynnwyd esgobion, offeiriaid, mynaich a lleianod Catholig i adael Iwerddon a gosodwyd dirwyon trymion ar unrhyw un fyddai'n rhoi lloches iddynt. Aeth Plunket i guddio unwaith eto wrth i newyddion am gynllwyn Catholig i ladd y brenin a gosod ei frawd Pabyddol ar yr orsedd ddod i'r amlwg.

Ar 6 Rhagfyr 1679 fe'i harestiwyd yn Naul, County Dublin, lle yr oedd yn cuddio. Aethpwyd ag ef i Gastell Dulyn. Ni chafwyd unrhyw dystiolaeth yn ei erbyn ei fod wedi bod yn rhan o'r cynllwyn i ladd y brenin ond fe dystiodd nifer o bobl yr oedd, tros y blynyddoedd, wedi sathru ar eu cyrn yn ei erbyn. Er hyn, parhau i fod yn frau yr oedd y dystiolaeth gan nad oedd neb yn barod i dystio yn ei erbyn mewn llys. Fe'i cyhuddwyd, heb sail, o gynllwynio teyrnfradwriaeth gyda'r bwriad o godi 70,000 o Gatholigion mewn cydweithrediad â'r Ffrancwyr er mwyn disodli Protestaniaeth. Symudwyd yr achos i Lundain a rhoddwyd Plunket yng ngharchar Newgate ond ni lwyddwyd i brofi ei fod yn euog o unrhyw drosedd. Awgrymwyd bod y cyhuddiad o deyrnfradwriaeth yn seiliedig ar goleddu crefydd gableddus ac ofergoelus yn hytrach nag ar unrhyw beth a wnaeth yn erbyn y goron. Cymerodd y rheithgor chwarter awr i'w ddyfarnu'n euog. Yn sylfaenol y rheswm am y dyfarniad hwn oedd hysteria gwrth-Babyddol y cyfnod a thensiynau gwleidyddol. Fe'i dienyddiwyd ar 1 Gorffennaf 1681 yn Tyburn, darniwyd ei gorff a chladdwyd ei weddillion yn St Giles-in-the-Fields, Llundain. Datgladdwyd y corff ddwy flynedd yn ddiweddarach ac aethpwyd â'r benglog i'r lleiandy Dominicaidd yn Drogheda ac y mae heddiw yn cael ei harddangos yn Eglwys Sant Pedr. Cludir un o'i asennau mewn gorymdaith flynyddol yn y dref. Ar 17 Mawrth 1918 gwnaed Oliver Plunket yn ferthyr ac ar 23 Mai 1920 fe'i gwnaed yn sant. Cafodd ei ganoneiddio gan y Pab Pawl VI ar 12 Hydref 1975.

John Bunyan *c.1628 (bedyddiwyd)*–1688
Awdur Piwritanaidd

John Bunyan oedd yr hynaf o dri phlentyn Thomas Bunyan, a oedd yn gweithio fel gof pres, a'i ail wraig Margaret. Er bod ei dad yn anllythrennog fe anfonodd ei fab i ysgol i ddysgu darllen ac ysgrifennu. Pan oedd oddeutu un ar bymtheg oed fe ymunodd â'r New Model Army. Bu am gyfnod yn Newport Pagnell, Swydd Buckingham, gyda'r Is-gapten Richard Cokayne a'r Uwch-gapten Robert Bolton. Roedd yr amgylchiadau mor druenus yno fel bod rhai o'r milwyr wedi gwrthryfela. Yn ystod y cyfnod hwn fe ddaeth i gysylltiad ag amrywiol safbwyntiau crefyddol, yn enwedig Presbyteriaeth a Chalfiniaeth.

Wedi iddo adael y fyddin ym 1649 priododd ei wraig gyntaf ac fe gawsant bedwar o blant. Yn y cyfnod hwn bu mewn tryblith ysbrydol. Dechreuodd fynychu eglwys y plwyf yn Elstow a daeth i werthfawrogi pregethau'r gweinidog, Christopher Hall. Ond yr oedd aflonyddwch mawr yn ei galon am gyfnod o naw mlynedd. Teimlai yn aml yn ddiwerth, yn isel ei ysbryd ac yn euog, ac roedd yn methu cysgu. Ym 1655 ymunodd ag eglwys ymneilltuol yn Bedford a dechreuodd bregethu. Daeth ei bererindod ysbrydol i ben tua diwedd 1657 pan lwyddodd i ailystyried rhannau o'r Beibl oedd wedi achosi poendod iddo fel yr adnodau yn y Llythyr at yr Hebreaid, pennod 6, adnodau 10 a 12.

Daeth hefyd i gysylltiad â'r Crynwyr trwy i William Dewsbury ddod i Swydd Bedford yn haf 1654. Cyfarfu George Fox a Chrynwyr eraill yn Beckerings Park i drafod gyda Phrotestaniaid eraill, ac ymunodd John Bunyan â hwy. Esgorodd hyn ar ei lyfr cyntaf, *Some Gospel-Truths Opened* (1656), ac yn ystod y blynyddoedd dilynol cyhoeddodd nifer o lyfrau. Wedi marwolaeth ei wraig gyntaf priododd eto gyda dynes o'r enw Elizabeth.

Fe'i harestiwyd yn Nhachwedd 1660 am bregethu yn Lower Samsell ac fe'i rhybuddiwyd na ddylai wneud hynny. Gwrthododd dderbyn y cyngor ac fe'i carcharwyd hyd y Llys Chwarterol a gynhelid y mis Ionawr dilynol.

Condemniodd Eglwys Loegr fel ffug eglwys ac fe'i carcharwyd am gyfnod o dri mis. Roedd yn parhau i wrthod cydymffurfio a chytuno i roi'r gorau i bregethu ac felly estynnwyd ei gyfnod yn y carchar. Tra oedd yn y carchar yn Bedford treuliodd ei amser yn gwneud careiau esgidiau ac yn barddoni. Cyhoeddwyd rhai o'i weithiau ym 1661 gyda'r teitl *Profitable Meditations*. Unwaith eto bu'r cyfnod hwn yn gyfnod cynhyrchiol iddo o ran cyhoeddiadau; cyhoeddodd ei hunangofiant enwog *Grace Abounding to the Chief of Sinners* (1666).

Ysgrifennodd hefyd *The Pilgrim's Progress,* un o'r llyfrau Saesneg mwyaf poblogaidd erioed. Ysgrifennodd y gwaith hwn fel adlewyrchiad o'i brofiad ef ei hun ac fel arweiniad i eraill yn y ffydd Gristnogol. Tynnodd ar ei brofiadau milwrol ac fel tincer, ac felly portreadir y Cristion fel milwr yn brwydro yn erbyn grymoedd drwg a phererin oedd yn dyfalbarhau ar ei daith. Erbyn hyn mae'r llyfr wedi ei gyfieithu i fwy na 200 o ieithoedd ac yn ystod oes yr awdur cyfieithwyd ef i Iseldireg, Ffrangeg a Chymraeg.

Fe'i penodwyd fel bugail y gynulleidfa ymneilltuol yn Bedford yn Ionawr 1672 ac fe'i rhyddhawyd o'r carchar y mis Mai dilynol. Pregethodd yn gyson yno a bu'n dadlau yn egnïol am faterion Cristnogol fel aelodaeth eglwysig, Swper yr Arglwydd a'r bedydd. Ym 1675 fe'i hesgymunwyd am wrthod ymddangos gerbron Archddiacon; fe'i harestiwyd ac fe'i carcharwyd am gyfnod byr y flwyddyn ddilynol. Cyhoeddodd ddilyniant i *The Pilgrim's Progress* ym 1680 sef *The Life and Death of Mr Badman*. Cyhoeddodd hefyd ail ran i'r *Pilgrim's Progress* ym 1684 lle y rhoddwyd lle blaenllaw i ferched gan gynnwys y cymeriad Christiana. Ysgrifennodd hefyd lyfr llawn damhegion a chwedlau ar gyfer plant sef *A Book for Boys and Girls* (1686). Erbyn diwedd ei oes roedd torfeydd mawr yn mynd i wrando ar Bunyan yn pregethu, yn enwedig yn Llundain. Bu farw yng nghartref cyfaill yn Snow Hill, Llundain, ar 31 Awst 1688 ar ôl twymyn byr a chladdwyd ei gorff yn Bunhill Fields, Finsbury, Llundain.

William Penn 1644–1718

Crynwr a sylfaenydd Pennsylvania yn yr Unol Daleithiau

Ganwyd William Penn gerllaw Tŵr Llundain ar 14 Hydref 1644. Mab ydoedd i Syr William Penn, a oedd yn llyngesydd yn y Llynges Brydeinig, a Margaret Jasper. Roedd ei dad yn Bresbyteriad a'i fam yn Galfinydd Iseldiraidd. Cafodd addysg gartref hyd nes yr oedd yn un ar ddeg oed, yn ôl arfer y dosbarth breiniol yn y cyfnod hwnnw. Yna, aeth i Academi Chigwell ger Wanstead, Essex. Roedd dwy ran i'r academi, y naill yn arbenigo mewn darllen, ysgrifennu a mathemateg a'r llall yn arbenigo yn y clasuron gan ddysgu Lladin a Groeg.

Ym 1660 aeth i Goleg Eglwys Crist, Rhydychen, lle yr ehangodd ei wybodaeth ac y daeth i adnabod nifer o bobl ddylanwadol. Treuliodd beth amser yn teithio Ewrop gan astudio pensaernïaeth dinasoedd fel Turin. Hefyd bu yn Academi'r Protestaniaid yn Saumur lle y bu wrth draed Moise Amyraut. Dylanwadodd hyn yn drwm arno. Ym 1664 dychwelodd i Loegr gan astudio'r gyfraith am ychydig yn Lincoln's Inn cyn mynd i Cork yn Iwerddon i ofalu am stad ei dad. Yn y cyfnod hwn coleddodd ddaliadau'r Crynwyr ac yn y blynyddoedd dilynol daeth yn Grynwr o argyhoeddiad ac aeth ar daith efengylu yn Ewrop.

Ym 1672 priododd Gulielma Maria Springett a oedd hefyd o deulu o Grynwyr cefnog. Cawsant dri mab a phedair merch. Erbyn hyn roedd yn gyfeillgar gyda George Fox, sylfaenydd y Crynwyr. Rhyngddynt aethant ati i ddatblygu syniadaeth ac athroniaeth Y Cyfeillion. Cyhoeddodd ym 1669 *No Cross, No Crown* a fanylai ar reolau ymddygiad y Crynwyr gan gynnwys eu gwisg. Tros y blynyddoedd cyhoeddodd ddeugain o lyfrau a thractiau a bu yn y carchar nifer o weithiau oherwydd ei ddaliadau. Gwaith pwysig o'i eiddo oedd *The Great Case of Liberty of Conscience* a ysgrifennodd fel ymateb i Ddeddf Confentigl 1670 a waharddai sectau fel y Crynwyr rhag ymgynnull i addoli.

Daeth i'r casgliad na fyddai modd cael goddefgarwch crefyddol ym Mhrydain ac felly aeth at y Brenin Siarl II i ofyn am siarter i sefydlu trefedigaeth yn America. Cytunodd y brenin â'i gais gan roi iddo ddarn o dir 45,000 milltir sgwâr i'r dwyrain o afon Delaware. Rhoddwyd y tir yn rhannol iddo i dalu am ddyled o £16,000 oedd gan y goron i'w dad. Galwodd yr ardal i ddechrau yn New Wales ac yna yn Sylvania (o'r Lladin am goedwig). Yn ddiweddarach newidiwyd yr enw i Pennsylvania fel arwydd o barch i'r sylfaenydd. Ym 1682 hwyliodd Penn gyda nifer o Grynwyr eraill i America. Trwyddynt hwy fe sefydlwyd Philadelphia (dinas cariad brawdol). Hefyd fe sefydlod Penn strwythurau llywodraethol ar sail rhyddid crefyddol, cydraddoldeb a goddefgarwch. Gwnaeth ymdrech arbennig i geisio cadw ar delerau da gyda'r brodorion sef yr Indiaid Iroquoi. Ym 1686 aeth fel Llysgennad ar ran y Brenin Iago II i'r Hâg.

Ym 1696 ailbriododd gyda Hannah Callowhill, merch i fasnachwr dylanwadol o Fryste. Aeth ar ei ail ymweliad a'i ymweliad olaf â Phennsylvania ym 1699–1701. Erbyn hyn roedd y boblogaeth wedi cynyddu i 18,000. Bu farw ar 30 Gorffennaf 1718 yn Ruscombe, Berkshire, a chladdwyd ei weddillion ym mynwent y Crynwyr, Jordans, Chalfont St Giles, Swydd Buckingham.

Matthew Henry 1662–1714

Gweinidog Presbyteraidd ac esboniwr Beiblaidd

O ran genedigaeth Cymro oedd Matthew Henry oherwydd iddo gael ei eni yn Broadoak, Sir y Fflint, ym mhlwyf Malpas ar 18 Hydref 1662. Roedd ei dad Philip Henry yn un o'r gweinidogion a ddiarddelwyd o'r Eglwys o ganlyniad i Ddeddf Unffurfiaeth 1662. Roedd yn blentyn gwantan ond ers dyddiau plentyndod fe'i paratowyd ar gyfer y weinidogaeth. Hyfforddwyd ef gartref gan ei dad a William Turner a oedd yn fyfyriwr i'w dad. Daeth yn hyddysg yn yr ieithoedd clasurol ac yn enwedig mewn Hebraeg. Ym 1680 aeth i astudio yn Academi Thomas Doolittle yn Islington, Llundain. Amharwyd ar ei addysg oherwydd erledigaeth gynyddol tuag at Ymneilltuwyr. Gorfodwyd Doolittle ym 1683 i symud ei Academi i Battersea a dychwelodd Henry adref i Broadoak. Dychwelodd i Lundain ym 1685 i astudio'r gyfraith yn Gray's Inn. Parhaodd hefyd i astudio diwinyddiaeth. Pan oedd gartref ar wyliau ym 1686 dechreuodd bregethu yn aml i gynulleidfaoedd. Pregethodd yn gyfrinachol yng nghartref Anthony Henthorne, pobydd siwgr yng Nghaer. Yn y cyfnod hwnnw nid oedd rhyddid i Anghydffurfwyr wneud fel y mynnent. Oherwydd iddo wneud y fath argraff gofynnwyd a fyddai'n fodlon bod yn weinidog arnynt. Cytunodd Henry ond dychwelodd i Lundain i gwblhau ei astudiaethau. Ar 9 Mai 1687 fe'i hordeiniwyd gan chwech o weinidogion a gafodd eu diarddel ym 1662. Roedd y gynulleidfa yn cyfarfod ar y dechrau mewn hen stablau o eiddo Henthorne yn Whitefriars. Gan fod y gynulleidfa yn cynyddu penderfynwyd adeiladu tŷ cwrdd, ar gost o £532 16s, yn Crook Lane.

Ystyrid Henry yn un o weinidogion mwyaf blaenllaw ei oes a hynny oherwydd ei weinidogaeth efengylaidd fywiog yn y pulpud ac yn y stydi. Roedd ganddo ddawn eithriadol fel pregethwr ac yr oedd yn barod i gyhoeddi'r newyddion da bob amser. Pregethai yn nhref Caer ar y Sul ac yn wythnosol yn y pentrefi cyfagos. Yn flynyddol byddai'n mynd ar daith bregethu i Swydd Stafford a Swydd Caerhirfryn (Lancashire). Er hynny wynebodd lawer iawn o erlid gan y rhai hynny a wrthwynebai Anghydffurfiaeth. Bygythiwyd llosgi eu tŷ cwrdd yn 1692 ac yn gyson byddai ei gynulleidfa yn cael eu herlid yn chwyrn ac yn gorfod wynebu ymosodiadau geiriol cyson gan uchel eglwyswyr.

Gwaith enwocaf Henry oedd yr *Exposition of the Old and New Testament*. Dechreuodd ar y gwaith hwn ym 1704. Roedd y gyfrol gyntaf yn cynnwys Pumllyfr Moses ac fe'i cyhoeddwyd ym 1707. Cyhoeddwyd tair cyfrol arall ar yr Hen Destament, yr olaf ym 1712. Gweithiodd wedyn ar y Testament Newydd a phan fu farw roedd wedi cyrraedd cyn belled â Llyfr yr Actau. Cwblhawyd y gwaith ar yr epistolau a Llyfr y Datguddiad gan dri ar ddeg o weinidogion. Daeth esboniad Henry yn hynod o boblogaidd ac erbyn 1855 bu 25 argraffiad o'r gwaith. Bu'r esboniad hwn yn ddylanwad mawr ar genedlaethau o Gristnogion ac mae'n amlwg fod yr esboniwr Cymraeg James Hughes wedi pwyso'n drwm ar weithiau Henry wrth baratoi ei esboniadau ardderchog ef. Cyhoeddodd Henry hefyd ddeg ar hugain o gyfrolau eraill yn ymwneud â chrefydd deuluol a hyfforddi ieuenctid. Ei gyhoeddiad mwyaf dadleuol oedd un o'i weithiau cynharaf sef *Nature of Schism* (1689). Ymatebodd yr Henadur Thomas Wilcocks ac eraill i hwn. Ymhlith ei gyhoeddiadau eraill yr oedd *Discourse Concerning Meekness* (1699) a'r *Scripture Catechism* (1703).

Bu farw ar 22 Mehefin 1714 yng nghartref y Parch. Joseph Mottershead, Nantwich, o ganlyniad i godwm oddi ar ei geffyl tra oedd ar ymweliad â Chaer. Claddwyd ei gorff yng nghangell eglwys Holy Trinity yng Nghaer.

Susanna Wesley 1669–1742

Mam John a Charles Wesley

Ganwyd Susanna Annesley ar 20 Ionawr 1669 yn Spital Yard, Bishopsgate, Llundain. Hi oedd merch ieuengaf y Parch. Samuel Annesley, gweinidog Anghydffurfiol, a'i wraig Mary White. Mae ei bywyd yn cysylltu tair gwedd ar fywyd modern Protestaniaeth yn Lloegr, sef Piwritaniaeth, Anglicaniaeth a Methodistiaeth a sut y cynorthwyodd y rhain ysbryd annibynnol menywod. Roedd ei theulu o gefndir Piwritanaidd pybyr. Bu ei thaid ar ochr ei mam yn eistedd yn y Senedd Hir (1640-48) ac yn gaplan yn llynges y senedd. Mae'n fwy na thebyg ei bod wedi derbyn addysg o dan arweiniad ei mam yn ei chartref yn Llundain.

Roedd yn amlwg ers pan oedd yn ifanc ei bod yn meddu ar feddwl annibynnol. Pan oedd yn dair ar ddeg penderfynodd gefnu ar Anghydffurfiaeth a throi at yr Eglwys Sefydledig. Daeth i adnabod gŵr ifanc o'r enw Samuel oedd o'r un anian â hi a oedd yn astudio yn Academi'r Sentars yn Llundain. Ar y dechrau ymddengys mai tröedigaeth gyffredin oedd sail eu cyfeillgarwch ond yn fuan syrthiasant mewn cariad â'i gilydd. Ymunodd ef â'r Eglwys Anglicanaidd ac o'r herwydd cafodd fynd i Rydychen ac fe'i hordeiniwyd fel diacon ac offeiriad. Priodasant yn Nhachwedd 1688 yn eglwys y plwyf St Marylebone, Llundain. Ym 1691 cafodd Samuel Wesley ei ofalaeth gyntaf yn South Ormsby, Swydd Lincoln. Chwe blynedd yn ddiweddarach symudodd y teulu i fyw i Epworth lle y sefydlwyd Samuel Wesley yn rheithor ac yno yr arosasant hyd ei farwolaeth ym 1735.

Fel gwraig rheithor rhoddodd ei safle gyfle iddi gyflawni'r disgwyliadau arferol oedd ar wraig yn y sefyllfa honno. Ond fel yr heriodd ddaliadau Anghydffurfiol ei thad fe heriodd hefyd y disgwyliadau traddodiadol oedd yn ei pherthynas gyda'i gŵr, ei phlant a'r eglwys. Aeth yn ffyddlon gyda'i gŵr i gefn gwlad Lincoln gan gefnu ar y cefndir dinesig yr oedd mor gyfarwydd ag ef. Ond yno defnyddiodd y gydwybod a feithrinwyd yn Llundain Biwritanaidd mewn cyd-destun uchel eglwysig Anglicanaidd i wrthwynebu awdurdod diwinyddol, gwleidyddol a phriodasol ei gŵr.

Roedd mor benderfynol fel y gwrthwynebodd safbwynt ei gŵr ynglŷn â'r frenhiniaeth a gadawodd ef y cartref am rai misoedd. Dychwelodd atynt ar ôl tân difrifol a fu yn y rheithordy ym 1702.

Un o'r prif resymau fod cymaint o wybodaeth gennym am Susanna Wesley yw oherwydd mai hi oedd mam John a Charles Wesley. Fe'i hystyrid yn Fadona Fethodistaidd a'r gwir yw, yn ôl rhai haneswyr, oni bai amdani hi ni fyddai Methodistiaeth wedi datblygu. Fe anwyd iddi 17 o blant a bu fyw deg ohonynt, saith o ferched a thri mab. Golygai maint ei theulu fod yn rhaid iddi gael trefn haearnaidd wrth eu magu. Gan mai ychydig iawn o gymorth yr oedd yn ei gael gartref, yn enwedig gan ei gŵr oedd yn llyfrbryf, ac oherwydd eu hamgylchiadau tlawd, roedd yn rheidrwydd arni fod yn eithriadol o drefnus er mwyn cadw'r blaidd o'r drws. Yn ôl safonau heddiw ystyrir ei dulliau'n chwyrn yn enwedig pan oedd yn sôn am 'goncro ewyllys plant'. Roedd ganddi drefn fanwl ar yr aelwyd, disgwyliai lawer gan y plant a gweithredai strwythur o'u genedigaeth. Ond yn gefn i'r ddisgyblaeth yr oedd cariad a sylw mam. Pan oedd un o'r plant yn cyrraedd pump oed, byddai'n aildrefnu amserlen yr aelwyd er mwyn treulio diwrnod cyfan yn rhoi eu gwers ddarllen gyntaf iddynt. Addasodd John a Charles Wesley yn rhwydd o ysgol eu mam i ysgolion bonedd a choleg yn Rhydychen. Am flynyddoedd lawer bu'n cynghori'r ddau ohonynt yn answyddogol ar faterion diwinyddol. Hyd yn oed pan oedd John yn Gymrawd yng Ngholeg Lincoln ac yn arweinydd Methodistiaeth roedd yn parhau i fod yn barod iawn i'w gynghori. Gofynnodd John iddi ysgrifennu cyfrif o'r modd yr addysgodd ei phlant ac fe'i cyhoeddwyd o dan y teitl *On educating my family*. Roedd hefyd yn flaengar wrth addysgu ei merched. Mynnai fod yn rhaid i'r merched ddysgu darllen cyn iddynt wneud unrhyw waith. Rhoddodd hefyd esiampl ymarferol i'r plant. Byddai'n encilio dair gwaith bob dydd i weddïo, myfyrio, darllen ac ysgrifennu. Ym 1711–12 fe gynhaliai ddyletswydd deuluaidd ar nos Sul. Denai'r rhain gymaint â 200 o bobl a esgeulusai yr addoliad ar fore Sul yn eglwys y plwyf. Ceryddwyd hi gan ei gŵr.

Wedi marwolaeth ei gŵr ym 1735 bu'n byw gyda'r plant. Treuliodd bedair blynedd olaf ei bywyd yng nghanolfan John Wesley yn y Foundery, Llundain, ac yno y bu farw ar 30 Gorffennaf 1742. Claddwyd ei gweddillion ym mynwent yr Anghydffurfwyr, Bunhill Fields, ar 1 Awst.

Isaac Watts 1674–1748

Gweinidog yr Efengyl, emynydd

Yn Southampton, yr hynaf o wyth o blant i'r dilledydd Isaac Watts a'i wraig Sarah, y ganwyd Isaac Watts a hynny ar 17 Gorffennaf 1674. Carcharwyd ei dad oherwydd ei ddaliadau Anghydffurfiol ym 1674, 1678 a 1683. Yn ystod ei garchariad ysgrifennodd lythyr hir o gyngor crefyddol i'w blant. Roeddent fel teulu yn aelodau o Eglwys Gynulleidfaol Above Bare lle roedd ei dad yn ysgrifennydd a diacon. Daeth ei dad yn feistr mewn ysgol lwyddiannus. Dechreuodd ddysgu Lladin i'w fab ym 1678. Bu fyw i weld ei fab yn dod yn un o brif arweinyddion Anghydffurfiaeth Brotestannaidd yn Lloegr.

Rhwng 1680 a 1690 addysgwyd Isaac Watts yn Ysgol Ramadeg Rydd Southampton gan John Pinhorne, rheithor eglwys All Saints. Yn ogystal â Lladin dysgodd Roeg, Ffrangeg a Hebraeg. Oherwydd ei ddawn amlwg cynigiodd John Speed, meddyg lleol, ei noddi i fynd i brifysgol ar yr amod y byddai'n cydymffurfio ag Eglwys Loegr ond gwrthododd gan ddewis parhau i fod yn Anghydffurfiwr. Aeth wedyn i'r Academi Anghydffurfiol yn Little Britain, Llundain, a arweinid gan Thomas Rowe. Yma datblygodd Watts yn ysbrydol ac yn academaidd. Wedi cyfnod yng nghartref ei dad yn Southampton yn darllen ymhellach, yn Hydref 1696 aeth i Newington i weithio am chwe blynedd fel tiwtor i fab Sir John Hartopp. Ym 1699 fe'i penodwyd yn gynorthwyydd i Isaac Chauncy, gweinidog eglwys Annibynnol oedd yn cyfarfod yn Mark Lane, Llundain. Nid oedd Chauncy yn llwyddiannus fel gweinidog ac fe ymddiswyddodd ym 1701. Y flwyddyn ddilynol fe dderbyniodd Watts alwad i fugeilio'r eglwys. Tyfodd yr eglwys o dan ei arweiniad ac adeiladwyd tŷ cwrdd newydd yn Duke's Place, Bury Street. Daeth yr eglwys hon yn ganolfan bwysig i Anghydffurfiaeth efengylaidd yn ystod y ddeunawfed ganrif. Yn ystod y cyfnod hwn fe gafodd Isaac Watts gyfnod hir o salwch a bu nifer o gyfeillion yn garedig tuag ato gan ei wahodd i aros yn eu cartrefi. Ym 1712 cafodd wahoddiad i aros am wythnos gyda Syr Thomas Abney a'i deulu yn Lime Street, Llundain, ac fe dreuliodd weddill ei oes ar ei aelwyd.

Yn hanner cyntaf ei yrfa lenyddol cyhoeddodd bedwar casgliad o benillion sef *Horae lyricae* (1706), *Hymns and Spiritual Songs* (1707*)*, *Divine Songs Attempted in Easy Language* (1715) a *The Psalms of David* (1719). Ystyriai Watts ddawn farddonol yn rhodd ddwyfol y dylid ei defnyddio i wasanaethu Duw. Mewn cyfarfod yn Southampton cwynodd Watts wrth ei dad am safon isel yr emynau oedd yn cael eu canu. Dywedodd ei dad wrtho am wneud rhywbeth ynglŷn â'r peth, ac felly y gwnaeth trwy fynd ati i gyfansoddi. Ymhlith ei emynau mwyaf poblogaidd y mae 'Our God our help in ages past', 'Come let us join our cheerful songs' a 'When I survey the wondrous cross'. Efelychodd William Williams Pantycelyn yr emyn olaf hwn yn Gymraeg, 'Wrth edrych, Iesu, ar dy groes'.

Cyflawnodd Watts lawer iawn o waith trwy ysgrifennu deunydd addysgol i bobl o bob oed, o blant bychain i fyfyrwyr prifysgol. Roedd ganddo ddiddordeb mawr mewn dulliau ac egwyddorion addysgu. Ei waith pwysicaf yn y maes hwn oedd *Logick: or the Right Use of Reason in the Enquiry after Truth* (1725). Ymddiddorai hefyd mewn athroniaeth ac ymhlith ei weithiau ceir *The Doctrine of the Passions* a *Discourses of the Love of God*. Cyhoeddodd hefyd esboniadau Beiblaidd, pregethau ac ysgrifau a llyfrau diwinyddol yn trafod prif athrawiaethau Cristnogaeth fel *The Christian Doctrine of the Trinity* (1722). Cydnabuwyd ei gyfraniad mawr pan dderbyniodd radd DD er anrhydedd ym 1728 gan Brifysgolion Caeredin ac Aberdeen. Bu farw yn Abney Park ar 25 Tachwedd 1748 a chladdwyd ei gorff yn Bunhill Fields, Llundain.

Philip Doddridge 1702–1751
Gweinidog Annibynnol, awdur ac emynydd

'Gras, O'r fath beraidd sain, i'm clust hyfrydlais yw.'

Ganwyd Philip Doddridge ar 26 Mehefin 1702 yn Llundain, yr olaf o ugain o blant i Daniel Doddridge, masnachwr olew a phicls, a'i wraig Monica. Ymddiswyddodd ei daid ar ochr ei dad, John Doddridge, rheithor Shepperton, yn dilyn y Ddeddf Unffurfiaeth gan fynd yn weinidog Anghydffurfiol. Pan oedd Philip yn ifanc iawn roedd ei fam yn dysgu straeon Beiblaidd iddo. Ei diwtor cyntaf oedd Mr Stott ac ym 1712 aeth i ysgol gweinidog Presbyteraidd o'r enw Daniel Mayo yn Kingston. Bu farw ei fam pan oedd yn wyth oed a'i dad pan nad oedd ond tair ar ddeg oed. Aeth i ofal Mr Downes ac fe'i hanfonwyd i ysgol Dr Nathaniel Wood yn St Albans. Ym 1719 aeth yn fyfyriwr i Academi'r gweinidog annibynnol John Jennings nid nepell o Gaerlŷr (Leicester). Pregethodd ei bregeth gyntaf tra oedd yn fyfyriwr a hynny yn Nuneaton. Derbyniodd wahoddiad i fynd yn weinidog i Kibworth ar gyflog o £35 y flwyddyn. Yno treuliai lawer iawn o amser yn darllen ac yn astudio a'i arwr llenyddol ar y pryd oedd Richard Baxter. Ym 1729 dechreuodd hyfforddi myfyrwyr yn Market Harborough a thyfodd y dosbarth hwn i fod yn un o academïau mwyaf dylanwadol Anghydffurfwyr Lloegr yn ystod y ddeunawfed ganrif. Derbyniodd alwad i fod yn weinidog ar eglwys Castle Hill, Northampton.

Fe'i hordeiniwyd ar 19 Mawrth 1730 ar gyflog o £70 ac yno y bu trwy gydol gweddill ei oes. Gweithiodd yn galed yn bugeilio, pregethu a chyfansoddi emynau ac fe dyfodd yr eglwys. Cyhoeddodd hefyd gyfrolau o'i bregethau gan gynnwys *Sermons on the Religious Education of Children* (1732), *Sermons to Young Persons* (1735), *Ten Sermons on the Power and Grace of Christ* (1736), a *Practical Discourses on Regeneration* (1741). Priododd ferch o'r enw Mercy ym 1730 ac fe gawsant naw o blant. Ochr yn ochr â'i waith fel gweinidog ar eglwys yr oedd yn gyfrifol am academi i hyfforddi dynion i'r weinidogaeth. Cynhelid yr academi mewn tŷ mawr yn Sheep Street, Northampton. Pedair blynedd oedd hyd y cyrsiau a disgwylid i'r myfyrwyr dalu'n flynyddol £16 am wely a bwyd, £4 o ffioedd dysgu a £1 1s am ystafell fechan i astudio. Roedd y cwrs yn cynnwys diwinyddiaeth, moeseg, Lladin, Groeg, Hebraeg, hanes a'r gyfraith. Daethpwyd i ystyried Doddridge fel un o brif addysgwyr Lloegr ac ym 1736 derbyniodd radd DD gan Goleg Marischal, Aberdeen. Cyhoeddodd hefyd lawer o lyfrau a'r rhai mwyaf dylanwadol oedd *The Rise and Progress of Religion in the Soul* (1745), *Some Remarkable Passages in the Life of the Honourable Col. James Gardiner* (1747), a *The Family Expositor* (1739–56).

Ym mis Mehefin 1751 fe'i trawyd yn wael ac fe'i cynghorwyd gan feddyg i fynd i Lisbon i dreulio'r gaeaf. Gwaetha'r modd bu farw yno ar 26 Hydref yn 49 oed ac fe'i claddwyd ym mynwent y Ffactri Brydeinig. Ar ôl ei farwolaeth cyhoeddwyd rhagor o'i waith ac yn fwyaf arbennig ei emynau. Yn aml pan fyddai'n pregethu ar destun arbennig ar y Sul byddai hefyd yn cyfansoddi emyn i'r gynulleidfa ei ganu ar ôl y bregeth. Cyhoeddwyd yr emynau o dan y teitl *Hymns Founded on Various Texts in the Holy Scriptures* (1755). Roedd y gyfrol hon yn cynnwys ei emynau poblogaidd, 'O God of Jacob', 'O happy day', 'Hark the glad sound!', a 'Ye servants of the Lord'. Cyfieithiad o'i waith ef yw'r emyn Cymraeg cyfarwydd, 'Gras, O'r fath beraidd sain, i'm clust hyfrydlais yw.'

John Wesley 1703–1791
Sylfaenydd Methodistiaeth

Tarddai John Wesley o deulu pur drawiadol yn hanes crefydd Lloegr a'r byd. Bwriwyd ei hen daid Bartholomew Wesley allan o'r Eglwys Anglicanaidd ym 1662 oherwydd ei ddaliadau Piwritanaidd. Ganwyd John Wesley ar 17 Mehefin 1703 yn rheithordy Epworth, Swydd Lincoln, yn drydydd plentyn ar ddeg i Samuel a Susanna Wesley. Magwyd y teulu yn yr Eglwys Anglicanaidd ac yr oedd y rhieni yn uchel eglwysig. Pan oedd John yn chwech oed aeth y rheithordy ar dân a dim ond trwy feddylgarwch cymydog yr achubwyd John Wesley ychydig eiliadau cyn i'r to ddisgyn. Cafodd y digwyddiad hwn argraff ddofn arno ac fe ddyfynnai'r adnod, 'Onid marworyn wedi ei arbed o'r tân yw hwn?' (Sechareia 3:2). Roedd ei fam yn ddylanwad mawr arno. Credai hi'n gryf mewn trefn gyda bwyta, cysgu, addysgu a chrefydd ac fe gynhaliai oedfa o fawl yn gyson gyda'r plant ar yr aelwyd.

Ym 1714 aeth John yn ddisgybl i'r Charterhouse, Llundain, ac o'r fan honno aeth yn fyfyriwr i Goleg Eglwys Crist, Rhydychen, ym 1720 gan ennill gradd BA ym 1724. Yn y cyfnod hwn dechreuodd ystyried ei fywyd ysbrydol o ddifrif. Ym 1725 fe'i hordeiniwyd yn ddiacon, enillodd radd MA ym 1727 ac fe'i hordeiniwyd yn offeiriad ym 1728.

Y flwyddyn ddilynol sefydlodd yr 'Holy Club' i astudio Cristnogaeth ac i ymweld â chleifion a charchardai. Gelwid y Clwb yn ddirmygus gan rai yn Fethodistiaid, term y daeth John Wesley i'w anwylo yn ddiweddarach. Ym 1735 derbyniodd wahoddiad gan y 'Society for the Propagation of the Gospel in Foreign Parts' i fynd i Georgia, Unol Daleithiau America, fel cenhadwr ymhlith yr Americaniaid brodorol. Tra oedd yno cyhoeddodd ei lyfr emynau cyntaf sef *A collection of Psalms and Hymns.* Ar y fordaith yno ar y llong *Simmonds* daeth i gysylltiad â'r Morafiaid a ddylanwadodd arno. Cafodd ei synnu gan eu diffyg cynnwrf mewn storm fawr yn ystod y fordaith drosodd. Wedi iddynt lanio gofynnodd A. G. Spangenberg iddo, 'A wyt yn adnabod Iesu Grist?' Atebodd John Wesley, 'Rwy'n gwybod mai ef yw Gwaredwr y byd.' 'Gwir,' meddai

Spangenberg, 'ond a wyt yn gwybod ei fod wedi dy achub di?' 'Rwy'n gobeithio ei fod wedi marw i fy achub i,' oedd ateb ansicr John Wesley. Ar y fordaith adref ym 1738 ysgrifennodd, 'Euthum i America i achub Indiaid, ond Oh! Pwy wnaiff fy achub i?' Roedd mewn dryswch ysbrydol ond, wedi iddo ddychwelyd i Loegr, anogodd ei gyfaill Peter Bohler ef gan ddweud, 'Pregethwch nes y bydd gennych ffydd ac wedi ei chael pregethwch hi.' Un noson aeth John Wesley yn anfoddog i gymdeithas grefyddol yn Aldersgate Street, Llundain, ac yno daeth i brofiad a chredu yn Iesu Grist wrth i ragarweiniad Martin Luther i'r Epistol at y Rhufeiniaid gael ei ddarllen. Yn ystod y cyfarfod 'teimlodd ei galon yn cael ei chynhesu' ac fe gafodd ei achub ar 24 Mai 1738. Tröedigaeth oedd hon a effeithiodd yn fawr ar hanes crefydd yn Lloegr. Yn fuan sefydlodd fudiad adfywiol y Methodistiaid o fewn yr Eglwys Anglicanaidd. Cychwynnodd seiadau, sef cylchoedd bychain o bobl oedd yn cyfarfod i drafod y Beibl, gweddïo a rhannu eu profiadau ysbrydol. Sefydlwyd seiat yn Fetter Lane, Llundain, ym 1738 ac ym Mryste ar ddiwedd 1739. Dechreuodd hefyd bregethu yn yr awyr agored a deuai miloedd o bobl i wrando arno. Cynyddodd y mudiad; ym 1742 rhannwyd y seiadau lleol yn ddosbarthiadau ac yn raddol yr oedd rhwydwaith yn datblygu yn gylchdeithiau.

Roedd John Wesley yn drefnwr ardderchog ac arolygai yn fanwl yr holl ddatblygiad. Cododd yr angen am gapeli a'r cyntaf oedd y King's Foundery yn Llundain. Ym 1744 galwyd cynhadledd er mwyn rhoi strwythur i'r datblygiadau. Priododd Mary Vazeille ym 1751. Tros y blynyddoedd bu dadlau tanbaid rhwng Methodistiaid Calfinaidd a John Wesley oherwydd ei fod yn gwrthod athrawiaeth rhagarfaethiad. Credai ef fod achubiaeth ar gael i bawb gyda rhyddid i dderbyn neu wrthod cynnig Duw.

Trwy gydol ei oes dangosodd haelioni mawr tuag at yr anghenus. Er nad oedd ei gyflog gan y Methodistiaid yn ddim ond rhyw £30 y flwyddyn roedd ei gyhoeddiadau yn cynhyrchu tua £10,000 yn flynyddol, a chyfrannai'r cwbl tuag at yr anghenus a mudiadau. Roedd yn awdur toreithiog a ysgrifennodd lyfrau fel *A Survey of the Works of God in Creation* (1775) a *History of England* (1776). Pregethodd ei bregeth olaf yn Chwefror 1791. Bu farw yn ei gartref ar 2 Mawrth a chladdwyd ei weddillion yn City Road Chapel.

Charles Wesley 1707–1788

Sylfaenydd Methodistiaeth ac emynydd

Ganwyd Charles Wesley ar 18 Rhagfyr 1707 yn Rheithordy Epworth, Swydd Lincoln, yn unfed plentyn ar bymtheg i Samuel a Susanna Wesley ac yn frawd iau i John Wesley. Daeth ei chwaer hŷn Hetty yn ddiweddarach yn enwog fel bardd.

Baban cynamserol ydoedd ac fe'i lapiwyd yn syth ar ôl ei eni mewn gwlân meddal. Nid agorodd ei lygaid na llefain tan yr oedd yn ddau fis oed. Daeth yntau o dan ddylanwad disgyblaeth gadarn a threfnus ei fam Susanna. Aeth i ysgol Westminster ym 1716 dan adain ei frawd mawr Samuel a oedd yn ystlyswr yno. Fe'i trwythwyd mewn egwyddorion uchel eglwysig Torïaidd. Gwnaeth yn dda yn yr ysgol, daeth yn gapten ac yr oedd yn mwynhau actio. Wedi iddo fatriciwleiddio ym 1726 fe aeth yn 1727 yn fyfyriwr i goleg Eglwys Crist, Rhydychen, gydag ysgoloriaeth o £100 y flwyddyn. Enillodd radd BA ym 1730 a MA ym 1733. Yn y coleg, heb ddylanwad trwm teuluol, teimlai yn llawer mwy rhydd a dechreuodd fyw bywyd mwy llac. Byddai'n mynd am dripiau i Lundain a dechreuodd ymhél ag actoresau Llundeinig. Awgrymodd ei frawd John Wesley y dylai fod yn fwy difrifol ond ymatebodd gan ddweud, 'What? Would you have me to be a saint at once?'

Ordeiniwyd ef yn ddiacon ac offeiriad ar 5 a 12 Hydref 1735. Ar y pryd roedd ef yn ddigon parod i dreulio gweddill ei ddyddiau yn Rhydychen ond perswadiwyd ef gan ei frawd John i fynd i Georgia, Unol Daleithiau America. Yno gweithiodd fel ysgrifennydd i James Edward Oglethorpe ond nid oedd yn gyfnod da iddo gan ei fod yn dioddef o salwch ac iselder. Dychwelodd i Loegr ac wedi mordaith anodd glaniodd yn Rhagfyr 1736.

Yn y cyfnod dilynol bu'n ystyried cyflwr ei enaid a materion ysbrydol. Roedd llawer o'i ffrindiau yn trafod gweithiau'r awdur defosiynol William Law ac yn sôn am 'ailenedigaeth' a 'newid mewnol'. O dan ddylanwad y Morafiad Peter Böhler daeth y ddau frawd i dderbyn y syniad o gyfiawnhad trwy ffydd a brofwyd trwy dröedigaeth sydyn. Charles ddaeth i brofiad gyntaf a hynny ar 21 Mai 1738. Fe'i hysgogwyd gan eiriau un o'r Morafiaid, 'I found myself converted, I knew not how nor when. I found myself at peace with God and rejoiced in hope of loving Christ.' Trwy'r profiad hwn taniwyd ei ddoniau barddonol ac yn fuan ysgrifennodd yr emyn, 'When shall my wondering soul begin'. Ystyrir Charles Wesley fel un o'r emynwyr mwyaf yn hanes Lloegr. Yn ystod ei oes cyfansoddodd 9,000 o gerddi ac emynau. Yn ei emynau roedd yn aml yn mynegi cariad Duw, ei gred a'i deimladau yn gryno ac mewn ffordd ddealladwy i'r person cyffredin.

Yn dilyn hyn treuliodd ei amser yn pregethu ac yn tystio i unigolion a chriwiau bychain am ei ffydd newydd. Yn 1738 siaradodd gyda charcharorion yng ngharchar Newgate oedd wedi eu condemnio i farwolaeth. Parhaodd i wneud hyn trwy gydol ei oes. Dechreuodd bregethu heb nodiadau ac oherwydd hynny dylanwadai lawer mwy ar ei wrandawyr, a dilynodd ôl traed ei frawd John a George Whitefield trwy ddechrau pregethu yn yr awyr agored. Ar y dechrau roedd prif lwyddiant eu gwaith rhwng Llundain a Bryste ond yn raddol ehangodd cylch eu dylanwad i Gymru, gogledd Lloegr, Cernyw, Iwerddon a'r Alban. Golygai hyn deithio miloedd o filltiroedd ar droed ac ar gefn ceffyl ar hyd a lled Prydain. Ym mhedwardegau'r ganrif bu'n rhaid iddynt wynebu erledigaeth gan dorfeydd treisgar a wrthwynebai'r Methodistiaid.

Cyfarfu Charles Wesley Sarah Gwynne o Frycheiniog a syrthiodd mewn cariad â hi. Fe'u priodwyd yn eglwys Llanllywenfel ar 8 Ebrill 1749. Aeth Charles Wesley ar ei daith bregethu olaf i ganolbarth Lloegr ym 1756 ac yna rhoddodd y gorau i grwydro. Bu'n cadw golwg ar y gwaith ym Mryste hyd 1771 pan symudodd i Marylebone, Llundain. Trwy'r blynyddoedd fe gadwodd yn ffyddlon i'r Eglwys Wladol gan wrthwynebu unrhyw sôn hyd yn oed gan ei frawd y dylai'r Methodistiaid dorri cysylltiad â hi.

Bu farw yn 80 mlwydd oed ar 29 Mawrth 1788 a chladdwyd ei weddillion ym mynwent eglwys y plwyf, St Mary's, Marylebone, ar 5 Ebrill.

Selina Hastings 1707–1791

Arglwyddes Huntingdon a noddwr Cristnogol

Ganwyd Selina Hastings ar 13 Awst 1707, mae'n fwy na thebyg yn Astwell House, Swydd Northampton, yn ail o dair merch i Washington Shirley, ail Iarll Ferrers, a Mary, merch Syr Richard Levinge. Ni wyddom ddim am ei phlentyndod ond fe chwalodd priodas ei rhieni a threuliodd lawer o amser gyda'i thad yn Iwerddon.

Priododd Theophilus Hastings, nawfed Iarll Huntingdon, ym 1728 ac aethant i fyw ym Mharc Donington, Swydd Gaerlŷr (Leicestershire). Yn ystod deng mlynedd gyntaf eu bywyd priodasol ganed iddynt saith o blant. Roeddent yn aelodau o ddosbarth breiniol Lloegr ac yn mwynhau'n fawr y bywyd cymdeithasol oedd ynghlwm wrth hynny. Treuliai Selina Hastings lawer o'i hamser yn gweinyddu manylion ymarferol stad ei gŵr a chefnogi myrdd o weithgareddau elusennol. Ym 1739 daeth i gredu yn yr Arglwydd Iesu o dan arweiniad y Methodistiaid. Yr haf hwnnw daeth llawer o Fethodistiaid ar ymweliad â hi ac ym 1741 daeth i adnabod John a Charles Wesley. Derbyniodd ddaliadau John Wesley am berffeithrwydd Cristnogol a dechreuodd fynychu ei eglwys yn West Street Chapel. Am gyfnod bu Donington yn ganolfan i John Wesley yng nghanolbarth Lloegr. Darllenai'r Arglwyddes lyfrau Cristnogol i'w gweision a cheisiai ennill merched cefnog eraill i'r ffydd yng Nghaerfaddon. Bu gwrthdaro mawr o fewn ei theulu ynglŷn â materion ariannol a bu farw dau o'i meibion. Gan nad oedd yn gallu cael ymgeledd yn syniadaeth John Wesley am berffeithrwydd trodd at syniadau Calfinaidd am ragarfaethiad a bregethid gan George Whitefield. Ym 1743 cyfarfu â Howell Harris a dechreuodd ef bregethu i rai o'i chyfeillion yn Llundain. O dan ei ddylanwad ef dechreuodd fynychu Tabernacle Chapel yn Llundain. Bu farw ei gŵr ar 13 Hydref 1746 pan nad oedd hi ond 39 oed ac adeiladodd gofeb grand iddo yn Ashby-de-la-Zouch.

Trodd at y Methodistiaid Calfinaidd a phenododd George Whitefield fel caplan personol. Datganodd ef ei galwad ddwyfol i alw Lloegr i edifeirwch. Yn y 1760au aeth ati i adeiladu capeli ar gyfer pobl fonheddig yn Brighton, Caerfaddon a Tunbridge Wells. Hefyd ym 1768 cynorthwyodd Howell Harris i addasu Trefeca i fod yn goleg hyfforddi gweinidogion. Roedd ganddi hefyd ddiddordeb mewn gwaith Cristnogol dramor. Gadawodd George Whitefield gartref plant amddifad iddi yn Georgia, America, ac anfonodd weithwyr allan yno i gynorthwyo yn y gwaith.

Tros y blynyddoedd oerodd ei chyfeillgarwch gyda George Whitefield a John Wesley. Yn wir fe surodd y berthynas gyda John Wesley i'r fath raddau fel ei bod wedi gwahardd unrhyw un oedd â thueddiadau Wesleaidd rhag mynychu'r coleg yn Nhrefeca.

Bu farw yn Spa Fields ar 17 Mehefin 1791 a chladdwyd ei gweddillion yn eglwys y plwyf Ashby-de-la-Zouch. Yn ystod ei hoes noddodd lu o weithgareddau Cristnogol gyda haelioni mawr a phan fu farw roedd dros drigain o gapeli yn swyddogol gysylltiedig â'r Arglwyddes.

George Whitefield 1714–1770
Arweinydd y Methodistiaid Calfinaidd

Ganwyd George Whitefield ar 16 Rhagfyr 1714 yn The Bell Inn, Southgate Street, Caerloyw, yr ieuengaf o saith o blant i'r tafarnwr Thomas Whitefield a'i wraig Elizabeth.

Pan oedd George yn ddwyflwydd oed bu farw ei dad, ac fe aeth i'r Cathedral School yng Nghaerloyw pan oedd yn un ar ddeg. Flwyddyn yn ddiweddarach aeth i Ysgol St Mary de Crypt gan ymddiddori mewn areithyddiaeth a chofio. Yr oedd yn mwynhau darllen dramâu ac actio yn fawr iawn. Matriciwleiddiodd yng Ngholeg Pembroke, Rhydychen, ym 1732. Trwy gyfeillgarwch â Charles Wesley dechreuodd fynychu yr 'Holy Club' sef cyfarfod o Gristnogion oedd yn arfer hunanddisgyblaeth lem. Ar ôl ympryd tymor y Grawys eithriadol o lym ym 1735 bu'n rhaid iddo adael Rhydychen oherwydd salwch ond dychwelodd y flwyddyn ddilynol i barhau gyda'i astudiaethau gan ennill gradd BA.

Ordeiniwyd ef yn ddiacon yn Eglwys Gadeiriol Caerloyw ym mis Mehefin 1736 a'r Sul dilynol fe bregethodd ei bregeth gyntaf yn St Mary de Crypt. Yn ystod y flwyddyn ddilynol bu'n gwasanaethu yn Nhŵr Llundain a threfi yn Hampshire a Swydd Gaerloyw gan bwysleisio ailenedigaeth. Casglodd hefyd arian at ysgolion ac at waith cenhadol yn Georgia yn America. Cyhoeddodd un o'i bregethau ym 1737 sef *The Nature and Necessity of our New Birth in Christ Jesus, in Order to Salvation.* Y flwyddyn ddilynol hwyliodd i Georgia gan sefydlu cartref i blant amddifad ond dychwelodd i Loegr ar ôl cyfnod o chwe mis gan gael ei ordeinio'n offeiriad yn Eglwys Crist, Rhydychen, ym 1739. Llythyrodd gyda Howell Harris yng Nghymru a dilynodd ei esiampl trwy ddechrau pregethu yn yr awyr agored. Dechreuodd pobl dyrru yn eu cannoedd a'u miloedd i wrando arno. Er i George Whitefield a John Wesley gydweithio ar y dechrau bu anghydweld rhyngddynt ynglŷn â rhagarfaethiad a holltodd y mudiad Methodistaidd yn ddwy ran. Ym 1739 dychwelodd George Whitefield i America a threuliodd 15 mis yn pregethu gan deithio o New England i Georgia. Trwy ei waith dechreuodd diwygiad ysbrydol.

Dywedir ei fod yn bregethwr grymus ac effeithiol a'i fod wedi pregethu cymaint â 18,000 o weithiau. Ni fyddai byth yn defnyddio nodiadau nac ychwaith yn baglu dros ei eiriau ond byddai yn eithriadol o ddramatig a byddai'n wylo yn aml. Aeth Benjamin Franklin i wrando arno unwaith heb unrhyw fwriad i gyfrannu at ei gartref i blant amddifad ond wedi gwrando arno roedd yn fwy na pharod i fynd i'w boced.

Dychwelodd i Loegr ym 1741 mewn dyled fawr o £1,000. Gadawodd Loegr yn arweinydd mudiad Cristnogol newydd ond yn ei absenoldeb cymerwyd yr awenau gan John Wesley. Aeth ar daith bregethu i'r Alban ac yno fe'i cyhuddwyd o fod yn or-emosiynol. Bu ar ymweliadau hefyd â Chymru yng nghwmni Howell Harris. Ym mis Tachwedd 1741 priododd Elizabeth James – cyn ddyweddi i Howell Harris – yng Nghapel Martin, Caerffili. Dychwelodd i America rhwng 1744 a 1748 gan bregethu yn New England a South Carolina. Wedi'r cyfnod yn America daeth yn ôl i Brydain i weithio fel caplan personol i Selina Hastings, Arglwyddes Huntingdon. Erbyn hyn roedd ei boblogrwydd wedi lleihau ac eglwys y Tabernacl yn Llundain lle y bu'n fugail wedi edwino a daeth llawer o wrthwynebiad i'w ran. Bu'n ôl ac ymlaen dros yr Iwerydd er mwyn cadw golwg ar ei fuddiannau yno. Agorodd ei ail gapel yn Llundain ar Tottenham Court Road ar gyfer pobl dda eu byd.

Ni chafodd iechyd da yn ystod ei oes a bu farw yn syth ar ôl oedfa bregethu awyr agored yng nghartref y gweinidog Presbyteraidd yn Newburyport, Massachusetts, New England. Claddwyd ei weddillion yno o dan y pulpud.

John Witherspoon 1723–1794

Gweinidog a phrifathro coleg

Ganwyd John Witherspoon yn Gifford, Swydd Haddington yn yr Alban, ar 5 Chwefror 1723. Ef oedd mab hynaf Anne a James Witherspoon, gweinidog ym mhlwyf Yester. Derbyniodd addysg yn Ysgol Ramadeg Haddington gan fynd ym 1736 i Brifysgol Caeredin i astudio wrth draed athrawon enwog fel John Stevenson, Athro Rhesymeg, a'r Athro Mathemateg, Colin MacLaurin. Graddiodd gydag MA yn Chwefror 1739 ac arhosodd yno i astudio diwinyddiaeth hyd 1743.

Trwyddedwyd ef i bregethu yn henaduriaeth Haddington ym 1743 ac fe gafodd alwad i fod yn weinidog ym mhlwyf Beith ddwy flynedd yn ddiweddarach. Yn y flwyddyn honno (1745) arweiniodd giwed o wirfoddolwyr oedd o blaid yr Hanoferiaid yn erbyn byddin o Jacobiaid ac fe'i daliwyd wrth iddo wylio brwydr Falkirk a'i garcharu yng Nghastell Doune. Fe'i rhyddhawyd ychydig ddyddiau yn ddiweddarach.

Daeth i amlygrwydd gyntaf ym 1753 mewn dadl ynglŷn â phenodi offeiriaid o fewn i Eglwys yr Alban. Gallai awdurdodau eglwysig (y cymedrolwyr) benodi unrhyw un i ofalaeth hyd yn oed yn groes i ewyllys yr henuriaid a'r aelodau. Gwrthwynebai Witherspoon yr arferiad hwn yn llwyr ac yn gyfan gwbl. Cyhoeddwyd llyfryn dienw sef *Ecclesiastical Characteristics* a ddychanai wleidyddiaeth a phregethu'r cymedrolwyr ac aeth si ar led mai Witherspoon oedd yn gyfrifol am y gyfrol. Oherwydd y sïon gwrthwynebwyd ei benodi yn weinidog ym mhlwyf Laigh yn Paisley.

Ar ddiwedd y pumdegau newidiodd ei drywydd gan iddo ddechrau ysgrifennu traethodau diwinyddol ac athrawiaethol. Cyhoeddodd y *Serious Enquiry into the Nature and Effects of the Stage* a ystyriai addasrwydd theatrau a dramâu. Ym 1764 derbyniodd DD er anrhydedd gan Brifysgol St Andrews ac ym 1766 derbyniodd wahoddiad i fynd yn brifathro Coleg Presbyteraidd New Jersey yn Princeton yn America. Pan gyrhaeddodd yno ddwy flynedd yn ddiweddarach aeth ati i weithio'n ddygn i roi'r coleg ar seiliau cadarn. Aeth ar deithiau i New England a Virginia i chwilio am fyfyrwyr newydd a chymerodd drosodd yr ysgol ramadeg. Darlithiai hefyd mewn hanes, diwinyddiaeth, rhethreg ac athrawiaeth foesol. Tyfodd y coleg yn gyflym gan ddod yn eithriadol o boblogaidd. Pan ddechreuodd y trafferthion rhwng Prydain ac America safodd ef o blaid achos America. Argraffwyd nifer o gyhoeddiadau ganddo yn cynnwys *Thoughts on American Liberty* a'i bregeth *The Dominion of Providence over the Passions of Men* a ddadleuai achos yr Americanwyr. Ef oedd yr unig offeiriad i arwyddo'r Datganiad o Annibyniaeth. Daeth y coleg yn fagwrfa i chwyldroadwyr a dylanwadodd ei safbwyntiau ar nifer o fyfyrwyr a ddaeth yn ddiweddarach yn arweinyddion gwleidyddol. Yn eu plith yr oedd James Madison a ddaeth yn un o'r prif gyfranwyr tuag at gyfansoddiad yr Unol Daleithiau.

Achos pwysig arall i Witherspoon oedd annog Albanwyr i ymfudo i America oherwydd fe gredai y byddai hyn o fantais i economi America a'r Alban. Mewn cydweithrediad â masnachwr o'r enw John Pagan buddsoddodd mewn tir yn Nova Scotia ac Efrog Newydd gan hysbysebu'n helaeth yn yr Alban. Roedd yn ŵr o ddylanwad mawr ac er nad yw haneswyr o'r farn ei fod yn feddyliwr o fri mae'n amlwg fod ganddo gymeriad a phersonoliaeth gref. Bu'n briod ddwywaith; yn gyntaf gydag Elizabeth – cawsant ddeg o blant – ac yna pan oedd yn 68 oed priododd Ann Dill oedd yn 24 oed. Bu farw yn ei gartref sef Tusculum, Princeton, ar 15 Tachwedd 1794 ac yno y cafodd ei gladdu.

John Newton 1725–1807

Gweinidog a masnachwr caethweision

Hanai John Newton o Wapping, Llundain, lle y ganwyd ef ar 24
Gorffennaf 1725. Mab ydoedd i John ac Elizabeth ac yr oedd ei dad yn
gapten llong. Roedd ei fam yn mynychu capel yr Annibynwyr yn Old
Gravel Lane, Wapping. Roedd hi yn Gristion o argyhoeddiad a dysgodd
emynau Isaac Watts i'w mab pan oedd yn blentyn. Bu hi farw pan nad
oedd John ond chwech oed. Aeth John Newton i ysgol yn Stratford,
Essex, a byddai'n mynd ar fordeithiau gyda'i dad. Ceir hanes ei fywyd
cynnar mewn hunangofiant a gyhoeddodd sef *An Authentic Narrative of
some Remarkable and Interesting Particulars in the Life of* ... (1764),
sydd yn blethiad o hanes ei dröedigaeth a digwyddiadau rhamantus yn
ystod ei yrfa forwrol. Yn ystod y cyfnod hwn cefnodd yn llwyr ar y
ffydd Gristnogol.

Ym 1743 cafodd ei orfodi gan y près (*press gang*) i fynd ar fwrdd yr
HMS *Harwich*. Ceisiodd ddianc ond fe gafodd ei ddal a'i chwipio a'i roi
mewn llyffetheiriau. Gwyddai fod y llong ar fordaith o bum mlynedd i
India'r Gorllewin. Cyn gadael Madeira llwyddodd i gael ei drosglwyddo
i long fasnachol oedd yn delio gyda chaethweision. Yn ystod y cyfnod
hwn aeth yn gwbl wyllt ac aflywodraethus. Arhosodd ar arfordir Guinea
yn Affrica i geisio gwneud ei ffortiwn ond wynebodd galedi mawr,
salwch, newyn a chamdriniaeth ddybryd gan Clow ei feistr. Anfonodd ei
dad gyfaill i chwilio amdano ac wedi ei ganfod dychwelodd adref ar y
Greyhound. Wrth deithio'n ôl aeth y llong i storm ddychrynllyd a bu
bron â suddo. Gweddïodd Newton am y tro cyntaf ers blynyddoedd am
waredigaeth. Cyfeiriodd at y noson honno, 21 Mawrth 1748, fel y dydd
y cafodd dröedigaeth a chredu yn Iesu Grist. O hynny ymlaen bu'n darllen
y Beibl a llyfrau Cristnogol eraill. Dim ond dechrau'r daith oedd hyn ar
ei bererindod ysbrydol. Dychwelodd i Loegr a phriododd ei gariad Mary
Catlett ym 1750.

Yn ystod y blynyddoedd dilynol aeth ar fordeithiau fel capten llongau
oedd yn cludo caethweision. Yn raddol daeth o dan ddylanwad y

Diwygiad Efengylaidd yn Lloegr a phobl fel George Whitefield a John Wesley. Cyhuddwyd ef o ragrith llwyr gan ei fod yn credu un peth ond yn ei waith beunyddiol yn rhan o fasnach ddieflig caethweision. Roedd hon gwaetha'r modd yn nodwedd warthus o Ewropeaid ei gyfnod. Yn ddiweddarach yn ei fywyd edifarhaodd am yr hyn a wnaeth a chywilyddiodd oherwydd ei ymwneud â chaethwasiaeth gan gefnogi William Wilberforce yn ei ymgyrch i ddiddymu'r fasnach.

Am gyfnod bu'n swyddog gyda'r gwasanaeth sifil ond yn ei amser hamdden bu'n astudio diwinyddiaeth, Lladin, Groeg a Hebraeg. Daeth yn gyfeillgar gyda George Whitefield a John Wesley a llu o weinidogion eraill. Wedi cyfnod hirfaith o ymgeisio i fynd i'r offeiriadaeth fe'i gwnaed yn ddiacon yn Eglwys Loegr a'i ordeinio ym 1764 ac fe'i penodwyd yn giwrad yn Olney, Swydd Buckingham. Yn yr un flwyddyn cyhoeddodd ei lyfr poblogaidd *Authentic Narrative*. Bu yn yr ofalaeth am un mlynedd ar bymtheg.

Yn fuan wedi iddo gael tröedigaeth fe symudodd y bardd William Cowper ym 1767 i fyw i Olney. Cydweithiodd y ddau ohonynt ar gyfrol o emynau ond oherwydd iselder mawr methodd Cowper â chwblhau'r gwaith. Penderfynodd Newton fwrw ati i gyhoeddi'r emynau o dan y teitl *Olney Hymns* (1779). Yn y gyfrol hon yr ymddangosodd ei emynau enwog, 'How sweet the name of Jesus sounds!' ac 'Amazing grace'.

Ym 1780 symudodd i fod yn offeiriad yn eglwys St Mary Woolnoth a St Mary Woolchurch, Lombard Street, Llundain. Daeth yn bregethwr poblogaidd gyda phobl yn tyrru yno i wrando arno ac fe ddaeth yn ymgynghorydd answyddogol i arweinyddion o fewn y llywodraeth. Bu farw ar 21 Rhagfyr 1807 a chladdwyd ei weddillion ym mynwent St Mary Woolnoth. Symudwyd y gweddillion ym 1893 i Olney.

Joseph Fry 1728–1787

Cynhyrchydd siocled a Chrynwr

Ganwyd Joseph Fry i deulu o Grynwyr o argyhoeddiadau dwfn ym 1728. Ef oedd mab hynaf John Fry oedd yn cadw siop yn Sutton Benger, Wiltshire. Addysgwyd ef mewn ysgol gan y Crynwyr yng ngogledd Lloegr ac yna aeth i fwrw prentisiaeth gyda'r apothecari a'r meddyg mawr ei barch, Henry Portsmouth, yn Basingstoke. Sefydlodd ei hun fel apothecari ym Mryste ym 1753 a phriododd ferch hynaf Portsmouth, sef Anna, ym 1755. Yn raddol cefnodd ar ei yrfa feddygol gan droi yn gynyddol tuag at fusnes. Fel apothecari roedd yn gwneud a gwerthu siocled ac ym 1761 prynodd fusnes siocled Walter Churchman mewn partneriaeth gyda John Vaughan. Yn y cyfnod hwnnw yr oeddent yn flaengar a gosodwyd peiriant ager Boulton a Watt yn y ffatri. O ganlyniad roedd ganddynt fantais fawr dros eraill yn y farchnad siocled. Cynyddodd y busnes yn gyflym ac o fewn tair blynedd roedd ganddynt asiantau mewn 53 o drefi yn Lloegr a warws siocled yn Llundain. Symudwyd y gwaith siocled o Newgate Street i Union Street, Bryste, ym 1777. Dywedir mai cwmni Fry oedd y cyntaf i gynhyrchu bar siocled wedi ei fowldio yng Ngwledydd Prydain ar gyfer y fasnach boblogaidd a hefyd yr ŵy Pasg cyntaf ym 1874. Cynnyrch arall enwog a blasus ganddynt oedd 'Fry's Turkish Delight'.

Ehangai'r busnes i bob cyfeiriad ac roedd ganddo heyrn mewn llawer i dân. Cynorthwyodd i sefydlu gwaith tsieni Richard Champion ym Mryste gyda buddsoddiad o £1,500. Cydweithiodd gyda'r Henadur William Fripp, cynhyrchydd sebon ym Mryste, a chyda gwaith cemegol yn Battersea, Llundain, lle y cynorthwyai un o'i feibion. Ym 1764 trodd ei sylw at argraffu gan fynd yn bartner i William Pine, cyhoeddwr y *Bristol Gazette*. Yno yr oedd ganddynt ffowndri teip a gynhyrchai lythrennau i'w gosod mewn gweisg argraffu. Symudwyd y ffowndri i Lundain ac yno cynhyrchwyd teip yn Queen Street ger Upper Moorfields. Ym 1774 argraffwyd Beibl bychan ganddynt ym Mryste ac ar y pryd honnid mai'r teip perl oedd y lleiaf erioed a ddefnyddiwyd wrth argraffu'r Ysgrythur. Yna, rhwng 1774 a 1776, argraffwyd Beiblau ffolio ac octafo ganddynt gyda nodiadau helaeth gan nifer o ddiwinyddion enwog.

Roedd yn aelod gweithgar o Gymdeithas y Cyfeillion (Crynwyr) a gwnaeth ymdrech arbennig i godi safon foesol rhai o'r Crynwyr ifanc ym Mryste oedd yn yfed a hapchwarae ac yn mynychu oedfaon mewn dillad crand a gwallt dodi. Bu Joseph Fry farw ar ôl ychydig ddyddiau o salwch ar 29 Mawrth 1787 a chladdwyd ei gorff ym mynwent y Crynwyr yn y Friars, Bryste. Cymerodd ei weddw, Anna, ofal o'r busnes siocled a choco. Newidiwyd enw'r cwmni o Fry, Vaughan & Co. i Anna Fry & Son. Wedi ei marwolaeth hi, yn Charterhouse Square, Llundain, cymerodd ei mab Joseph Storrs Fry a'i dri mab gyfrifoldeb am y busnes a elwid erbyn hynny yn J. S. Fry & Sons. Daeth siocled Fry yn enwog trwy wledydd Prydain ac yn y diwedd fe brynwyd y cwmni gan Cadbury ym 1919.

William Cowper 1731–1800

Bardd, emynydd a llythyrwr

Yn rheithordy Berkhamsted, Swydd Hertford, y ganwyd William Cowper yn bedwerydd o saith plentyn i'r Parch. John Cowper a'i wraig gyntaf Ann, a hynny ar 15 Tachwedd 1731. Roedd ei fam yn perthyn i'r bardd John Donne, deon yn eglwys Sant Paul, Llundain. Dim ond dau o'r plant a oroesodd a bu farw ei fam ar enedigaeth ei frawd John ar 7 Tachwedd 1737 pan nad oedd William ond chwech oed. Creithiodd marwolaeth ei fam ef yn ddirfawr gan adael argraff ddofn a pharhaol arno. Cychwynnodd ei yrfa addysgol yn lleol ac yna fe'i hanfonwyd i ysgol y Parch. William Pittman yn Markyate Street, Swydd Bedford, lle y dechreuodd astudio Lladin. Yma hefyd y cafodd ei fwlio'n gas gan fachgen llawer hŷn. Yna ym 1742 aeth i Ysgol Westminster lle roedd llawer o ddarpar arweinyddion Prydain yn cael eu haddysg. Yma hefyd y dechreuodd ei ddiddordeb mawr yn yr arwrgerddi Homeraidd trwy iddo ddarllen yr *Iliad* a'r *Odyssey*. Ymddiddorai hefyd yng ngweithiau Abraham Cowley, Matthew Prior a *Paradise Lost* gan Milton. Penderfynodd ei dad y byddai William yn cael ei hyfforddi fel bargyfreithiwr ond daeth maes o law i gasáu'r yrfa hon gyda chas perffaith gan fod arno ofn ymddangos yn gyhoeddus. Y cam cyntaf yn ei yrfa gyfreithiol oedd cael ei dderbyn i'r Middle Temple yn 1748. Yn yr un flwyddyn aeth ar ymweliad â Chaerfaddon lle yr ysgrifennodd ei gerdd gyntaf sydd ar glawr sef *Verses... on Finding the Heel of a Shoe*. Wedi cyfnod byr gartref dychwelodd i Lundain ym 1750 i gael profiad fel cyfreithiwr yn swyddfa Mr Chapman yn Greville Street. Er iddo droi yn erbyn yr alwedigaeth a thwrneiod fe barhaodd gyda'r hyfforddiant fel bargyfreithiwr ac ym 1757 fe brynodd swyddfeydd yn yr Inner Temple.

Yn ystod y 1750au hefyd fe syrthiodd mewn cariad gyda'i gyfnither Theadora, ond ni chaniataodd ei thad iddi ei briodi gan nad oedd ganddo fodd i'w chynnal ac fe gafodd gyfnod o iselder ysbryd. Nid y gyfraith oedd ei brif ddiddordeb ond llenyddiaeth. Ysgrifennai erthyglau i gyfnodolion fel *The Connoisseur*. Bu farw ei dad ym 1756 gan adael etifeddiaeth swmpus iddo a olygai nad oedd yn rhaid iddo weithio am ei fara beunyddiol. Yn y cyfnod hwn y dechreuodd ysgrifennu o ddifrif.

Cafodd gynnig swydd gan ei ewythr Ashley Cowper fel clerc yn Nhŷ'r Arglwyddi ond ni allai wynebu cyfweliad cyhoeddus ac fe dorrodd ei iechyd. Oherwydd teimladau o ofid a methiant fe geisiodd yn aflwyddiannus wneud amdano'i hun. Yn ei anobaith trodd at ei gefnder, y Parch. Martin Madan, a oedd yn Fethodist, ac yna fe'i hanfonwyd at Dr Nathaniel Cotton yn St Albans a oedd yn cynorthwyo pobl oedd ag anawsterau meddyliol. Tra oedd yno darllenodd adnod o'r Beibl, 'Gan ras Duw, ac am ddim, y maent yn cael eu cyfiawnhau, trwy'r brynedigaeth sydd yng Nghrist Iesu, yr hwn a osododd Duw gerbron y byd, yn ei waed, yn aberth cymod trwy ffydd' (Rhufeiniaid 3:24–25). Fe'i llanwyd ag ymdeimlad o lawenydd ac fe gafodd dröedigaeth. Ymddiswyddodd gan symud i Huntingdon, ger Caergrawnt, i fyw a dibynnu yn llwyr ar haelioni ei deulu i'w gynnal. Daeth yn gyfeillgar gyda theulu'r Parch. Morley Unwin ac aeth i fyw atynt. Bu farw Morley Unwin ym 1767 pan syrthiodd oddi ar ei farch. Symudodd ei weddw Mary a'i ferch i Olney lle roedd yr enwog Barch. John Newton yn giwrad ac aeth Cowper gyda hwy. O dan ddylanwad Newton cyhoeddodd Cowper hanes ei dröedigaeth a chyfrol o gerddi defosiynol sef yr *Olney Hymns* (1779).

Ym 1773 torrodd ei iechyd eto ac fe syrthiodd i iselder mawr gan geisio cyflawni hunanladdiad fwy nag unwaith. Yn y cyfnod hwn daeth i'r casgliad ei fod yn gwbl wrthodedig gan Dduw ac na fyddai byth yn cael ei dderbyn. O ganlyniad trodd ei gefn ar bopeth Cristnogol. Yn y blynyddoedd dilynol bu'n eithriadol o gynhyrchiol; cyhoeddodd gerddi yn cynnwys 'The Progress of Error', 'Truth', a 'Table Talk' ac ymddangosodd ei gyfrol gyntaf o farddoniaeth sef *Poems by William Cowper, of the Inner Temple, Esq.,* ym 1782. Ym 1785 cyhoeddodd ei gerdd *The Task* a ddaeth yn eithriadol boblogaidd gyda'r garfan efengylaidd gan ei bod yn condemnio caethwasiaeth a chreulondeb tuag at anifeiliaid ac yn galw ar y dosbarth breiniol i ystyried eu cyfrifoldeb cymdeithasol. Gweithiodd am flynyddoedd maith yn cyfieithu gweithiau'r bardd Groegaidd Homer ac fe gyhoeddwyd y gwaith gorffenedig mewn dwy gyfrol ym 1791. Dair blynedd yn ddiweddarach fe aeth i iselder mawr unwaith eto a barhaodd am weddill ei oes. Cyfansoddodd rai gweithiau Saesneg a Lladin yn ystod y blynyddoedd dilynol ond bu farw ar 25 Ebrill 1800 a chladdwyd ei weddillion yng nghapel St Edmund yn eglwys St Nicholas, East Dereham.

Granville Sharp 1735–1813

Awdur ac ymgyrchydd i ddiddymu caethwasiaeth

Granville Sharp oedd nawfed mab Thomas Sharp, Archddiacon Northumberland, a'i wraig Judith ac fe'i ganwyd ar 10 Tachwedd 1735. Bu ei daid yn Archesgob Efrog. Wedi iddo gael peth addysg mewn ysgolion lleol cafodd brentisiaeth gyda Chrynwyr oedd yn rhedeg cwmni o ddilledyddion. Datblygodd ddiddordeb mawr mewn diwinyddiaeth a dysgodd beth Groeg a Hebraeg ohono ei hun. Ym 1757 cwblhaodd ei brentisiaeth a daeth yn rhyddfreiniwr (freeman) yn Ninas Llundain fel aelod o gwmni gwerthu pysgod. Aeth yr hwch trwy'r siop yn y busnes dilladu, felly derbyniodd waith fel clerc yn swyddfa'r Deddfiad (*ordinance*) yn y Tŵr yn Llundain.

Yn y cyfnod hwn dyfnhaodd ei ddiddordeb mewn ysgolheictod Beiblaidd, ieithoedd a henebion. Dechreuodd ar ei yrfa fel awdur trwy gyhoeddi *A Short Treatise on the English Tongue* (1767). Daeth hefyd dan ddylanwad efengyliaeth a effeithiodd yn drwm arno weddill ei oes. Ynghanol y 1760au dechreuodd gefnogi'r ymgyrch i ddiddymu caethwasiaeth o ddifrif wedi iddo gyfarfod caethwas o'r enw Jonathan Strong oedd wedi cael ei gam-drin gan ei berchennog David Lisle. Cynrychiolodd Sharp Strong yn y llys ac aeth ati i ymchwilio i safle cyfreithiol caethweision ym Mhrydain a chyfreithiau rhyddid sifil.

Ym 1769 cyhoeddodd *A Representation of the Injustice and Dangerous Tendency of Tolerating Slavery*. Yr achos llys pwysicaf yn ei hanes oedd pan gynrychiolodd y caethwas James Somerset ym 1772. Yn yr achos hwn datganodd y barnwr fwy neu lai fod unrhyw gaethwas oedd yn dod i wledydd Prydain i gael ei ystyried yn rhydd. Cyhoeddodd lawer iawn o dractiau a llyfrau yn erbyn caethwasiaeth gan gynnwys *The Law of Liberty* ym 1776. Ceisiodd yn aflwyddiannus ym 1783 ddwyn achos o lofruddiaeth yn erbyn perchenogion llong y *Zong* am iddynt daflu 100 o gaethweision i'r môr. Gwrthwynebai yn chwyrn y Rhyfel Annibyniaeth yn America gan ddadlau y dylent fod yn driw i goron Lloegr.

Gadawodd ei waith yn y swyddfa Deddfiad gan fyw wedyn ar yr elw a wnaed o'i gyhoeddiadau a haelioni ei frodyr. Dechreuodd hefyd ymgyrchu yn erbyn y defnydd o'r près (*press gang*) fel dull o gael dynion i ymuno â'r llynges. Trwy gydol ei oes bu yn aelod o Eglwys Loegr ac yn gysylltiedig gyda Sect Clapham a wnaeth gymaint o waith arloesol. Pan sefydlwyd *The Society for the Abolition of the Slave Trade* ym 1787 roedd Sharp yn un o'r 12 aelod gwreiddiol yn Llundain. Er nad oedd erioed yn cael ei ystyried yn awdur poblogaidd roedd ei gyhoeddiadau o bwysigrwydd mawr i ddatblygiad y mudiad gwrth-gaethwasiaeth ym Mhrydain. Trwy ei weithiau ef y trawsnewidiwyd yr ymgyrch o fod yn farn lleiafrif dirmygedig i fod yn ymgyrch drefnus ac effeithiol. Mae rhai yn ei ystyried ef yn sylfaenydd yr ymgyrch yn Lloegr. Ef hefyd oedd cadeirydd cyntaf Cymdeithas y Beibl Frutanaidd a Thramor a sefydlwyd ym 1804.

Trwy gydol ei oes ymddiddorai mewn cerddoriaeth. Roedd yn delynor o fri a byddai ef a'i deulu yn cynnal cyngherddau ar gwch a deithiai i fyny ac i lawr afon Tafwys. Cyhoeddodd lyfr cerddorol sef *A Short Introduction to Vocal Music*. Bu farw ar 6 Gorffennaf 1813 a chladdwyd ei weddillion ym mynwent eglwys Fulham.

Robert Raikes 1736–1811

Hyrwyddwr yr Ysgol Sul yn Lloegr

Ganwyd Robert Raikes yng Nghaerloyw ar 14 Medi 1736, yr hynaf o saith o blant i'r argraffydd Robert Raikes a'i briod Mary. Sefydlodd ei dad y *Gloucester Journal* ym 1722 ac fe etifeddodd y busnes ar ôl marwolaeth ei dad. Ym 1767 priododd Anne Trigge ac fe gawsant ddeg o blant. Bu farw dau ohonynt yn eu plentyndod. Roedd gan Raikes natur ddyngarol a dangosai ofal mawr dros y tlawd a'r gorthrymedig ac yr oedd yn pryderu am y cam-drin oedd yn digwydd yng ngharchar Caerloyw. Ymwelai'n gyson â'r carchar gyda rhoddion a cheisiai wella amgylchiadau'r carcharorion. Rhoddodd lety i John Howard, yr arloeswr mewn diwygio carchardai, pan ymwelodd â Chaerloyw ym 1773.

Daeth y weledigaeth o gynnal Ysgol Sul i Raikes pan oedd ar ymweliad ag un o ardaloedd tlotaf Caerloyw. Aeth yno i logi garddwr ac wrth siarad gyda gwraig y garddwr sylwodd ar gyflwr criw o blant aflywodraethus gerllaw. Dywedodd hi wrtho fod y sefyllfa yn waeth ar y Sul gan ei bod yn ddiwrnod o'r gwaith iddynt. Byddai'n cael ei dychryn gan eu hymddygiad, eu tyngu a'u rhegi ac nid oedd eu rhieni yn malio'r un botwm corn amdanynt.

O ganlyniad ymwelodd Raikes â'r Parch. Thomas Stock oedd yn gurad mewn plwyf cyfagos ac yn athro profiadol, a datblygodd y syniad o sefydlu Ysgol Sul. (Nid hon oedd yr Ysgol Sul gyntaf yn Lloegr gan fod y Methodistiaid cynnar wedi cynnal cyfarfodydd i blant. Cynhaliodd Hannah Ball o High Wycombe Ysgol Sul i blant ac yng Nghaerloyw ym 1777 cychwynnodd Sophia Cooke a'i chwaer Ysgol Sul gyda'r plant oedd yn gweithio yn ffatri binnau ei thad.) Dewiswyd pedair gwraig addas a oedd eisoes yn cadw ysgol. Ymwelasant â chartrefi yn y dref gan berswadio rhai rhieni i anfon eu plant i'r Ysgol Sul. Gwnaed rhestr o 90 o blant rhwng pump a phedair ar ddeg oed. Dim ond un rheol oedd i fynychu'r ysgol sef bod yn rhaid iddynt olchi eu dwylo a'u hwynebau a chribo eu gwallt. Ar y dechrau cynhelid pedwar dosbarth mewn amrywiol leoliadau. Cynhelid un mewn tŷ ac un arall yn Sooty Alley wrth ymyl y carchar. Dysgwyd y plant i ddarllen a sillafu ond ddim i ysgrifennu, gan mai eu galluogi i ddarllen y Beibl oedd y nod. Roeddent hefyd i ddysgu adnodau o'r Beibl, holwyddoreg ac emynau ar eu cof. Gwaharddwyd rhegi a dysgwyd y disgyblion i barchu eu rhieni. Disgwylid iddynt hefyd fynychu oedfa mewn eglwys ar y Sul.

Yn raddol tyfodd y mudiad a chyhoeddodd Raikes erthyglau yn ei bapur, y *Gloucester Journal,* i hyrwyddo'r gwaith. Dywedodd yn y papur ar 3 Tachwedd 1783 fod nifer o offeiriaid mewn amrywiol ardaloedd o Loegr wedi sefydlu Ysgolion Sul. Mynegodd esgobion Caer a Salisbury eu cefnogaeth fawr i'r gwaith a chyhoeddodd Samuel Glasse, cyfaill i Raikes, gyfrol yn hyrwyddo'r mudiad sef *The Piety, Wisdom and Policy of Promoting Sunday Schools* (1786).

Oherwydd y llwyddiant mawr sefydlodd y Bedyddiwr William Fox y Sunday School Society ym 1785 a'r Sunday School Union ym 1803. Erbyn 1818 roedd 500,000 o blant yn mynychu Ysgol Sul; erbyn 1851 cynyddodd y nifer i 2,500,000 ac erbyn 1898 roedd y nifer wedi cyrraedd 7,500,000. Roedd yr Ysgol Sul nid yn unig yn cyflwyno Cristnogaeth i dlodion, ond hefyd yn rhoi addysg elfennol i blant dosbarth gweithiol na fyddent yn ei chael fel arall. Pan ddaeth addysg orfodol ac ysgolion dyddiol ym 1870 lleihaodd y niferoedd yn yr Ysgol Sul.

Ymddeolodd Raikes o'i waith ym 1802 ar bensiwn o £100 y flwyddyn gan y *Gloucester Journal.* Bu farw ar 5 Ebrill 1811 a chladdwyd ei weddillion yn St Mary le Crypt, Caerloyw. Ym 1880 gosodwyd cerflun ohono gan Sir Thomas Brock ar yr Embankment yn Llundain.

Hannah More 1745–1833

Llenor a dyngarwr

Ganwyd Hannah More ar 2 Chwefror 1745 yn Fishponds, plwyf Stapleton, ychydig filltiroedd i'r gogledd o Fryste. Hi oedd y bedwaredd o bum merch i Jacob More – prifathro ysgol – a Mary. Fe gafodd ei magu mewn teulu cariadlawn a roddai bob cyfle iddi. Wrth draed ei thad dysgodd Ladin a Mathemateg a thrwy'r blynyddoedd pwysleisid y dylent fod yn annibynnol fel merched. Pan oedd yn blentyn dechreuodd farddoni a darllen ei cherddi i'r teulu. Symudodd y teulu i Fryste pan oedd yn ddeuddeg oed lle y sefydlodd ei rhieni ysgol breswyl i ferched yn Trinity Street er mwyn i'w chwiorydd hŷn ei rhedeg. Sefydlasant hefyd ysgol i fechgyn gerllaw yn Stony Hill. Yn y cyfnod hwn dechreuodd Hannah ddysgu Ffrangeg, Eidaleg a Sbaeneg gan barhau ei hastudiaethau Lladin. Erbyn diwedd ei harddegau roedd yn cynorthwyo ei chwiorydd fel athrawes yn yr ysgol. Cyhoeddodd ei gwaith cyntaf ym 1762 sef *The Search after Happiness,* drama ar ffurf cerddi barddonol i ferched lle y mae'n cyfeirio at safle menywod mewn cymdeithas. Gwerthwyd dros ddeng mil o gopïau mewn byr amser. Cynyddodd ei diddordeb yn y theatr a byddai'n ymwelydd cyson â'r King Street Theatre, Caerfaddon.

Ym 1767 dyweddïodd gyda gŵr cefnog o'r enw William Turner o Wraxall ond ni ddaeth dim o hynny ac fe dorrwyd y dyweddïad ym 1773. Ymdynghedodd na fyddai byth yn priodi. Cytunodd i dderbyn blwydd-dâl o £200 gan Turner a fyddai'n rhoi sicrwydd ariannol iddi a chyfle i barhau gyda'i gyrfa lenyddol. Dechreuodd ymweld yn gyson â Llundain lle y daeth i gysylltiad gyda rhai o geffylau blaen llenyddiaeth Lloegr, pobl fel David ac Eva Garrick, Elizabeth Montagu a Joshua Reynolds. Roedd yn parhau i gyfansoddi a chyhoeddodd ddwy faled ym 1776 sef *Sir Eldred of the Bower* a *The Bleeding Rock.* Ym 1775 llwyfannwyd ei drama gyntaf *The Inflexible Captive* yn y Theatre Royal, Caerfaddon. Ddwy flynedd yn ddiweddarach roedd ei drama *Percy* ar y llwyfan yn Covent Garden, Llundain, a daeth llwyddiant mawr iddi yn ariannol ac o ran enwogrwydd. Ond yn raddol fe'i dadrithiwyd gan y byd llenyddol

Llundeinig, yn enwedig wedi methiant ei thrydedd ddrama, a'i holaf, *The Fatal Falsehood.*

Trodd yn awr i ysgrifennu llyfrau a'i llyfr enwocaf oedd *Strictures on the Modern System of Female Education* (1799) lle y dadleuodd yn erbyn pwyslais Jean-Jacques Rousseau a ddarluniai ferched fel dim mwy na chreaduriaid teimladol, a phwyslais Mary Wollstonecraft a anogai ferched i fod yn ffyrnig o annibynnol. Pwysleisiai Hannah More y dylid addysgu merched fel Cristnogion. Y tu ôl i'r pwyslais hwn yr oedd ei daliadau dwfn Cristnogol Efengylaidd. Yr oedd nifer o arweinwyr y cylchoedd llenyddol yn Lloegr ar y pryd yn arddel Cristnogaeth gyda phwyslais Efengylaidd. Cyfaill mawr iddi oedd John Newton, rheithor St Mary Woolnoth, Llundain, a ddylanwadodd yn drwm arni. Anogodd ei chyd-Gristnogion hi i ddefnyddio ei doniau llenyddol i hyrwyddo'r ymgyrch yn erbyn caethwasiaeth a diwygio moesau. Ysgrifennodd y gerdd *Slavery* ym 1788 er mwyn cefnogi gwaith William Wilberforce a daeth yn gyfaill mawr iddo. Ceisiodd hefyd ddylanwadu ar gylchoedd ffasiynol a bonheddig. Yn wahanol i weinidogion Cristnogol y cyfnod gallai gael mynediad i gartrefi'r aristocratiaid, ac anogodd John Wesley hi i wneud hyn.

Dangosodd hefyd gariad ymarferol tuag at bobl. Wrth weld tlodi enbyd yn Cheddar, nid nepell o'i chartref yn Cowslip Green, sefydlodd hi a'i chwiorydd ysgol i blant y tlodion gyda chefnogaeth Wilberforce. O fewn deng mlynedd roeddent yn cadw deuddeg ysgol wedi eu gwasgaru trwy'r Mendips. Ym 1800 cododd gwrthdaro rhwng offeiriaid lleol a More trwy iddynt ei chyhuddo o gynnal cyfarfodydd Methodistaidd. O ganlyniad i'r Chwyldro Ffrengig a'r ofn y byddai rhywbeth cyffelyb yn digwydd yng ngwledydd Prydain aeth ati i ysgrifennu tractiau rhad er mwyn addysgu'r werin datws. Ysgrifennodd *Village politics: addressed to all the mechanics, journeymen, and day labourers, in Great Britain* (1792) gan 'Will Chip, a country carpenter'. Cyhoeddwyd 114 o dractiau rhwng 1795 a 1798 a gwerthwyd miliwn o gopïau mewn blwyddyn. Yn ystod y blynyddoedd dilynol cyhoeddodd nifer o lyfrau eraill, yn cynnwys *Essay on the Character and Practical Writings of St Paul* (1815). Bu farw yn Clifton ar 7 Medi 1833 ac fe'i claddwyd ym mynwent All Saints, Wrington.

William Wilberforce 1759–1833

Diddymydd caethwasiaeth a diwygiwr cymdeithasol

Ganwyd William Wilberforce ar 24 Awst 1759 i deulu o fasnachwyr cefnog yn ninas Hull. Fel plentyn roedd yn fachgen bychan eithriadol o eiddil a phan dyfodd yn ddyn nid oedd ond 5 3" ac yn pwyso 76 pwys, sef pum stôn a hanner. Ef oedd y trydydd o bedwar plentyn i Robert ac Elizabeth. Bu farw ei dad yn ddeugain oed ac yn fuan wedyn aeth ei fam yn sâl. Anfonwyd William Wilberforce, ac yntau yn ddeg oed, at ei ewythr a'i fodryb, William a Hannah, yn Wimbledon, Llundain. Aeth i Ysgol Breswyl Putney. Roedd William Wilberforce wrth ei fodd gyda'i fodryb a'i ewythr ac fe gawsant ddylanwad mawr arno yn ysbrydol. Roeddent yn gyfeillion agos i George Whitefield a John Newton, pregethwr tanbaid ac awdur 'Amazing grace'. Nid oedd ei fam na'i daid yn fodlon ei fod yn dod o dan ddylanwad y Methodistiaid ac felly bu'n rhaid iddo ddychwelyd i Hull. Yno aeth i Ysgol Pocklington, lle y bu am bum mlynedd. Ceisiodd gadw at y ffydd a gafodd yn Llundain ond roedd ei deulu yn wrthwynebus. Gwaharddwyd ef rhag mynd i'r eglwys a cheisiwyd ei drwytho yn arferion teuluoedd bonheddig y cyfnod trwy fynychu ciniawau, partïon, y theatr a dawnsfeydd.

Yn Hydref 1776 aeth i Goleg St Ioan, Caergrawnt, ac yntau yn 17 oed. Fel llawer un, yn y fan honno fe gafodd dipyn o sioc, yn enwedig gydag ymddygiad ei gyd-fyfyrwyr. Yng Nghaergrawnt daeth yn ffrindiau mawr gyda William Pitt, mab hynod y prif weinidog William Pitt yr Hynaf.

Ym 1779–80 treuliodd William Wilberforce lawer o amser yn Llundain. Ymwelai'n gyson â Thŷ'r Cyffredin gan wylio'r trafodaethau yno. Dyma pryd y cafodd flas ar wleidyddiaeth. Yng ngwanwyn 1780 penderfynodd geisio cael ei ethol yn Aelod Seneddol a'r mis Medi dilynol derbyniodd 1,126 o bleidleisiau ac fe'i hetholwyd yn Aelod Seneddol. Tawel oedd ei ddyddiau cyntaf yn Nhŷ'r Cyffredin. Yn Hydref 1784 treuliodd y gaeaf ar Riviera Ffrainc a'r Eidal. Treuliodd lawer o amser yng nghwmni'r Cristion Isaac Milner, cymeriad mawr a feddai ar ddeallusrwydd anghyffredin. Bu'r ddau yn trafod Cristnogaeth a daliadau'r Methodistiaid. Yn fuan wedyn daeth i adnabyddiaeth o'r Arglwydd Iesu, yn raddol fel Awstin Sant. Trwy gydol ei oes, galwai ef y profiad a gafodd fel 'The

Great Change'. Wedi iddo ddychwelyd adref, darllenai'r Beibl yn ddyddiol a thrafodai faterion ffydd ond ni allai gael tawelwch meddwl hyd nes iddo gyfarfod â John Newton. Pregethwr Efengylaidd llwyddiannus yn Llundain oedd ef ac un o gonglfeini Methodistiaeth. Daeth William Wilberforce trwy fwlch yr argyhoeddiad ac anogodd John Newton ef i aros fel Aelod Seneddol ac i fod yn halen y ddaear yn y fan honno. Newidiodd hyn ei agwedd yn fawr iawn. Priododd Barbara Spooner, merch i fancwr cefnog o Birmingham, ym mis Mai 1797 ac fe gawsant chwech o blant. Symudasant i fyw yn Broomfield Lodge, Clapham, Llundain, lle y buont am ddeng mlynedd. Yma yr oedd cylch o Gristnogion pybyr yn byw a rhoddwyd yr enw Sect Clapham arnynt.

Ym 1787 penderfynodd William Wilberforce y byddai'n ymgyrchu gydag eraill i ddileu caethwasiaeth. Un o hunllefau mwyaf hanes dynoliaeth yw caethwasiaeth. Mae caethwasiaeth yn hen arfer sy'n ymestyn yn ôl i ddechrau dynoliaeth. Cynyddodd y fasnach yn fawr wedi i'r Ewropeaid ddarganfod America. Daeth y rhan fwyaf o gaethion America o Orllewin Affrica. Fel arfer cipiwyd gwrywod rhwng 15 a 35 oed. Er hynny, roedd rhai plant yn cael eu cipio ond gadewid pobl hŷn ar ôl. Rhwng 1450 a 1850 credir bod rhwng 12 a 20 miliwn o bobl wedi eu cludo o Affrica i Ogledd America, De America ac India'r Gorllewin. Bu farw rhyw filiwn ohonynt yn ystod y fordaith. Cyflwynodd Wilberforce ei fesur cyntaf i'r senedd ym 1787 a phob blwyddyn wedi hynny hyd 1807. Gweithiodd yn ddiflino gydag eraill i dynnu sylw at greulondeb caethwasiaeth ac at y dioddefaint enfawr a wynebai'r caethion, yn enwedig ar y llongau. Yr hyn oedd yn ei ysbrydoli oedd y gred fod pob person dynol yn gyfartal gerbron Duw ac wedi eu creu ar Ei lun ac ar Ei ddelw. Er iddo gael ei fygwth a'i ddilorni gan fasnachwyr caethion, ei enllibio a'i siomi gan wleidyddion, ni allai dim ladd ei ysbryd.

Ar 25 Mawrth 1807 gwnaed y Mesur Diddymu Masnach Caethion yn Ddeddf Seneddol o 283 pleidlais i 16. Roedd y ddeddf hon yn gam pwysig tuag at ddiddymu caethwasiaeth ym Mhrydain a ddigwyddodd ym 1833. Bu William Wilberforce farw ar 29 Gorffennaf 1833 a rhoddwyd ei gorff i orffwys yng nghroesfa ogleddol Abaty Westminster. Flwyddyn yn ddiweddarach, am hanner nos ar 31 Gorffennaf 1834 rhyddhawyd 800,000 o gaethion. Yr oedd hwn yn un o ddigwyddiadau harddaf dynoliaeth.

Thomas Cranfield *c*.1760–*c*.1838

Cyd-sylfaenydd ysgolion i blant carpiog yn Llundain

Er y bu twf mawr mewn addysg i blant ar ddechrau'r bedwaredd ganrif ar bymtheg gyda dyfodiad ysgolion gwirfoddol, roedd llawer o blant, yn enwedig mewn ardaloedd diwydiannol, yn gwbl ddi-ddysg. Rhaid cofio bod llawer o blant y cyfnod hwn yn gweithio am chwe diwrnod yr wythnos. Sefydlwyd y Gymdeithas Frutanaidd a Thramor gan yr Ymneilltuwyr ym 1810 a'r Gymdeithas Genedlaethol (*National Schools*) ym 1811.

Roedd rhai plant yn cael eu taflu allan o'u cartrefi gan eu rhieni i fyw yn yr awyr agored trwy werthu matsis, cardota neu ddwyn. Ar gyfer plant fel hyn y cychwynnwyd y Ragged Schools gan Gristnogion. Sefydlwyd y Ragged School Union ym 1844 o ganlyniad i waith John Pounds a Thomas Cranfield ac yn ddiweddarach newidiwyd yr enw i'r Shaftesbury Society.

Magwyd Cranfield yn Camberwell, Llundain, ac fe'i prentisiwyd fel teiliwr. Roedd braidd yn wyllt yn ei ieuenctid a bu ffrae deuluol a barodd iddo redeg i ffwrdd er mwyn ymuno â'r fyddin. Bu'n gwasanaethu yn Gibraltar ac, wedi iddo ddychwelyd adref, cymododd gyda'i dad oedd wedi bod yn gweddïo y byddai'n dychwelyd adref yn ddiogel. Er mwyn dangos ei werthfawrogiad aeth i'r eglwys gyda'i dad ac yno fe gafodd dröedigaeth.

Agorodd siop deiliwr yn Goswell Street a deuai criw o ffrindiau ato bob dydd i weddïo ac astudio'r Beibl. Ym 1791 symudodd i Kings Road yn yr East End. Gofidiai yn fawr am gyflwr y plant amddifad oedd yn rhy garpiog i fynychu'r eglwys ac felly agorodd Ysgol Sul yn ei gartref. Tyfodd hon yn gyflym a phan gyrhaeddodd y nifer 60 bu'n rhaid iddo chwilio am leoliad arall. Rhoddodd y gwaith yn nwylo ffrindiau a sefydlodd Ysgol Sul arall yn Stoke Newington. Digwyddodd hyn droeon ac yn y diwedd sefydlodd 19 o Ysgolion Sul yng ngogledd Llundain.

Trodd ei olygon wedyn i'r de o afon Tafwys i ardal Southwark, lle roedd slymiau gwaethaf y ddinas. Roedd cyflwr y teuluoedd a'r plant yma yn enbydus. Dywedid gan rai bod y plant yn yr ardal hon yn anaddas i fynychu Ysgol Sul. Wrth weld cyflwr rhai o'r plant ni chredai eu bod erioed wedi ymolchi. Ysgrifennodd am yr ardal gan ddweud, 'Yr oedd dynion, merched, plant, mulod, moch a chŵn yn byw yn yr un ystafell. Roedd y plant mewn cyflwr erchyll, wedi eu hanner gwisgo mewn carpiau, ac mor fudr a blêr fel nad oedd unrhyw arwydd eu bod wedi ymolchi na chribo eu gwallt ers eu genedigaeth.' Agorodd ysgol wirfoddol ar gyfer y bechgyn a'r merched er mwyn rhoi addysg sylfaenol iddynt. Er mwyn eu hannog i fynychu'n gyson cynigiai roddion iddynt sef cap i'r bechgyn a bonet i'r merched. Sefydlodd geginau cawl yno er mwyn dosbarthu bwyd, bara, reis a glo i deuluoedd anghenus. Yn ddiarwybod iddo'i hun yr oedd Cranfield wedi sefydlu mudiad pwysig a wnaeth les aruthrol i gyflwr y tlodion yn Llundain yn y bedwaredd ganrif ar bymtheg.

William Carey 1761–1834

Cenhadwr yn India a chyfieithydd y Beibl

Ganwyd William Carey yn Paulerspury, Swydd Northampton, yn fab hynaf o bump o blant i Edmund Carey ac Elizabeth Wells. Gwehydd oedd ei dad wrth ei alwedigaeth ond yn ddiweddarach aeth yn glerc plwyf ac yn ysgolfeistr. Pan oedd William yn bedair ar ddeg oed cafodd ei brentisio fel crydd ym mhentref cyfagos Piddington. O dan ddylanwad ei gydweithwyr dechreuodd fynd i gwrdd gweddi Anghydffurfiol ac o 1779 ymlaen i gapel Cynulleidfaol yn Hackleton. Priododd Dorothy Plackett ym 1781 ac ymunodd â'r Bedyddwyr yn Northampton. Gan barhau fel crydd dechreuodd bregethu i'r eglwys Fedyddiedig yn Earls Barton a threuliai ei amser rhydd yn astudio Lladin, Groeg a Hebraeg. Symudodd ym 1785 i ofalu am eglwys yn Moulton gan barhau fel ysgolfeistr a chrydd. Enynnwyd ei ddiddordeb yn y byd y tu hwnt i Ewrop trwy iddo ddarllen hynt a helynt Capten James Cook ar ei fordeithiau ym moroedd y de. Daeth yn ymwybodol o anghenion ysbrydol y bobl oedd yn byw yno. Cynhyrchodd bamffled yn annog Cristnogion i ystyried eu dyletswydd i rannu'r Efengyl sef *An Enquiry into the Obligations of Christians to Use Means for the Conversion of the Heathens* (1792). Sbardunodd hwn nifer o Fedyddwyr i ymuno gyda Carey i sefydlu'r 'Particular Baptist Society for Propagating the Gospel among the Heathen' yn Kettering yn Hydref 1792. Hon oedd y gymdeithas genhadol efengylaidd gyntaf yng ngwledydd Prydain ac yn ei sgil sefydlwyd cymdeithasau cenhadol eraill ym Mhrydain, Ewrop a Gogledd America. Ar ddechrau 1793 aeth William Carey fel cenhadwr gyda John Thomas, a oedd yn llawfeddyg gyda'r East India Company, i Bengal. Wedi cyrraedd yno gyda'i deulu gweithiodd fel rheolwr mewn ffatri indigo. Dysgodd ieithoedd Bengali a Hindi a dechreuodd bregethu yn yr ieithoedd hynny.

Ym mis Ionawr 1880 symudodd i drefedigaeth Ddaneg Serampore i'r gogledd o Galcutta pan wrthododd yr East India Company i genhadon newydd aros ar eu tir. Ymhlith y newydd-ddyfodiaid yr oedd Joshua Marshman a William Ward a weithiodd gyda William Carey gan beri llwyddiant i'r gwaith yno. Bedyddiwyd y crediniwr cyntaf o blith yr Hindwiaid sef Kirshna Pal yn Serampore yn Rhagfyr 1800. Er bod 1,400 o bobl wedi eu bedyddio erbyn 1821 teimlid fod y cynnydd yn araf. Un o'r prif resymau am hynny oedd y system cast a oedd yn faen tramgwydd mawr i efengylu. Yn ddiweddarach surodd y berthynas rhwng Cymdeithas Genhadol Fedyddiedig Llundain a William Carey a datgysylltwyd y gwaith yn Serampore oddi wrth y Gymdeithas.

Prif gyfraniad William Carey a'i gyfeillion oedd eu gwaith yn cyfieithu'r Beibl. Roedd ef a'i gyfeillion yn gyfrifol am gyfieithu'r Beibl i chwe iaith Indiaidd sef Bengali, Oriya, Sanscrit, Hindi, Marathi ac Assamaeg. Cyfieithwyd rhannau o'r Beibl i 29 o ieithoedd eraill. Cynhyrchodd hefyd ramadeg i'r ieithoedd Bengali, Marathi, Sanscrit, Punjabi, Telinga a Bhotia ac ysgrifennodd eiriaduron Marathi, Bengali a Bhotia. Dechreuodd hefyd ar y gwaith o gyfieithu'r clasur Hindŵaidd y *Ramayana* i Saesneg.

Cydnabuwyd ei arbenigedd mewn ieithoedd Indiaidd pan benodwyd ef ym 1801 fel Athro Sanscrit, Marathi a Bengali yng Ngholeg yr East India Company sef Fort William. Derbyniodd radd DD gan Brifysgol Brown, Unol Daleithiau America, ym 1807. Bu farw ar 9 Mehefin 1834 yn Serampore ac yno y'i claddwyd.

Arthur MacLoughlin Broome 1779–1837

Sylfaenydd yr RSPCA, yr elusen sy'n gofalu am anifeiliaid

Ganwyd Arthur MacLoughlin Broome ar 18 Chwefror 1779 ac fe'i bedyddiwyd yn Sidbury, Dyfnaint, ar 28 Awst 1785. Mab ydoedd i Arthur a Frances Broom. Aeth i Goleg Balliol ym mis Mawrth 1798 gan ennill gradd BA. Ordeiniwyd ef yn offeiriad yn Eglwys Loegr ym 1803 gan esgob Llundain. Bu'n gurad ym mhlwyfi Brook a Hinxhill yng Nghaint ac yna yn Cliffe-at-Hoo. Yna fe'i penodwyd yn ficer St Mary's-Bromley-St Leonard, Middlesex, ym 1820.

Cyn dechrau'r bedwaredd ganrif ar bymtheg ystyrid anifeiliaid yn ddim mwy nag eiddo y gallai perchenogion wneud beth bynnag a fynnent gyda hwy. Golygai hyn fod rhai anifeiliaid yn cael eu cam-drin yn ddychrynllyd gan nad oedd unrhyw gyfreithiau i'w hamddiffyn. Pasiwyd y ddeddf gyntaf i amddiffyn anifeiliaid yn San Steffan ym 1822, a hynny o dan arweiniad medrus Richard Martin, Aelod Seneddol o Ddulyn.

Ceisiwyd, yn aflwyddiannus, sefydlu cymdeithas atal creulondeb tuag at anifeiliaid ym 1809. Ailgydiwyd yn y weledigaeth ym 1822 gan y Parch. Arthur Broome. Aeth ef ati i sefydlu cymdeithas i hyrwyddo gweithredu deddf Martin a hybu hawliau anifeiliaid. Hysbysebodd y gymdeithas yn y cylchgrawn poblogaidd *John Bull*. Er na ddaeth dim o hyn ar y pryd fe ddyfalbarhaodd. Talodd Broome o'i boced ei hun i gyflogi Charles Wheeler i chwilio am achosion o gam-drin anifeiliaid fel y gellid erlyn y bobl oedd yn gyfrifol.

Y flwyddyn ddilynol, cyhoeddodd bamffled gan Humphrey Primatt sef *A Dissertation on the Duty of Mercy and Sin of Cruelty to Brute Animals*. Rhoddwyd troednodyn ar y pamffled y byddai unrhyw elw a wneid o'r gwerthiant er budd y Society for the Prevention of Cruelty to Animals – er nad oedd hi'n bodoli ar y pryd.

Yr oedd ei ail ymdrech i sefydlu cymdeithas yn llwyddiannus. Cyfarfu nifer o wŷr bonheddig yn yr Old Slaughter's Coffee House yn Westminster ym Mehefin 1824. Yno yr oedd 22 o ddynion yn cynnwys Syr Thomas Foxwell Buxton, Aelod Seneddol a Chrynwr ac aelod o Sect Clapham, fel cadeirydd, tri offeiriad, a phum Aelod Seneddol – yn cynnwys William Wilberforce – ac Iddew o'r enw Lewis Gompertz.

Yno, sefydlwyd cymdeithas a'i phrif nod oedd atal creulondeb tuag at anifeiliaid a cheisio newid agwedd meddwl pobl tuag at hyn. Penodwyd Broome yn ysgrifennydd ac ym 1824 rhoddodd y gorau i fod yn offeiriad er mwyn cymryd at y gwaith yn llawnamser. Sefydlwyd dau is-bwyllgor, y naill i ddylanwadu ar y farn gyhoeddus a'r llall i fabwysiadu dulliau i archwilio marchnadoedd, strydoedd Llundain, lladd-dai ac ymddygiad gyrwyr coets fawr.

Yn fuan iawn cyhoeddwyd y pamffled *Cruelty to Brutes* a ysgrifennwyd gan Mrs Hall yn tynnu sylw at greulondeb tuag at deirw. Ariannwyd y gymdeithas i gychwyn gan roddion a Broome ei hun – er nad oedd yn ddyn cefnog. Erbyn Ionawr 1826 roedd y gymdeithas mewn dyled o £300. Er iddynt dderbyn rhodd o £100 carcharwyd Broome oherwydd gweddill y ddyled ac ymddiswyddodd o'r gwaith ym 1828.

Er hynny bu'r gymdeithas yn llwyddiant yn ystod ei gyfnod fel ysgrifennydd. Cyhoeddwyd nifer o bamffledi ac yr oedd Charles Wheeler wedi casglu llawer o dystiolaeth am greulondeb. Penodwyd dyn arall i gynorthwyo Wheeler ac yn ystod y chwe mis cyntaf o weithredu daethpwyd â 63 o ddrwgweithredwyr o flaen eu gwell. Derbyniodd y Gymdeithas nawdd brenhinol drwy i'r frenhines Victoria roi ei chefnogaeth iddi ym 1840. O ganlyniad gellid gosod y gair 'Brenhinol' fel rhan o enw'r gymdeithas. Am ryw reswm collodd Broome ddiddordeb yn y gymdeithas a diflannodd o'r gweithgareddau a'r ymgyrch. Bu farw ar 16 Gorffennaf 1837 yn Birmingham a rhoddwyd angladd tlotyn iddo yn Eglwys Sant Philip.

Catherine Elizabeth McAuley c.1778–1841

Lleian yn yr Eglwys Gatholig Rufeinig a sylfaenydd Sisters of Mercy

Ganwyd Catherine Elizabeth McAuley mae'n debyg, ar 29 Medi 1778, yn Stormanstown House, Dulyn. Roedd yn un o dri phlentyn James, a'i wraig, Elinor. Roedd ei rhieni o blith dosbarth canol ffyniannus Dulyn gan fod ei thad yn bensaer ac yn adeiladydd a'i mam yn ymwneud â masnach feddygol. Roedd y ddau riant yn Gatholigion ymroddedig, a phan fu farw ei thad roedd y teulu yn gyffyrddus eu byd. Fe'i haddysgwyd gartref a phan fu farw ei mam ym 1798 aeth Catherine a'i brawd a'i chwaer i fyw yng nghartref yr apothecari Protestannaidd Armstrong. Yna symudodd Catherine i gartref y meddyg William Callaghan a'i briod, Catherine.

Roedd y Callaghaniaid yn ddi-blant ac fe fagwyd Catherine fel pe bai yn blentyn iddynt hwy. Canolbwynt ei bywyd am yr ugain mlynedd dilynol oedd ei theulu a gweithgareddau elusennol gyda thlodion yng nghyffiniau stad y Callaghaniaid, sef Coolock House, Dulyn. Arddelai ei ffydd trwy fynychu eglwys y Santes Fair, Liffey Street, a daeth i adnabod nifer o offeiriaid blaenllaw yn yr Eglwys Gatholig yn Iwerddon. Daeth yn un o'r ceffylau blaen yn y frwydr yn erbyn tlodi ac roedd ganddi gonsyrn mawr dros freuder bywyd merched ifanc dosbarth gweithiol.

Ym 1819 bu farw Mrs Callaghan a bu farw ei phriod ym 1822. O ganlyniad etifeddodd Catherine gyfoeth mawr. O 1822 ymlaen defnyddiodd ei harian i wireddu syniadau a gafodd flynyddoedd ynghynt.

Sefydlodd Catherine fudiad oedd yn darparu gwasanaethau addysgol, crefyddol a chymdeithasol i fenywod a phlant. Huriodd eiddo yn Baggot Street, Dulyn, ym 1824 ac adeiladu o'r newydd yno. Galwodd yr eiddo yn Tŷ Trugaredd (House of Mercy) ac fe agorodd ym mis Medi 1827 fel ysgol i addysgu merched tlawd a chartref i wragedd a merched digartref. Hefyd mabwysiadodd naw o blant. Gwahoddodd ferched eraill i gydweithio â hi. Erbyn 1830 roedd 12 yn rhan o'r gymuned ac ychwanegwyd ymweld â'r cleifion fel gweithgarwch ychwanegol. Yr oedd o'r dechrau yn cynnal dyletswydd Gristnogol (defosiwn) a chysegrwyd capel yn y tŷ ym 1829. Ei bwriad oedd cael cymuned leyg ac nid un grefyddol ond ym 1830 newidiodd ei meddwl a sefydlwyd cynulleidfa grefyddol i ferched.

Tyngodd yr aelodau cyntaf o'r Sisters of Mercy eu llwon ar 12 Rhagfyr 1831 a phenodwyd Catherine yn Uchel Fam gan yr Archesgob Murray. Yn ogystal â llwon o dlodi, diweirdeb ac ufudd-dod, cymerwyd pedwerydd llw sef i'w cysegru eu hunain i gynorthwyo'r tlawd, y sâl a'r diniwed. Cymeradwywyd y gynulleidfa gan Rufain ym 1835 ac agorwyd canghennau eraill yn Iwerddon a Lloegr.

Roedd Catherine yn arloeswraig mewn gweithredu cymdeithasol Cristnogol mewn gwledydd Saesneg eu hiaith. Bu farw ar 11 Tachwedd 1841 yn Nhŷ Trugaredd, Baggot Street, a chladdwyd ei gweddillion ym mynwent Baggot Street.

Elizabeth Fry 1780–1845

Diwygiwr cymdeithasol

Mae llawer o ddiwygiadau cymdeithasol wedi digwydd nid oherwydd gwaith llywodraeth ond oherwydd gweledigaeth unigolion. Mae cyflwr carchardai yn enghraifft dda o hyn. Ychydig iawn o ystyriaeth a roddwyd i garcharorion hyd y ddeunawfed ganrif. Ym 1701 ceisiodd yr SPCK dynnu sylw at ffaeleddau mawr y system ond heb fawr o lwyddiant. Ceisiodd John Howard, Uwch Siryf Bedford, newid pethau trwy ei adroddiad ar gyflwr carchardai ym 1777, ond eto heb fawr lwyddiant. Un a wnaeth wahaniaeth mawr oedd Elizabeth Fry.

Ganwyd Elizabeth Gurney ar 21 Mai 1780 yn un o ddeuddeg o blant i deulu cefnog o Grynwyr. Roedd ei thad yn fancwr a deuai ei mam o deulu enwog o fancwyr, y Barclays. Addolent fel teulu o Sul i Sul yn Nhŷ Cwrdd y Crynwyr yn Goat Lane, Norwich.

Roedd eu cartref, Earlham Hall ar lan afon Wensum, yn un o ganolfannau cymdeithasol Norwich. Roedd Elizabeth yn mwynhau gwisgo'n lliwgar ac yn mynychu partïon a chredai fod yr oedfaon hir ar y Sul yn hynod ddiflas.

Pan oedd yn ddwy ar bymtheg oed ysgrifennodd yn ei dyddiadur nad oedd yn credu yn Nuw, ond o fewn blwyddyn newidiwyd ei bywyd pan aeth i wrando ar bregethwr Americanaidd o'r enw William Savery. Daeth i brofiad ac ychydig fisoedd yn ddiweddarach mewn oedfa gan y Crynwyr cafwyd proffwydoliaeth y byddai yn 'oleuni i'r deillion, llais i'r mud a thraed i'r cloffion'.

Ceisiodd ffyrdd i wasanaethu Duw yn ymarferol. Cychwynnodd Ysgol Sul yn Earlham Hall i blant tlawd, ymwelodd â chleifion yn Norwich er mwyn darllen o'r Beibl iddynt a gwnaeth ddillad i'r tlodion. Yn y cyfnod hwn mabwysiadodd wisg fwy syber y Crynwyr. Pan oedd yn 20 oed priododd Joseph Fry, masnachwr te, coffi a sbeisys yn Llundain. Am flynyddoedd bu'n wraig a mam ymroddedig. Ym 1808 symudodd y teulu o'r ddinas i Plashet House, East Ham. Yno dechreuodd weithredu eto dros yr anghenus trwy ddarparu bwyd, ymweld â chleifion ac agor ysgol. Ym 1811 fe'i cofrestrwyd fel gweinidog gyda'r Crynwyr yn Barking a bu'n siarad mewn llawer man.

Tynnwyd ei sylw am y tro cyntaf at gyflwr carchardai ym 1813 a hynny gan Grynwr o America sef Stephen Grellet. Roedd ef wedi ymweld â charchar Newgate, Llundain, a dywedodd wrthi am yr amgylchiadau difrifol oedd yno. Ymatebodd Elizabeth Fry yn syth bin ac aeth yno gyda chriw o ferched i roi dillad i'r cleifion a'r plant. Talodd i'r ceidwad am roi gwellt glân iddynt yn gyson. Roedd adain y merched yng ngharchar Newgate yn dal 300 o ferched a phlant. Gwasgwyd hwy i bedair ystafell lle y disgwylid iddynt gysgu, coginio a bwyta. Yn ystod y dydd caniatawyd iddynt gymysgu gyda'r dynion ac yr oedd gamblo, yfed ac ymladd yn rhemp.

Ni lwyddodd i ddychwelyd yno tan Ionawr 1817 pan gafodd hawl i ymweld yn gyson â charchardai. Cychwynnodd ysgol i'r plant a dosbarthiadau gwau a gwnïo. Rhannwyd y carcharorion yn griwiau o ddeuddeg gydag un monitor yn eu goruchwylio ac roedd hyn yn raddol yn meithrin ymdeimlad o werth ymhlith y merched. Gyda'u henillion gallent brynu moethau fel te a siwgr yn siop y carchar. Ffurfiwyd pwyllgor o Grynwragedd i godi arian at yr ysgol ac i drefnu bod un ohonynt yn ymweld yn ddyddiol. I Elizabeth Fry y peth pwysicaf a sefydlodd oedd yr arfer o ddarllen y Beibl ddwywaith y dydd. Er nad oedd gan yr holl garcharorion ddiddordeb bu'r gwaith yn llwyddiant. Sefydlwyd pwyllgorau gan wragedd ar hyd a lled Lloegr i helpu mewn carchardai. Yn ddiweddarach ysgrifennodd ei phrofiadau mewn llyfr sef *Observations on the Visiting, Superintendence and Government of Female Prisoners.*

Cafodd wahoddiad i siarad ym 1818 yn San Steffan a Thŷ'r Arglwyddi. Dechreuodd hefyd ymyrryd â'r arfer o gludo drwgweithredwyr i Awstralia. Mewn cyfnod o bum mlynedd ar hugain ymwelodd â phob llong cludo troseddwyr a adawodd Lundain oedd yn cario merched sef 106 o longau yn cario 12,000 o garcharorion. Sefydlodd hefyd loches i'r digartref a chartref hyfforddi nyrsys. Bu farw ar 13 Hydref 1845 yn Ramsgate ac fe'i claddwyd ym mynwent y Crynwyr, Barking.

Thomas Chalmers 1780–1847

Gweinidog yn Eglwys yr Alban a diwygiwr cymdeithasol

Ganwyd Thomas Chalmers ar 17 Mawrth 1780 yn Anstruther, Fife, yn chweched o bedwar ar ddeg o blant i John Chalmers, masnachwr, a'i wraig Elizabeth. Yr oedd ei dad yn Gristion o argyhoeddiad ac o ogwydd Calfinaidd ac yr oedd ei fam, er bod ganddi lond tŷ o blant, yn ymwneud â gwaith elusennol gyda'r tlodion.

Aeth Thomas i ysgol y plwyf yn Anstruther ac yna pan oedd yn un ar ddeg oed fe'i derbyniwyd i Brifysgol St Andrews. Yno, wedi iddo gwblhau cwrs yn y celfyddydau, aeth i'r Divinity Hall ac ym 1799 fe'i trwyddedwyd fel gweinidog dan brawf yn Eglwys yr Alban. Am gyfnod bu'n weinidog yn Kilmany ac yn ddarlithydd gwyddoniaeth yn y Brifysgol ar yr un pryd. Ar y dechrau nid oedd yn cymryd y weinidogaeth o ddifrif ond ym 1809–10, yn dilyn salwch difrifol, fe gafodd dröedigaeth. Pan ddychwelodd i'w waith yn yr eglwys roedd yn llawn sêl dros waith yr Efengyl. Ym 1815 aeth yn weinidog eglwys y plwyf yn Tron, Glasgow. Yn ystod y chwyldro diwydiannol rhoddwyd pwyslais mawr ymhlith Cristnogion ar addysg, gofal cymdeithasol a gwella'r hunan. Ym mhlwyf St John's, Glasgow, aeth ati i aildrefnu gofal y tlodion yn y plwyfi a sefydlu ysgolion ac eglwysi newydd. Roedd hefyd yn awdur eithriadol o gynhyrchiol a daeth i enwogrwydd trwy bregethu yn achlysurol yn Llundain. Roedd rhai o'i bregethau yno yn ysgubol ac o dan ddylanwad yr Ysbryd byddai cynulleidfa yn beichio crio. Ei lyfr cyntaf oedd *An Inquiry into the Extent and Stability of National Resources* (1808) oedd yn ymwneud â masnach dramor. Cyhoeddodd hefyd gyfrol swmpus oedd yn disgrifio'r cynllun a weithredodd yn Glasgow sef *The Christian and Civic Economy of Large Towns* (1819).

Ym 1823 fe'i penodwyd ef i Gadair Athroniaeth Foesol ym Mhrifysgol St Andrews ac ym 1828 daeth yn Athro Diwinyddiaeth Prifysgol Caeredin. Fe'i penodwyd yn Lywydd (*Moderator*) Cymanfa Gyffredinol yr Eglwys yn yr Alban ym 1832. Nid oedd yn hoff o gwbl o'r arfer yn yr eglwys fod gweinidogion yn cael eu noddi gan bobl gyfoethog. Credai fod hyn yn rhoi gormod o ddylanwad o fewn yr eglwys i'r noddwyr hyn. Gwrthwynebodd yr arfer yn chwyrn ac o ganlyniad bu rhwyg mawr o fewn yr eglwys ym 1843. Y flwyddyn honno gadawodd traean o weinidogion yr Eglwys yn yr Alban – 474 ohonynt – gan sefydlu Eglwys Rydd yr Alban. Ariannwyd yr eglwys hon drwy i bob aelod gyfrannu ceiniog yr wythnos i'r eglwys leol. Oherwydd ei ddoniau trefnu fe warantodd Chalmers fod gan fwy neu lai bob henaduriaeth weinidog o'r eglwys newydd. Rhoddai hyn ddewis arall i bobl yn lle'r Kirk sefydledig. Roedd yr eglwys rydd yn arbennig o gryf yn yr Ucheldir. Penodwyd Chalmers yn Lywydd cyntaf yr eglwys newydd. Roedd y gweinidogion a gerddodd allan o'r eglwys sefydledig yn ddieglwys ac yn ddi-fans, ond o fewn pum mlynedd fe godwyd 700 o eglwysi plwyf newydd, 500 o ysgolion a thros 400 mans. Sefydlwyd hefyd y New College yng Nghaeredin er mwyn hyfforddi gweinidogion. Un o'r datblygiadau arloesol oedd y Sustentation Fund lle roedd cynulleidfaoedd cefnog yn noddi rhai tlotach fel bod pob gweinidog yn cael cyflog teg.

Bu Thomas Chalmers farw ar 31 Mai 1847 yn 67 mlwydd oed. Fe'i claddwyd ym mynwent Grange, Caeredin, ac fe amcangyfrifwyd bod 100,000 o bobl wedi gwylio'r orymdaith angladdol.

Henry Cooke 1788–1868

Gweinidog yn Eglwys Bresbyteraidd Iwerddon

Ganwyd Henry Cooke ar 11 Mai 1788 yn bedwerydd plentyn i John a Jane Macook, ffermwyr yn Maghera yn Swydd Londonderry, Iwerddon. Cafodd addysg glasurol ac fe'i trwythwyd gan ei fam yn hanes brwydro ei gyndadau Protestannaidd dros 'ffydd a rhyddid'. Effeithiodd y profiadau a gafodd fel bachgen yng ngwrthryfel 1798 yn ddwfn iawn arno.

Ym 1802, ac yntau yn bedair ar ddeg oed, aeth i Brifysgol Glasgow i gael ei hyfforddi ar gyfer y weinidogaeth Gristnogol. Er iddo fethu ennill gradd fe'i derbyniwyd fel myfyriwr â'i fryd ar y weinidogaeth yn henaduriaeth Root ym 1807 a'r flwyddyn ddilynol fe'i trwyddedwyd gan henaduriaeth Ballymena. Cafodd alwad i weinidogaethu yn Denain, Swydd Antrim, fel cynorthwyydd ac olynydd i'r Parch. Robert Scott ac fe'i hordeiniwyd ar 10 Tachwedd 1808. Ddwy flynedd yn ddiweddarach ymddiswyddodd gan fynd yn diwtor i deulu Alexander Brown yn Kells, nid nepell o Ballymena. Yna, ym 1811, fe'i sefydlwyd yn Donegore gan henaduriaeth Templepatrick.

Roedd tyndra mawr wedi bod yn Synod Ulster ers degawdau rhwng yr Old Lights ceidwadol a lynai yn dynn wrth Galfiniaeth draddodiadol a'r New Lights mwy rhyddfrydol. Roedd Cooke o blaid yr Old Lights. Yn Donegore priododd ym 1813 ag Ellen Mann o Toome. Dechreuodd flodeuo fel pregethwr ac fe gafodd wahoddiad i bregethu ym Melfast gerbron yr arweinyddion diwydiannol. Daeth yn ymwybodol o'r diffygion yn ei addysg gynnar ac aeth ati rhwng 1815 a 1818 i gael mwy o addysg yn Glasgow a Dulyn. Tra oedd yn Nulyn byddai'n pregethu yn Carlow a Stratford-on-Slaney lle roeddent yn plannu eglwysi Presbyteraidd newydd. Yn y cyfnod hwn datblygodd adain efengylaidd gref yn yr eglwys Bresbyteraidd a daeth Cooke yn rhan o'r bwrlwm. Datblygodd o dan ddylanwad y Capten Sidney Hamilton Rowan i fod yn amddiffynydd y safbwynt Efengylaidd. Siaradodd yn gryf yn erbyn dylanwad Ariaeth ar Bresbyteriaeth Iwerddon, yn enwedig yn y Belfast Academical

Institution. Yn y cyfnod hwn daeth yn un o bregethwyr mwyaf dylanwadol y wlad a pha le bynnag y byddai'n siarad byddai torfeydd mawr yn gwrando arno. Cafodd ei sefydlu ar eglwys newydd yn May Street, Belfast, ym 1829.

Gwrthwynebai ryddfreinio'r Pabyddion a llwyddodd yn anad neb i uno efengylyddiaeth gyda dilynwyr yr Urdd Oren. Derbyniodd radd DD er anrhydedd gan Goleg Jefferson, Pennsylvania, ym 1829. Roedd yn gryf o blaid yr egwyddor o sefydliadau crefyddol a hynny ar draul yr egwyddor wirfoddol. Fe'i hanrhydeddwyd gyda LLD ym 1837 gan Goleg y Drindod, Dulyn, oherwydd ei gyfraniad tuag at sefydliadau crefyddol. Fe'i penodwyd yn Athro Rhethreg a Holwyddoreg yng nghyfadran ddiwinyddol y Presbyteriaid ym 1847 ac yn Bennaeth Coleg Diwinyddol y Presbyteriaid a agorwyd ym 1853. Dywedir bod Cooke wedi newid pwyslais gwleidyddol Presbyteriaid Ulster o radicaliaeth weriniaethol yn y ddeunawfed ganrif i Geidwadaeth unoliaethol yn y bedwaredd ganrif ar bymtheg. Bu farw yn ei gartref ar 13 Rhagfyr 1868 a chladdwyd ei weddillion ym mynwent Balmoral, Belfast. Cyhoeddwyd nifer fawr o'i bregethau a'i areithiau ond dywedid eu bod yn methu cyfleu ei ddawn a'i afiaith fel siaradwr medrus.

Y Capten Allen Gardiner 1794–1851

Fforiwr dros Grist a sefydlydd y South American Missionary Society

Pumed mab i Samuel a Mary Gardiner oedd Allen a ganwyd ef ar 28 Ionawr 1794 ym mhersondy Basildon, Berkshire. Cafodd addysg grefyddol ac ym 1808 aeth i Goleg Brenhinol y Llynges yn Portsmouth. Hwyliodd ar yr HMS *Fortune* a'r HMS *Phoebe* lle y disgleiriodd wrth iddynt gipio'r ffrigad Americanaidd *Essex*. O ganlyniad fe'i dyrchafwyd i fod yn is-gapten a bu'n hwylio ar nifer o longau i bellafoedd daear. Yn y diwedd cafodd ei ddyrchafu i fod yn gomander ond ar ôl 1826 ni allai gael unrhyw waith.

Er iddo gael ei fagu ar aelwyd Gristnogol ni chafodd hyn unrhyw ddylanwad arno. Ymunai gyda'r hyn oll a wnâi'r morwyr eraill heb unrhyw arwydd o fywyd ysbrydol. Ond pan oedd yn Portsmouth fe brynodd Feibl oherwydd fod arno ofn marwolaeth. Tra oedd ar daith i'r Dwyrain Pell derbyniodd lythyr yn ei hysbysu fod ei fam wedi marw. Wrth hel atgofion amdani, cofiai am ei gweddïau drosto ac am ei chyngor parhaus bod yn rhaid iddo gael ffydd yn Iesu Grist. Tra oedd ar ymweliad â theml yn China rhoddodd ei fywyd i'r Arglwydd. O'r eiliad honno ymlaen gweddnewidiwyd ei fywyd. Dechreuodd ddarllen ei Feibl gydag awch a manteisiai ar bob cyfle i siarad am Iesu Grist gydag eraill.

Wrth deithio ym Mheriw a Chile daeth yn ymwybodol iawn o sefyllfa'r brodorion yno ac o'r modd yr oeddent yn cael eu cam-drin a'u hecsbloetio yn ddidrugaredd gan ddynion gwyn. Gwelai wahaniaeth mawr rhyngddynt hwy a'r brodorion Cristnogol yn Tahiti a oedd yn rhydd o ormes ofergoeliaeth. Cyn iddo gyrraedd adref i Loegr fe'i hargyhoeddwyd y dylai fynd yn genhadwr at lwythau brodorol De America.

Dychwelodd adref gan geisio ennyn diddordeb yn ei weledigaeth ond aflwyddiannus fu ei ymdrechion. Ceisiodd gefnogaeth gan y London Missionary Society ond gwrthodwyd ei gais a bu'n rhaid iddo dorri ei gŵys ei hun. Ym 1837 hwyliodd gyda'i deulu i Dde America gan lanio yn Rio de Janeiro, Brasil. O'r fan honno aeth i Buenos Aires yn yr Ariannin lle y chwiliodd, yn aflwyddiannus, am gyfle i weithio gyda'r llwythau. Roedd y brodorion yn eithriadol o amheus o bobl wyn a hawdd deall hynny wrth feddwl am y creulondeb a ddangoswyd tuag atynt. Ar ei deithiau dysgodd ddau beth sef yr angenrheidrwydd i ddysgu'r ieithoedd lleol a bod dylanwad y Catholigion yn eithriadol o gryf.

Ym 1840 aeth i Batagonia gan gyfarfod pennaeth llwyth yr Hawanchi sef Wissale. Caniataodd ef i un cenhadwr aros yn eu plith. Dychwelodd Gardiner i Lundain i chwilio am gefnogaeth ariannol ond eto bu'n aflwyddiannus. Wedi iddo symud i fyw i Brighton llwyddodd i gael cefnogaeth ychydig o bobl ddylanwadol a chodi peth arian. Ym 1844 sefydlwyd y Patagonian Missionary Society ac anfonwyd un cenhadwr, sef Robert Hunt a oedd yn athro ysgol, i Batagonia ond byrhoedlog fu ei arhosiad yno.

Roedd y tân yn dal i losgi yng nghalon Gardiner a phenderfynodd sefydlu cenhadaeth yn Tierra del Fuego, yn ne'r Ariannin, gan ddefnyddio llong i gynnal y gwaith. Hwyliasant o Lerpwl ym 1850 yn yr *Ocean Queen* a glanio ar Ynys Picton ar 5 Rhagfyr. Roedd ganddynt ddau gwch bychan 26 troedfedd o hyd ac ar eu byrddau ddigon o gynhaliaeth i gynnal saith dyn am chwe mis. O'r dechrau aeth pethau o chwith. Ymosodai'r brodorion arnynt yn barhaus. Roedd y gaeaf yn chwyrn a'r tir yn hesb ac yn raddol, bob yn un ac un, bu farw'r cenhadon o newyn. Pan gyrhaeddodd y llong *John Davison* i'w cynorthwyo yn Hydref 1851 y cyfan oedd i'w wneud oedd claddu'r cyrff a diogelu dyddiadur Gardiner. Ddwy flynedd yn ddiweddarach, ym 1854, anfonwyd yr *Allen Gardiner* i Batagonia fel llong genhadol ac ym 1856 aeth unig fab Gardiner sef Allen W. Gardiner yn genhadwr yno. Ym 1867 newidiwyd enw'r mudiad o Patagonian Missionary Society i South American Missionary Society.

William Trewartha (Billy) Bray 1794–1868

Pregethwr yr Efengyl

Ganwyd William Trewartha Bray yn Twelveheads ym mhlwyf Kea ger Truro, Cernyw, ar 1 Mehefin 1794. Roedd yn un o dri o blant i William Bray, mwynwr tun oedd yn Fethodist, a'i wraig, Ann.

Pan oedd yn ddwy ar bymtheg oed gadawodd gartref er mwyn mynd yn fwynwr tun i Ddyfnaint ac yno bu'n byw yn afradlon gan fynd i yfed yn drwm. Ar ôl saith mlynedd dychwelodd i Gernyw a phriodi Joanna oedd hefyd wedi gwrthgilio oddi wrth Gristnogaeth. Ond yr oedd Duw ar waith.

Yn raddol fe gafodd Billy dröedigaeth, a dylanwad mawr arno oedd clywed darlleniad o waith John Bunyan, *Visions of Heaven and Hell,* a'i dychrynodd i ddyfnderoedd ei enaid wrth iddo ystyried beth a allai ddigwydd i feddwyn afreolus. Daeth awydd anorchfygol drosto i godi o'i wely un noson er mwyn gweddïo, a gweddïodd hyd y bore. Yn yr un cyfnod dechreuodd ddarllen y Beibl a phori yn llyfr emynau'r Wesleaid.

Roedd Twelveheads yn agos i ganolfan ddiwygiadol John Wesley ym mhwll Gwennap. Roedd taid Billy yn un o ddychweledigion John Wesley ac fe'i cynorthwyodd i adeiladu capel Twelveheads.

Wedi dod i gredu datblygodd Billy i fod yn dipyn o ddiwygiwr ei hun gan bregethu yn lleol a gweithio gydag enwad y Bible Christians.

Adeiladodd lawer o gapeli â'i ddwylo ei hun, a'r cyntaf ohonynt oedd Bethel, Cross Lanes. Daeth Billy yn enwog oherwydd ei fod wrth addoli Duw a diolch am ei gariad yn dueddol o neidio a dawnsio.

Yn ystod y bedwaredd ganrif ar bymtheg, ei hunangofiant ef oedd un o'r llyfrau a werthodd fwyaf o gopïau. Dywedodd, 'Petaent yn fy rhoi mewn casgen byddwn yn gweiddi gogoniant trwy dwll y corcyn.'

Roedd yn arweinydd carismataidd a bwysleisiai weddi, iachau a chadw'r Sabath. Gwrthwynebai hefyd yfed ac ysmygu. Bu farw ar 25 Mai 1868 yn Twelveheads, ac fe'i claddwyd yn Baldhu.

Thomas Carlyle 1795–1881

Awdur a hanesydd

Ganwyd Thomas Carlyle mewn amgylchiadau digon cyffredin ar 4
Rhagfyr 1795 mewn pentref yn Swydd Dumfries, yr Alban, o'r enw
Ecclefechan. Ef oedd mab hynaf James a Margaret Carlyle a gweithiai ei
dad fel saer maen. Mynychent yr eglwys Bresbyteraidd leol. Yn gynnar
dysgodd ddarllen gyda'i fam a rhifyddeg dan arweiniad ei dad ac aeth i
ysgol fechan yn y pentref pan oedd yn chwech oed. Yna, ym 1806 – pan
nad oedd ond deg oed – aeth i Academi Annan, oedd rhyw chwe milltir
i ffwrdd, lle y dysgodd Ffrangeg, Lladin, rhifyddeg, algebra a
daearyddiaeth. Dechreuodd ddarllen llyfrau gydag awch anghyffredin
ac ym 1809 fe'i derbyniwyd fel myfyriwr ym Mhrifysgol Caeredin.
Cymerodd dri diwrnod i gerdded yr holl ffordd yno. Erbyn yr ail ddiwrnod
roedd Carlyle wedi teithio ymhellach o'i gynefin nag y gwnaeth ei dad
erioed trwy gydol ei oes. Yno, yn y coleg, datblygodd ddiddordeb mawr
mewn mathemateg. Ym 1813 dechreuodd ddilyn cwrs diwinyddol gyda'r
bwriad o fynd i'r weinidogaeth ond nid felly y bu. Gadawodd y Brifysgol
heb radd a mynd yn athro mathemateg yn Academi Annan ar gyflog o
£70 y flwyddyn. Ni allai setlo yno ac aeth i ddysgu yn Kirkcaldy am
gyfnod byr cyn dychwelyd ym 1818 i Gaeredin lle y dechreuodd lenydda.
Ysgrifennai i nifer o gylchgronau ac ef oedd un o'r rhai cyntaf i ddehongli
gweithiau Goethe, y bardd Almaenig.

Cyhoeddodd gyfieithiad o waith Goethe sef *Wilhelm Meister* (1824) trwy
wasg yng Nghaeredin. Ym 1826 priododd Jane Welsh a symudodd i
fyw i ardal anghysbell a gwledig Craigenputtoch. Yno bu'n darllen yn
eang ac yn cyfansoddi gweithiau llenyddol. Ysgrifennai erthyglau ar
Voltaire a Novalis i'r *Foreign Review* ac ar Burns a Tasso i'r *Edinburgh
Review*. Nid oedd am aros yno weddill ei oes oherwydd roedd ei fryd ar
symud i Lundain a gwnaeth hynny ym 1834. Yn Llundain chwiliodd yn
ddygn am gyhoeddwr i'w waith *Sartor Resartus* ond nid oedd neb yn
barod i'w argraffu. Ymddangosodd yn hytrach fel cyfres mewn misolyn
ac fe gafodd adolygiadau gwael. Er hynny, pydrodd arni i gyfansoddi ac
yn raddol fe drodd y rhod. Daeth ei gartref yn Cheyne Row, Chelsea, yn

gyrchfan llenorion a daethpwyd i'w ystyried yn gymeriad arbennig. Treuliodd dair blynedd yn ysgrifennu llyfr swmpus ar y Chwyldro Ffrengig ac fe roddodd yr unig gopi i'w fenthyg i'w gymydog John Stuart Mill. Gwaetha'r modd llosgwyd y llawysgrif trwy ddamwain gan un o'r morynion. Bu bron i Carlyle dorri ei galon wrth iddo fynd ati i ailysgrifennu'r holl waith. Wedi ei gwblhau a'i argraffu cafodd y llyfr dderbyniad gwresog ac aeth ati yn ddiymdroi i ysgrifennu cofiant i Oliver Cromwell sef *The Life and Letters of Oliver Cromwell* (1845), *The Life of John Sterling* (1851) a nifer o gyfrolau hanesyddol eraill. Yr enwocaf o bosibl yw ei waith ar Ffredric Fawr o Brwsia (1865) a gymerodd dair blynedd ar ddeg i'w ysgrifennu. Fel hanesydd yr oedd ganddo amynedd diderfyn i chwilio am ddeunyddiau a gallu disgrifiadol ardderchog. Yn ei holl weithiau ceisiai ganfod a mynegi'r gwirionedd ac yr oedd yn gas ganddo'r ffug a'r gau. Bu hefyd yn darlithio yn wythnosol ar lenyddiaeth Almaenig ac Ewropeaidd. Oherwydd ansicrwydd y byd llenyddol darlithio oedd yr unig ffynhonnell ariannol sicr oedd ganddo.

Anodd yw diffinio ei ddaliadau crefyddol. Ysgrifennai gyda pharch mawr tuag at y Beibl ac y mae ei gyfeiriadau at Iesu yn llawn o dynerwch a gwyleidd-dra ond fe ymddengys ei fod yn ansicr ynglŷn â'i ffydd. Eto yn y *Latter-Day Pamphlets* (1850) gresynai'n fawr fod yr egwyddorion Presbyteraidd yn yr Alban yn cael eu disodli gan agweddau gwrth-ddiwygiadol a hyrwyddai fateroldeb. Bu farw ar 5 Chwefror 1881 yn Chelsea, Llundain, ac fe gladdwyd ei gorff ym mynwent Ecclefechan.

John Williams 1796–1839

Cenhadwr yn Ynysoedd y Môr Tawel

Ganwyd John Williams yn Tottenham High Cross, Middlesex, ar 29 Mehefin 1796 i deulu o Gristnogion da eu byd. Fel plentyn cyfansoddai emynau a gweddïai yn gyson ond erbyn ei arddegau roedd wedi colli unrhyw fath o ffydd. Derbyniodd addysg elfennol mewn ysgol yn Lower Edmonton ac fe'i prentisiwyd mewn siop haearnwerthwr yn City Road, Llundain. Pan oedd yn ddeunaw oed cafodd dröedigaeth yn y Tabernacl Moorfields wrth wrando ar y Parch. Timothy East yn pregethu ar yr adnod, 'Pa elw a gaiff rhywun o ennill yr holl fyd a fforffedu ei fywyd?'(Marc 8:36). Yn raddol teimlodd alwad i'r genhadaeth. Ym 1816 fe'i derbyniwyd gan y London Missionary Society ac fe'i penodwyd i weithio yn Ynysoedd y Môr Tawel. Ordeiniwyd ef ynghyd ag wyth arall i'r gwaith a hynny yn Surrey Chapel, Llundain, ar 30 Medi 1816.

Hwyliodd gyda'i wraig Mary Chawner ar yr *Harriet* ar 17 Tachwedd 1816 gan gyrraedd Ynys Society, ger Tahiti, ar 17 Tachwedd 1817 lle roedd gorsaf genhadol wedi ei sefydlu. Ni ddaeth llwyddiant mewn gwirionedd hyd nes i'r prif bennaeth Pomare II droi at y Duw Jehofa oddi wrth y duw traddodiadol Oro. Er i Gristnogaeth gael ei mabwysiadu yno fel crefydd swyddogol, arwynebol oedd ei dylanwad. Roedd moesau'r bobl yn isel ac yr oedd tuedd ynddynt tuag at fod yn ddiog. Ceisiodd John Williams eu hannog i fod yn fwy diwyd ac i adeiladu cychod a thyfu cansenni siwgr.

Roedd John Williams yn awyddus i gyrraedd mwy o bobl. Pan wrthododd y genhadaeth ei gefnogi penderfynodd weithredu o'i ben a'i bastwn ei hun. Prynodd sgwner, *The Endeavour*, ac aeth â hi i fforio yn Ynysoedd Môr y De gan ariannu'r ymgyrch trwy fasnachu gyda'r brodorion. Ei nod cyntaf oedd canfod Ynys Rarotonga. Wedi gwneud hynny treuliodd un mlynedd ar ddeg yn sefydlu gorsafoedd cenhadol.

Oherwydd cyni ariannol gwerthodd y llong. Eto roedd yn awyddus i barhau gyda'r gwaith ac adeiladodd, mewn pymtheg wythnos, long o'r enw *The Olive Branch* ac ymwelodd â Tahiti, Ynysoedd Savage, Ynysoedd Tonga a Samoa ynddi. Yna, dychwelodd i Rarotonga i gwblhau ei gyfieithiad o'r Testament Newydd.

Pan ddychwelodd adref am wyliau ym 1834 sylweddolodd fod ei deithiau wedi ei wneud yn enwog. Roedd y London Missionary Society bellach yn barod i gefnogi ei waith. Addawsant anfon arian iddo i adeiladu coleg diwinyddol yn Rarotonga a Tahiti. Pan ddychwelodd i Ynysoedd Môr y De ar ei long newydd y *Camden* ym 1837 parhaodd gyda'r gwaith. Roedd am gychwyn gwaith Cristnogol ar Ynysoedd yr Hebrides Newydd ond pan oedd ar ymweliad â Bae Dillon yn Erromanga fe'i lladdwyd ef a'i gyfaill James Harris ac fe'u bwytawyd gan y brodorion ar 20 Tachwedd 1839.

Casglwyd gweddillion y ddau gan Gapten Croker o'r HMS *Favourite* a'u claddu yn Apia ar Ynys Upolu, Samoa. Cydnabyddir John Williams fel un o'r cenhadon mwyaf llwyddiannus yn y cyfnod modern.

Yn ogystal â'i waith cyfieithu, cyhoeddodd yn Ebrill 1837 *A Narrative of Missionary Enterprises in the South Sea Islands*. Daeth y llyfr hwn yn boblogaidd iawn a gwerthwyd 38,000 copi mewn chwe blynedd. Bu'r llyfr hefyd o fudd mawr i genhadon eraill a'i holynodd gan gynnwys James Chalmers. Rhwng 1844 a 1971 enwodd y London Missionary Society gyfres o longau a weithiai yn y Môr Tawel er cof am John Williams.

John McLeod Campbell 1800–1872

Gweinidog yn Eglwys yr Alban a diwinydd

Ganwyd John McLeod Campbell ar 4 Mai 1800 yn Kilninver, yn fab hynaf i'r Parch. Donald Campbell a'i wraig Mary. Bu farw ei fam pan nad oedd ond chwech oed. Cymerodd ei dad ofal am addysg ei blant a bu hyn yn ddylanwad mawr arnynt. Ym 1811 bu'n llwyddiannus mewn arholiad i fynd i Brifysgol Glasgow a bu arweiniad ei dad ynglŷn ag ieithoedd clasurol o fantais fawr iddo. Wedi dilyn cwrs yn y celfyddydau a diwinyddiaeth – a gymerodd naw mlynedd – aeth i Brifysgol Caeredin am bedair blynedd arall ac yno cafodd drwydded i bregethu gan henaduriaeth Lorn ym 1821. Pregethodd am y tro cyntaf yn yr Aeleg yn eglwys ei dad. Fe'i penodwyd gan Ddug Argyll i eglwys y plwyf yn Rhu, ger Glasgow, ar lan Loch Gare, ym 1825. Tawel fu ei weinidogaeth ar y dechrau ond daeth i gredu a phregethu mai 'sicrwydd yw sylfaen ffydd', hynny yw mai sylfaen y ffydd Gristnogol yw bod pob Cristion yn unigol yn sicr o gariad Duw tuag ato. Roedd y pwyslais hwn yn cynnwys iawn cyffredinol, sef yr athrawiaeth fod iawn (gwerth marwolaeth Iesu wrth iddo gymryd ein pechodau arno ef ei hun a marw trosom) Iesu yn ddigonol ar gyfer pechodau dynoliaeth gyfan ac nid yr etholedig yn unig. Credai llawer o weinidogion Albanaidd ar y pryd fod hyn yn anghyson â Chyffes Westminster y disgwylid iddynt lynu wrthi.

Anfonwyd deiseb gan nifer fechan o'r plwyfolion i henaduriaeth Dumbarton yn gwrthwynebu athrawiaeth Campbell. Ym 1830 anfonwyd cwyn swyddogol gan nifer fwy ym mhlwyf Rhu yn cyhuddo Campbell o heresi, ac wedi achos yn ei erbyn mewn llys eglwysig cafodd ei ddiswyddo.

Am gyfnod o ddwy flynedd bu'n byw gyda'i dad yn Kilninver gan bregethu yn yr ucheldiroedd gorllewinol ac yna ymgartrefodd yn Glasgow. Yn y cyfnod hwn daeth yn gyfeillgar gyda nifer o arweinyddion Cristnogol gan gynnwys Thomas Erskine o Linlathen, Norman MacLeod, A. J. Scott, F. D. Maurice ac Edward Irving. Ceisiodd yr olaf ei berswadio i ymuno â'r Eglwys Apostolaidd Gatholig ond gwrthododd, gan weinidogaethu yn ddi-dâl mewn capel bychan yn Glasgow. Roedd wedi ei wahardd o bulpudau Eglwys yr Alban. Ym 1838 priododd Mary, merch John Campbell o Ardnahua. Datblygodd i fod yn un o ddiwinyddion mwyaf blaenllaw oes Victoria. Cyhoeddodd *Christ, the Bread of Life* sef astudiaeth o Swper yr Arglwydd (1851). Ystyriai ef y gwaith hwn fel ymateb Protestannaidd i athrawiaeth traws-sylweddiad yr eglwys Gatholig Rufeinig. Ei waith pwysicaf oedd *The Nature of the Atonement* (1856) a ystyrir gan James Denney fel yr unig glasur diwinyddol a gynhyrchodd yr Alban erioed. Daeth ei gryfderau i gyd i'r amlwg wrth iddo wrthwynebu'r hyn a alwai yn 'Galfiniaeth hŷn' pobl fel John Owen a Jonathan Edwards. Yn lle dealltwriaeth gyfreithiol o'r iawn pwysleisiai – trwy bwyso ar rai o ysgrifau Martin Luther – fod Duw yn Dad cariadus oedd yn ceisio adfer perthynas gyda'i blant colledig trwy Iesu Grist. Ystyrid ei safbwynt ar y pryd yn feiddgar. Llyfr arall a gyhoeddodd yn ymwneud ag ysbrydoliaeth y Beibl oedd *Thoughts on Revelation* (1862).

Oherwydd gwaeledd ymddeolodd o'r weinidogaeth ym 1859 a rhoddwyd iddo radd DD er anrhydedd gan Brifysgol Glasgow ym 1868. Ddwy flynedd yn ddiweddarach cyflwynwyd tysteb iddo gan arweinyddion eglwysig yn yr Alban fel cydnabyddiaeth o'i waith fel diwinydd. Bu farw yn Rosneath ar 27 Chwefror 1872 a chladdwyd ei weddillion yno yn yr hen eglwys.

John Cadbury 1801–1889

Crynwr a chynhyrchydd coco a siocled

Ganwyd John Cadbury ar 12 Awst 1801 yn 92 Bull Street, Birmingham, i deulu o Grynwyr ymroddedig. Ef oedd y pumed plentyn o ddeg i'r dilledydd Richard Tapper Cadbury a'i wraig Elizabeth. O 1810 hyd 1815 bu yn ysgol Joseph Crosfield yn Hartshill a gedwid gan y Crynwyr.

Ym 1816 dechreuodd ar brentisiaeth gyda chwmni manwerthu te y Crynwr John Cudworth yn Leeds. Wedi chwe blynedd yno anfonodd ei dad ef i weithio yn nhŷ te Sanderson Fox yn Llundain er mwyn ehangu ei brofiad a'i orwelion. Ym 1824 cafodd ychydig o arian a sefydlodd ei gwmni ei hun fel masnachwr te a rhostiwr coffi yn Birmingham. Priododd ddwywaith. Bu farw ei wraig gyntaf yn annhymig a chyda'i ail wraig Candia, merch George Barrow a oedd yn berchennog fflyd o longau, cafodd chwech o blant.

Cynhyrchwyd powdr coco i wneud diod am y tro cyntaf ym 1830. Sylweddolodd John Cadbury yn syth bin y posibiliadau a chyda'i brofiad mewn rhostio ffa a pharatoi nib (ffa coco wedi eu gwasgu) penderfynodd agor ffatri. Prynodd hen fragdy yn Crooked Lane ym 1831 ac fe ystyrir hwn fel cychwyn y cwmni cynhyrchu byd enwog Cadbury.

Yn ystod y ddeng mlynedd gyntaf datblygodd amrediad ehangach o gynhyrchion, e.e. amrywiaeth o un ar bymtheg o ddiodydd siocled ac un ar ddeg coco. Aeth i bartneriaeth gyda'i frawd Benjamin a newidiwyd enw'r cwmni i Cadbury Brothers. Ym 1847 symudasant i adeilad mwy yn Bridge Street ac ym 1853 fe'u penodwyd yn gynhyrchwyr coco swyddogol y Frenhines Victoria.

Roedd yn gwbl argyhoeddedig bod atebion ymarferol i broblemau cymdeithasol yr oes ac fe ymrodd i geisio eu datrys yn enwedig trwy'r mudiad dirwestol. Credai fod llawer iawn o gyflogau dynion yn cael eu gwastraffu ar yfed alcohol ac o ganlyniad eu bod yn amddifadu eu teuluoedd o hanfodion sylfaenol bywyd. Dadleuai y gallai'r llwyrymwrthodwr fforddio golwyth o eidion ar y Sul. Fe'i penodwyd i fwrdd comisiynwyr Birmingham a gwasanaethodd fel gwarcheidwad y tlodion. Roedd yn amlwg iawn yn yr ymgyrch i atal bechgyn bach rhag dringo i lanhau simneiau. Ym 1855 fe'i trawyd ef yn ddifrifol wael a dirywiodd y busnes yn arw. Ymddeolodd ym 1861 gan drosglwyddo'r busnes i ddwylo dau o'i feibion sef Richard a George. Bu farw ar 11 Mai 1889 a chladdwyd ei weddillion ym mynwent Witton, Birmingham.

John Henry Newman 1801–1890
Diwinydd Catholig a Chardinal

Ganwyd John Henry Newman yn y City yn Llundain ar 21 Chwefror 1801 i deulu lled gefnog. Roedd ei dad John yn fancwr a'i fam Jemima o dras Ffrengig Hugenotaidd. John Henry oedd yr hynaf o chwech o blant. Fe'i hanfonwyd i ysgol fonedd Ealing lle y cafodd amser wrth ei fodd hyd nes i fanc ei dad orfod cau yn ystod y rhyfeloedd Napoleonaidd. Yn y cyfnod hwn, Rhagfyr 1816, cafodd dröedigaeth o dan ddylanwad un o'r ysgolfeistri sef y Parch. Walter Mayers. Dechreuodd ddarllen yn helaeth lyfrau a effeithiodd yn fawr arno gan gynnwys hunangofiant Thomas Scott, *The Force of Truth* (1779), *History of the Church of Christ* (1794-1809) gan Joseph Milner a *Dissertation on the Prophecies* (1754-8) gan Thomas Newton. O ganlyniad i'w dröedigaeth credai fod Duw yn ei alw i fod yn ddi-briod ac yn rhan efallai o waith cenhadol.

Pan oedd yn 16 oed ym 1817 aeth i Goleg y Drindod, Rhydychen, ac yna ym 1822 i Goleg Oriel. Fe'i hordeiniwyd fel diacon ym 1824 a'i benodi yn giwrad yn St Clement yn un o blwyfi Rhydychen. Ymrodd i waith yr eglwys ac yn raddol fe newidiodd ei safbwyntiau diwinyddol. Ym 1826 fe'i penodwyd yn ddiwtor yng Ngholeg Oriel. Datblygodd ddiddordeb mawr yn nhadau'r eglwys ac aeth ati'n frwdfrydig i ddarllen eu gweithiau. Daeth ar draws athrawiaethau a ddysgwyd gan yr eglwys gynnar a sylwodd yn arbennig ar y pwyslais a roddid ganddynt ar sacramentau ac olyniaeth apostolaidd a oedd erbyn hynny yn cael eu diystyru gan yr Anglicaniaid. Penodwyd ef yn ficer St Mary's, Eglwys y Brifysgol. Ym mis Rhagfyr 1832 aeth ar daith gyda chyfaill iddo i wledydd Môr y Canoldir ac fe gafodd Rhufain argraff ddofn arno. Yn y cyfnod hwn ysgrifennodd ei emyn enwog 'Lead, kindly Light'. Pum niwrnod wedi iddo ddychwelyd i Loegr fe bregethodd Keble ei bregeth enwog sef *National Apostasy* oedd yn protestio yn erbyn ymyrraeth y wladwriaeth gydag Eglwys Loegr. Ystyriai Newman y bregeth hon fel dechreuad Mudiad Rhydychen (Oxford Movement). Bwriad y mudiad hwn oedd diwygio Eglwys Loegr trwy ei thywys yn ôl i'w gwreiddiau ac at athrawiaethau oedd wedi eu diystyru ers y Diwygiad Protestannaidd.

Dechreuodd hyrwyddo'i safbwynt newydd trwy gyhoeddi tractiau yn cynnwys y *Lyra apostolica* ac erthyglau a gyhoeddwyd yn ddiweddarach o dan y teitl *The Church of the Fathers* (1840). Ynddynt pwysleisiwyd adenedigaeth trwy'r bedydd a gwir bresenoldeb Crist yn Swper yr Arglwydd. Rhai o'i gyhoeddiadau pwysicaf a gafodd ddylanwad eang oedd y *Parochial Sermons* a gyhoeddwyd rhwng 1834 a 1842.

Yr oedd yn gwbl argyhoeddedig fod yr Eglwys Gatholig Rufeinig wedi cadw at lawer iawn o athrawiaethau Cristnogol a wrthodwyd gan y Protestaniaid. Er hynny, credai fod yr Eglwys Gatholig Rufeinig wedi ychwanegu athrawiaethau na ellid eu cyfiawnhau ar sail Beiblaidd. Dechreuodd rhai Anglicaniaid, oherwydd safbwynt Newman, droi at yr eglwys Babyddol. Yn y cyfnod hwn datblygodd yr hyn a alwai yn *Via Media*. Pwysleisiai yma fod yr eglwys Anglicanaidd yn dir canol rhwng Pabyddiaeth a Phrotestaniaeth.

Yna, yn *Tract Ninety* a gyhoeddwyd ym 1841, dywedodd Newman y credai y dylid deall y Deugain Erthygl Namyn Un (Thirty Nine Articles of Religion) o safbwynt Catholig. Wrth ddweud hyn tynnodd nyth cacwn am ei ben. Fe'i rhyddhawyd o rai cyfrifoldebau a gofynnodd yr esgob iddo beidio ag ysgrifennu rhagor o dractiau. Bellach roedd mewn cyfyng-gyngor enbyd a phenderfynodd ymddiswyddo o'i gyfrifoldebau yn St. Mary's. Symudodd ef a rhai cyfeillion i bentref y tu allan i Rydychen. Yno, parhaodd i gyhoeddi a datblygu ei syniadaeth a'i athrawiaeth ac yn y diwedd wedi brwydr fewnol hir ym 1845 ymddiswyddodd fel Cymrawd yng Ngholeg Oriel a phenderfynodd ymuno â'r Eglwys Gatholig. Treuliodd flwyddyn yn Rhufain yn hyfforddi i fod yn offeiriad Pabyddol ac fe'i hordeiniwyd ar 30 Mai 1847. Ymddiddorodd yn Sant Philip, sefydlydd yr Oratoriaid, a sefydlodd gangen o dan fendith y Pab Pius IX yn un o faestrefi Birmingham. Yno ymrodd i'w waith fel offeiriad gan barhau i ysgrifennu. Cyhoeddodd yr *Apologia pro Vita Sua* a ystyrid gan rai yn un o'r campweithiau mwyaf ers Cyffesion Awstin Sant. Ym 1879 fe'i gwnaed yn gardinal gan y Pab Leo XIII. Bu farw ar 11 Awst 1890 yn Birmingham a chladdwyd ei weddillion mewn mynwent breifat wrth ymyl capel yr Oratoriaid, Rubery.

Thomas Cook 1808–1892

Sefydlydd cwmni teithio

Ganwyd Thomas Cook ar 22 Tachwedd 1808 yn Melbourne, Swydd Derby. Yr oedd o deulu cyffredin, ei dad John yn labrwr a'i fam Elizabeth yn ferch i weinidog gyda'r Bedyddwyr. Bu farw ei dad pan oedd yn bedair oed ac ailbriododd ei fam. Pan oedd yn ddeg oed fe orffennodd yn yr ysgol a mynd i helpu garddwyr ar stad yr Arglwydd Melbourne. Cafodd beth addysg ran amser yn Ysgol Sul y Methodistiaid, ond pan oedd yn bedair ar ddeg oed aeth yn brentis saer celfi gyda'i ewythr, John Pegg, a oedd yn Gristion bedyddiedig o argyhoeddiad. Daeth yn athro Ysgol Sul a phan oedd yn un ar bymtheg oed cafodd fedydd trochiad.

Ychydig cyn ei ben blwydd yn ugain oed rhoddodd y gorau i'w brentisiaeth a mynd yn bregethwr teithiol ar gyflog o £36 y flwyddyn. Ei waith oedd cyhoeddi'r Efengyl trwy bregethu, dosbarthu tractiau a chychwyn Ysgolion Sul trwy siroedd de canolbarth Lloegr. Priododd ferch o'r enw Marianne Mason ac aethant i fyw yn Market Harborough, Caerlŷr (Leicester), lle y sefydlodd Cook weithdy turnio coed gan nad oedd y Bedyddwyr yn gallu talu cyflog iddo fel pregethwr. Trwy gydol ei fywyd roedd yn Gristion ymroddedig ac yn Fedyddiwr o argyhoeddiad oedd yn llawn dyngarwch tuag at y rhai hynny oedd mewn angen. Yn y 1830au fe'i hargyhoeddwyd o ddadleuon y Mudiad Dirwestol fod alcohol yn cyfrannu tuag at drueni a thlodi pobl ac fe arwyddodd ardystiad dirwestol (y 'pledge') ym 1836. Gwaharddodd ei weithwyr rhag yfed alcohol ac anogai weithgareddau llwyrymataliol.

Ym 1840 cychwynnodd y *Children's Temperance Magazine*. Ond ym 1841 y dechreuodd ar weithgaredd a fu'n rhan allweddol o'i fywyd weddill ei oes. Trefnodd daith trên i 500 o ddirwestwyr o Gaerlŷr i Loughborough am swllt yr un. Yn ddiweddarach yn y flwyddyn symudodd i fyw i Gaerlŷr ac yno sefydlodd fusnes llyfrwerthu ac argraffu a arbenigai mewn llenyddiaeth ddirwestol. Agorodd westai dirwestol yn Derby a Chaerlŷr a pharhaodd i drefnu teithiau. Y daith gyntaf a wnaeth elw iddo oedd honno i Lerpwl, Caernarfon a'r Wyddfa. Argraffodd lawlyfr i'r teithwyr; hwn oedd y cyntaf o'i fath oedd yn rhagflaenydd i'r llyfrau gwyliau cyfoes. Oherwydd y llwyddiant ehangodd y ddarpariaeth trwy drefnu taith i 500 i'r Alban. Er bod y daith hon wedi bod yn fethiant affwysol ac yn ddrwg i'w fusnes fe oroesodd gan sefydlu asiantaeth deithio. Wrth i'r rhwydwaith rheilffordd ehangu yng nghanol y bedwaredd ganrif ar bymtheg fe dyfodd y busnes. Ym 1851 trefnodd Cook i 165,000 o bobl ymweld â'r Arddangosfa Fawr yn Llundain. Yn ogystal â hynny trefnodd ddegau o deithiau eraill i ddinasoedd ac ardaloedd hardd yn yr Alban, Iwerddon, Lloegr a Chymru. Gyda'r elw a wnâi, rhoddodd y gorau i'r argraffwasg gan gyfrannu'n hael i'r tlodion a chynorthwyo i adeiladu'r Neuadd Ddirwestol yng Nghaerlŷr.

Yn awr trodd ei olygon tua'r cyfandir gan drefnu teithiau poblogaidd i Ewrop. Erbyn 1863 roedd wedi trefnu bod 2,000 wedi mynd i Baris a 500 i'r Swistir. Gyda'r teithiau hyn roedd yn trefnu croesi'r sianel, teithio ar drên a lletty mewn gwestai o'r safon uchaf. Daeth y teithiau hyn yn eithriadol boblogaidd ac ychwanegodd deithiau i'r Eidal, America, yr Aifft ac Israel. Ym 1872–3 trefnodd y daith gyntaf erioed – hyd y gwyddom – i dwristiaid o amgylch y byd. Credai y byddai'r teithiau hyn yn fodd i greu heddwch byd-eang, wrth i bobl ddod i adnabod ei gilydd yn well. Ym 1878 fe ymddeolodd ac fe gymerodd ei fab John Mason reolaeth o'r busnes. Bu Thomas Cook farw ar 18 Gorffennaf 1892 yn ei gartref Thorncroft, Caerlŷr.

David Livingstone 1813–1873

Cenhadwr a fforiwr

Trwy gyfrwng tair taith genhadol David Livingstone i ganolbarth Affrica agorwyd y cyfandir mawr hwn i waith Cristnogol mewn gwledydd fel Uganda a Zaire. Ganwyd ef yn Blantyre, Swydd Lanark, ar lan afon Clyde lle cadwai ei dad siop. Dechreuodd weithio mewn melin pan oedd yn ddeg oed yn clymu edafedd oedd yn torri, am 12 awr y dydd. Er hynny roedd ganddo ddigon o egni i fynd ar ôl y gwaith i ysgol y pentref am ddwy awr. Roedd ei dad yn athro Ysgol Sul yn Eglwys yr Alban. Mynychai David yn gyson gydag ef, ond roedd ganddo fwy o ddiddordeb mewn teithio a gwyddoniaeth nag mewn Cristnogaeth. Ym 1832 darllenodd lyfr gan Thomas Dick, gweinidog yr Efengyl a seryddwr, oedd yn cyfuno gwyddoniaeth a chred Gristnogol. Tua'r un cyfnod penderfynodd ei dad ac yntau yn ei sgil droi at y cynulleidfaolwyr. Erbyn 1836 roedd wedi cynilo digon i fynd i Goleg Anderson yn Glasgow fel myfyriwr meddygol. Y flwyddyn ddilynol daeth i gysylltiad â'r London Missionary Society ac aeth am flwyddyn ragbaratoawl gyda gweinidog yn Chipping Ongar, Essex. Ar ôl clywed T. F. Buxton yn siarad dechreuodd ymddiddori yn yr ymgyrch i ryddhau caethweision. Ym 1840 dychwelodd i Glasgow lle y trwyddedwyd ef gan Gyfadran y Ffisigwyr a'r Llawfeddygon ac fe'i hordeiniwyd ar 20 Tachwedd yng Nghapel Albion, yr Annibynwyr, London Wall.

Hwyliodd o dan faner yr LMS ar 8 Rhagfyr 1840 i Kuruman, De Affrica. Roedd gwrthdaro mawr yn yr ardal wrth i'r Affricaneriaid ehangu eu tiriogaeth. Dysgodd yr iaith leol seTswana ac o fewn dim gallai bregethu yn yr iaith honno. Gweithiodd hefyd fel meddyg, adeiladydd ac argraffydd. Ar 2 Ionawr 1845 priododd Mary Moffat, merch i un o'r cenhadon eraill. Roedd Livingstone yn frwdfrydig iawn i fynd â'r Efengyl i bobl ac ardaloedd newydd a hefyd i ddefnyddio brodorion oedd wedi dod i gredu i genhadu. Gweithiodd gyda llwyth y Kwena yn Kolobeng a daeth pennaeth y llwyth, Sechele, i gredu. Ym 1848 penderfynodd Livingstone fynd ar gyrch i ganolbarth Affrica i chwilio am lyn y clywodd amdano. Canfyddodd lyn Ngami ond yr hyn a wnaeth argraff arno oedd y rhwydwaith o afonydd, gan gynnwys Botletle, a allai fod yn gyfrwng rhwydd i deithio. Yn dilyn hyn aeth ar nifer o gyrchoedd yn mapio rhai ardaloedd ac yn chwilio am lwybrau masnach posibl. Pan ddychwelodd i Brydain ym 1856 ysgrifennodd hanes ei deithiau yn *Missionary Travels and Researches in South Africa* a bu wrthi'n brysur yn darlithio. (Erbyn 1863 roedd 30,000 copi o'i lyfr wedi eu gwerthu a gwnaeth elw o £8,500. Daeth yn arwr Prydeinig.)

Ym 1857 ymddiswyddodd o'r LMS a derbyniodd grant o £5,000 gan y llywodraeth tuag at ei gyrch i'r Sambesi. Cychwynnodd ar y daith pan hwyliodd ar long y *Pearl* o Benbedw ar 10 Mawrth 1858. Bwriad y cyrch hwn oedd archwilio canolbarth Affrica ac fe barhaodd hyd 1864. Dychwelodd i Brydain am flwyddyn yn siomedig fod y cyrch ar y cyfan yn aflwyddiannus gan eu bod wedi methu gwneud unrhyw wahaniaeth i'r fasnach caethweision. Aeth ar ei daith olaf rhwng 1866 a 1873 i chwilio am darddiad afon Neil. Ar y daith hon cyfarfu â'r Cymro H. M. Stanley a anfonwyd gan y *New York Herald* i chwilio amdano. Fe'i cyfarchwyd â'r geiriau enwog, 'Dr Livingstone, I presume?' Ar y daith hon bu farw ar 30 Ebrill 1873 ym mhentref Chitambo a chladdwyd ei galon a'i ymysgaroedd yn y fan a'r lle. Cludwyd ei gorff yn ôl i Loegr a chladdwyd ei weddillion yn Abaty Westminster.

John Curwen 1816–1880
Addysgwr cerddorol, hyrwyddwr Sol-ffa

Ganwyd John Curwen ar 14 Tachwedd 1816 yn Heckmondwike, Swydd
Efrog, yn fab hynaf i Spedding a Mary Curwen. Roedd ei dad yn weinidog
Annibynnol a hanai o deulu enwog o Cumberland. Treuliodd John
Curwen y rhan fwyaf o'i blentyndod yn Hackney, Middlesex, ac yna yn
Frome, Gwlad yr Haf. Derbyniodd addysg gynnar yn Ham, Surrey, ac
yn Frome cyn mynd yn un ar bymtheg oed i Goleg Wymondley yn Swydd
Hertford i gael ei hyfforddi fel gweinidog Annibynnol. Ychydig fisoedd
yn ddiweddarach symudodd y coleg i Lundain a newidiwyd ei enw i
Goleg Coward. Ym 1838 penodwyd ef yn weinidog cynorthwyol yn
Basingstoke lle y cadwai ysgol fechan. Fe gafodd swydd debyg yn
Stowmarket dair blynedd yn ddiweddarach ond oherwydd salwch bu'n
rhaid iddo ymddiswyddo ar ôl deunaw mis ac aeth i fyw am flwyddyn
gyda'i dad yn Reading. Daeth yn gyfrifol am eglwys Gynulleidfaol
Plaistow, Llundain, ym 1844 ac arhosodd yno hyd 1864.

Yn ystod dyddiau cynnar ei weinidogaeth roedd ganddo ddiddordeb mawr
mewn addysgu. Darllenodd weithiau Pestalozzi, David Stow ac eraill ac
yr oedd ganddo wybodaeth eang o fethodoleg a seicoleg addysg.
Dechreuodd hefyd ymddiddori yng ngwerth addysgol a moesol
cerddoriaeth a chan nad oedd yn gallu darllen hen nodiant ymchwiliodd i
ddulliau amrywiol o ddysgu'r pwnc. Ym 1840 rhoddwyd iddo gopi o *A
Scheme to Render Psalmody Congregational* (1835). Cyhoeddwyd hwn
yn ddienw gan Sarah Anna Glover a oedd wedi datblygu dull llwyddiannus
o hyfforddiant cerddorol yn yr ysgol yn Norwich lle y dysgai. Wrth siarad
mewn cynhadledd i athrawon Ysgol Sul gofynnwyd iddo beth oedd y
dull gorau i ddysgu cerddoriaeth. Arweiniodd hyn ef i astudio llyfr Glover
yn fanwl. Mabwysiadodd ei nodiant gan gyhoeddi addasiad ohono mewn
cyfres o erthyglau yn yr *Independent Magazine* ym 1842 a'i alw am y tro
cyntaf yn 'tonic sol-ffa'. Priododd Mary Thompson, merch masnachwr
o Fanceinion, ym 1845 ac fe gawsant dri o blant. Cyhoeddodd ei gyfrol
Singing for Schools and Congregations ym 1843 ac yn sgil hynny
cynyddodd y defnydd o'r tonic sol-ffa. Un o'r rhesymau am y twf oedd

cyfres o erthyglau gan Curwen yn y *Popular Educator* oedd â chylchrediad mawr. Ym 1853 amcangyfrifwyd bod dwy fil o bobl yn dysgu tonic sol-ffa. Ddeng mlynedd yn ddiweddarach yr oedd wedi cynyddu yng ngwledydd Prydain i 186,000 ac wedi lledu dramor. Ym 1853 dechreuwyd cyhoeddi'r *Tonic Sol-Fa Reporter* ac ym 1855 ymwelodd Curwen â'r Alban er mwyn darlithio ar y nodiant newydd.

Torrodd ei iechyd ym 1856 ac aeth i'r Almaen a'r Swistir am gyfnod o saith mis i geisio gwellhad. Wedi iddo ddychwelyd i Loegr cododd £3,000 i godi capel newydd yn Plaistow. Pan ddechreuodd y rhyfel cartref yn America ochrodd gyda'r gogledd gan gyhoeddi pamffledi a sefydlu'r Freed Slaves' Aid Society cyntaf yn Lloegr. Aeth ati i sefydlu gwasg yn Plaistow er mwyn cynorthwyo gyda'r holl waith cyhoeddi. Ymddiswyddodd fel gweinidog ym 1864 er mwyn canolbwyntio yn llwyr ac yn gyfan gwbl ar gerddoriaeth. Parhâi i addasu a gwella ei system sol-ffa a darlithio trwy wledydd Prydain. Ym 1866 fe'i penodwyd yn ddarlithydd ym Mhrifysgol Anderson, Glasgow, ac yn Awst 1873 ef oedd un o'r beirniaid yn Eisteddfod Genedlaethol Cymru yn yr Wyddgrug. Datblygodd y gwaith ymhellach trwy sefydlu Coleg Sol-ffa a chorff arholi oedd yn safoni gwaith yr athrawon oedd yn dysgu'r system. Roedd llawer o gerddorion proffesiynol yn dilorni'r nodiant sol-ffa ond er hynny fe gafodd gydnabyddiaeth swyddogol gan awdurdodau addysg.

Bu farw pan oedd ar ymweliad â'i frawd yng nghyfraith yn Heaton Mersey, Swydd Gaerhirfryn (Lancashire), ar 26 Mai 1880. Claddwyd ei weddillion ym mynwent y City of London, Ilford.

Anne Brontë 1820–1849

Nofelydd a bardd

Ganwyd Anne Brontë yn y persondy ar Market Street, Thornton, ger Bradford, Swydd Efrog, ar 17 Ionawr 1820. Hi oedd yr ieuengaf o chwech o blant y Parch. Patrick Brontë a'i wraig, Maria, ac yn fuan wedi ei geni symudodd y teulu i blwyf Haworth. Y flwyddyn ddilynol bu farw ei mam a daeth eu modryb, Elizabeth Branwell, i ofalu amdanynt. Oherwydd ei hiechyd bregus addysgwyd Anne gartref ac yn gynnar fe ddangosodd ddawn lenyddol. Creodd hi a'i chwaer Emily wlad ddychmygol Gondal, ac yn ddiweddarach cyfansoddodd lawer o gerddi yn disgrifio digwyddiadau a chymeriadau yno. Treuliodd beth amser ar ôl 1835 yn ysgol Margaret Wooler, Mirfield, lle roedd ei chwaer Charlotte yn athrawes, ond fe amharodd salwch ar ei haddysg yno.

Fe gafodd ei phenodi fel athrawes bersonol i blant Blake Hall, Mirfield, ym 1839 lle y dysgai blant hynaf Joshua Ingham sef Joshua Cunliffe a Mary. Roedd hwn yn brofiad anodd iddi gan fod y plant yn anystywallt ac wedi eu difetha yn llwyr, ac nid oedd ganddi fodd i'w disgyblu. Arhosodd yno tan ddiwedd y flwyddyn ac yna symudodd i fod yn athrawes i deulu'r Parch. Edmund Robinson yn Thorp Green Hall, Little Ouseburn, ger Efrog, lle y bu hyd 1845. Yma cafodd lawer o brofiadau a ddefnyddiodd yn ddiweddarach yn ei gweithiau. Profwyd ei ffydd yn y cyfnod hwn gan ddwy ergyd drom. Bu farw ei chyfaill William Weightman o golera, a'i modryb Elizabeth. Y mae ei cherdd 'I will not mourn thee, lovely one' yn mynegi ei galar o golli William. Etifeddodd ychydig arian yn ewyllys ei modryb ac fe'i defnyddiodd yn rhannol i brynu llyfrau ac offer celf. Parhaodd i astudio Lladin ac Almaeneg gyda'r bwriad o agor ysgol maes o law.

Ymunodd ei brawd Branwell â hi yn Thorp Green i fod yn diwtor ar Edmund Robinson, yr ieuengaf, ond datblygodd perthynas anaddas rhyngddo ef a Mrs Robinson ac fe'i diswyddwyd. Gadawodd Anne yn fuan wedyn. Dechreuodd ei brawd yfed yn drwm a chymryd cyffuriau, a gofidiai hi yn ddirfawr dros ei gyflwr moesol ac ysbrydol. Yn ei rhagymadrodd i'r ail argraffiad o *The Tenant of Wildfell Hall* mae'n amddiffyn ei disgrifiad manwl o gymeriadau drwg fel modd i rybuddio ieuenctid am beryglon maglau a themtasiynau bywyd.

Ym 1846 cyhoeddwyd cyfrol o farddoniaeth gan y tair chwaer, sef *Poems* gan Currer (Charlotte), Ellis (Emily) ac Acton (Anne) Bell. Er na fu gwerthiant mawr i'r gyfrol cawsant adolygiadau ffafriol ac fe gyhoeddwyd cerdd Anne 'The three guides' a'i hemyn 'Believe not those who say the upward path is smooth' yn *Fraser's Magazine*. Yn dilyn llwyddiant mawr y nofel *Jane Eyre* gan Charlotte, argraffwyd nofelau gan y ddwy chwaer arall, sef *Agnes Grey* gan Anne a *Wuthering Heights* gan Emily. Cyhoeddwyd y tair nofel ym 1847.

Cyhuddwyd Anne o orbwysleisio sefyllfaoedd annymunol yn ei nofel ond amddiffynnodd ei hun trwy ddweud ei bod yn adlewyrchu bywyd go iawn. Yna fe gyhoeddwyd ail nofel Anne, sef *The Tenant of Wildfell Hall* sy'n adrodd hanes gwraig yn gadael ei gŵr godinebus er mwyn diogelu ei mab. Er i'r *Spectator* gondemnio'r chwiorydd am ysgrifennu nofelau amrwd a brwnt, gwerthodd y llyfr yn rhagorol. Roedd y llyfrau hyn yn rhan o frwydr menywod am ryddid a chydraddoldeb mewn byd oedd yn cael ei reoli gan ddynion. Gwelai Anne ei nofelau fel cymorth hefyd i Gristnogion fyw eu ffydd mewn byd anodd. Ysgrifennodd nifer o gerddi crefyddol ac emynau, yn cynnwys yr emyn 'My God! O let me call thee mine!' Dirywiodd ei hiechyd ac aeth ar daith i geisio gwellhad yn Scarborough, lle y bu farw ar 28 Mai 1849. Claddwyd ei gweddillion ym mynwent eglwys St Mary, Castle Hill, Scarborough.

George Williams 1821–1905
Sylfaenydd yr YMCA (Young Men's Christian Association)

Ganwyd George Williams ar 11 Hydref 1821 yn Ashway Farm, Dulverton, Gwlad yr Haf, yr ieuengaf o saith o feibion i'r amaethwr Amos Williams a'i wraig, Elizabeth. Addysgwyd ef yn ysgol Miss Timlett yn Dulverton, ac yna yn ysgol Gloyns, ysgol ramadeg breifat yn Tiverton. Gadawodd yr ysgol yn dair ar ddeg oed er mwyn cynorthwyo ar y fferm. Fe'i disgrifodd ei hun fel gŵr ifanc di-hid, difeddwl a di-Dduw ac yn rhegwr brwd. Symudodd George Williams i Lundain o Dulverton ym 1841 pan oedd yn 20 oed. Fe'i cyflogwyd fel dilledydd cynorthwyol i'r Meistri Hitchcock a Rogers yn St Paul's Churchyard.

Er iddo gael ei fagu'n Eglwyswr, daeth i'r bywyd mewn eglwys Annibynnol pan oedd yn un ar bymtheg oed a bu'n efengylydd o argyhoeddiad am weddill ei oes. Oherwydd ei allu amlwg fe'i dyrchafwyd yn fuan o fewn i'r cwmni – lle roedd 140 o gynorthwywyr – i fod yn brynwr. Am ddeng mlynedd bu'n aelod o eglwys gynulleidfaol Weigh House. Roedd yr addoldy poblogaidd hwn ar Fish Street Hill ond cafwyd adeilad newydd ar Duke Street – oddi ar Oxford Street – oedd yn dal 1,500. Eglwys ydoedd ar gyfer cyfoethogion.

Defnyddiai ei amser hamdden prin i efengylu ac i gyflawni gwaith dirwestol. Fel Cristion ifanc daeth dan ddylanwad gweithiau Charles G. Finney. Pwysleisiai Finney yr angen am edifeirwch a thröedigaeth a gweddïo mewn grwpiau bychain. Roedd nifer o ddynion ifanc wedi dechrau cyfarfod gyda'i gilydd i astudio'r Beibl ar nos Fercher yn adeilad gwaith Hitchcock a Rogers. Roeddent yn gweddïo'n gyson ar i ddynion ifanc gael eu hachub. Atebwyd eu gweddïau pan gredodd perchenogion y gwaith. Cynhaliwyd cyfarfod ddydd Iau 6 Mehefin 1844 a phenderfynodd oddeutu tri ar ddeg o ddynion ifanc sefydlu cymdeithas i annog gwŷr ifanc o fewn i'r diwydiant dilladu i efengylu. Yr oedd y tri ar ddeg o amrywiol enwadau. Erbyn y pumed cyfarfod roedd y niferoedd yn cynyddu a phenderfynwyd mabwysiadu'r enw Young Men's Christian Association.

Ar y dechrau dim ond Cristnogion ac aelodau eglwysig a dderbynnid i'w rhengoedd. Eu nod oedd hyrwyddo 'teyrnas y Gwaredwr, achub eneidiau a gwella cyflwr ysbrydol a meddyliol gwŷr ifanc'. Lledodd y mudiad ac erbyn dechrau 1845 roedd canghennau eraill wedi eu sefydlu yn Llundain, Leeds a Manceinion.

Ym 1851 pan oedd yr Arddangosfa Fawr yn Llundain cynhaliwyd ymdrech genhadol arbennig. Rhannwyd Llundain yn 36 ardal a dosbarthwyd dros 350,000 o dractiau. Cynhaliwyd cynhadledd ryngwladol ym Mharis ym 1855 pan ddaeth cant namyn un o gynrychiolwyr o naw gwlad at ei gilydd. Yno llaciwyd ychydig ar yr amodau ymaelodi. Ym 1853 priododd George Williams ferch Hitchcock sef Helen. Pan fu farw ei dad yng nghyfraith daeth Williams yn bennaeth ar y cwmni. Yn y cyfnod hwn symudodd at yr Anglicaniaid gan fynd i addoli yn y Portman Chapel, Baker Street, sef St Paul's, Portman Square, yn ddiweddarach. Ym 1881 prynwyd prydles Exeter Hall yn y Strand am £25,000. Gwnaed hynny trwy wahodd pedwar dyn i gyfrannu £5,000, a rhoddodd George Williams y £5,000 oedd yn weddill. Daeth hwn yn bencadlys yr YMCA.

Ym 1894 fe'i gwnaed yn farchog gan y frenhines am ei waith gyda'r YMCA. Bu farw ar 6 Tachwedd 1905 a chladdwyd ei gorff mewn man anarferol, sef y crypt yn Eglwys Gadeiriol St Paul, ac y mae ffenestr yn Abaty Westminster wedi ei gosod er cof amdano. Mae canghennau o'r YMCA erbyn hyn yn Affrica, India, De America, China a Japan.

Catherine Booth 1829–1890

*Efengylydd, awdur, sylfaenydd Byddin yr Iachawdwriaeth
ac hyrwyddwr hawliau merched*

Ganwyd Catherine Booth ar 17 Ionawr 1829 yn Ashbourne, Swydd
Derby, yn bedwerydd o bum plentyn. Roedd ei thad, John Mumford, yn
saer olwynion ac yn bregethwr gyda'r Methodistiaid Wesleaidd.
Addysgwyd hi gartref gan ei mam ac yn fuan daeth i rannu ffydd ei
rhieni. Erbyn iddi gyrraedd deuddeg oed roedd hi eisoes wedi darllen y
Beibl yn ei gyfanrwydd yn ogystal â rhai o weithiau John Wesley, John
William Fletcher a Charles Finney. Gwrthgiliodd ei thad gan adael y
Methodistiaid a dechrau yfed yn drwm. Golygai hyn nad oedd yn derbyn
unrhyw gyflog cyson.

Ym 1845 symudodd y teulu i Brixton, Llundain, ac ymaelododd Catherine
yn yr eglwys Wesleaidd. Dechreuodd fynychu oedfaon gyda chriw mwy
Efengylaidd ac yno y daeth ar draws gŵr ifanc o'r enw William Booth.
Dyweddïasant ym 1852. Rhwng 1852 a 1855 bu Catherine yn byw gyda'i
mam ac yn dysgu yn yr Ysgol Sul. Yn y cyfnod hwn bu hefyd yn darllen
llawer ac yn cynorthwyo ei mam gyda lletywyr. Ar 16 Mehefin 1855
priododd William yn Stockwell New Chapel, Llundain. Wedi hynny am
gyfnod o ddwy flynedd gweithiodd William Booth fel efengylydd
crwydrol i'r Methodist New Connexion. Roedd gan William a Catherine
ddiddordeb mawr mewn efengylu mewn dull tebyg i'r Americanwyr
James Caughey a Charles Finney. Ym 1857 penodwyd William Booth
i'w gylchdaith gyntaf gyda'r Methodist New Connexion yn Brighouse,
Swydd Efrog, ac yna ym 1858 ymsefydlasant yn Gateshead. Erbyn 1860
roedd ganddynt bedwar o blant a chyhoeddodd Catherine bamffled am
weinidogaeth merched a dechreuodd bregethu. Yn yr un cyfnod
ysgrifennodd y Parch A. A. Rees bamffled, *Reasons for not Cooperating
in the Alleged 'Sunderland Revivals'*. Yn hwn dywedai nad oedd hawl
gan ferched i siarad heb sôn am arwain yn gyhoeddus. Ymatebodd
Catherine gyda'r *Female teaching, or, The Rev. A. A. Rees versus Mrs
Palmer, being a reply to the above gentleman on the Sunderland revival.*
Yn hwn dadleuodd yn ddeheuig dros hawliau merched i bregethu, siarad

ac arwain mewn eglwysi. Roedd ei dysgeidiaeth yn arloesol yn y cyfnod hwnnw.

Diwygiwyd ac argraffwyd ei gwaith ym 1870 gan Fyddin yr Iachawdwriaeth o dan y teitl *Female Ministry, or, Women's Right to Preach the Gospel*. Ym 1857 dechreuodd siarad yn gyhoeddus mewn cyfarfodydd dirwestol i ferched. Pan aeth ei gŵr yn sâl ym 1860, cymerodd ei le yn y pulpud. Ym 1861 gadawsant y Methodistiaid gan eu bod am barhau fel efengylwyr crwydrol tra oedd y Methodistiaid yn awyddus iddynt aros mewn cylchdaith. Buont yng Nghernyw, Cymru, canolbarth a gogledd Lloegr yn cynnal cyfarfodydd diwygiadol yn ystod y pedair blynedd ddilynol. Daeth Catherine yn bregethwr annibynnol amlwg a phoblogaidd a dderbyniai lawer o wahoddiadau i siarad. Ymsefydlasant yn yr East End Llundain ac ym 1865 cychwynasant yr East London Christian Mission. Tyfodd y gwaith yn raddol. Mabwysiadodd y genhadaeth hon strwythur tebyg i'r Methodistiaid. Gweithredodd Catherine Booth ar lawer o bwyllgorau a phregethai'n gyson. Ym 1878 newidiodd y mudiad ei strwythur, gan fabwysiadu'r enw Salvation Army. Erbyn 1879 roedd ganddynt 81 gorsaf genhadol yn Lloegr a Chymru a 127 o efengylwyr. Mabwysiadwyd lifrai, rhengoedd ac ieithwedd filitaraidd. Nid oedd gan Catherine unrhyw deitl swyddogol ond fe'i gelwid yn Fam y Fyddin. Gwelwyd ei dylanwad hi ar ddiwinyddiaeth a gweithrediad y Fyddin, yn enwedig mewn perthynas â merched. Roedd sancteiddrwydd yn waelodol i ddiwinyddiaeth y Fyddin ac ysgrifennodd hi yn eang ar yr athrawiaeth. Trwy'r athrawiaeth hon gallai merched a dynion ddod yn arweinyddion. Roedd amlygrwydd Catherine a merched eraill yn un o'r gwahaniaethau mawr rhwng y Fyddin ac enwadau eraill yn oes Fictoria. Mynnai llawer o Gristnogion nad oedd merched i fod i bregethu ac mai mater o gywilydd oedd i fam ymddangos yn gyhoeddus gan annog merched eraill i wneud yr un modd.

Cyhoeddodd Catherine Booth amryw o lyfrau yn cynnwys *Practical Religion* (1878), *Aggressive Christianity* (1880) a *Holiness* (1881), a gweithiodd hefyd gyda mudiadau diwygio cymdeithasol. Bu farw o ganlyniad i gancr y fron ym 1890 yn Clacton. Roedd dros 30,000 o bobl ar strydoedd Llundain yn gwylio'r orymdaith angladdol ar 14 Hydref. Claddwyd ei gweddillion ym mynwent Abney Park, Llundain.

William Booth 1829–1912
Sylfaenydd Byddin yr Iachawdwriaeth

Ganwyd William Booth yn Sneinton, Nottingham, ar 10 Ebrill 1829, yn un o bump o blant i Samuel Booth, adeiladydd, a'i ail wraig, Mary Moss. Aeth i Ysgol Biddulph, ond oherwydd tlodi'r teulu gadawodd yn dair ar ddeg oed gan fynd i weithio mewn siop wystlo (pawnbroker). Cafodd blentyndod caled ac i wneud pethau'n waeth bu farw ei dad. Pan oedd yn ei arddegau aeth i wrando ar y pregethwr Methodistaidd o America, James Caughey, oedd ar ymweliad â Nottingham ym 1846. O ganlyniad daeth i gredu yn Iesu Grist ac ymunodd â chriw o Gristnogion oedd yn cynnal cyfarfodydd efengylu ar strydoedd y dref. Ym 1849 symudodd i Lundain i chwilio am waith ac fe gafodd swydd mewn siop wystlo yn Walworth. Yn y cyfnod hwn ymddiddorai mewn gweithgareddau Cristnogol gyda'r Methodistiaid a dyma pryd y perswadiodd E. J. Rabbits ef i ddechrau pregethu. Hefyd cyfarfu â Catherine Mumford a ddaeth yn wraig iddo ac a ddylanwadodd yn drwm ar ei feddwl a'i ddyfodol. Teimlodd alwad i efengylu ac fe'i penodwyd yn bregethwr teithiol gyda'r Methodistiaid ym 1852.

Cychwynnodd Byddin yr Iachawdwriaeth yn nwyrain Llundain ym 1865 o ganlyniad i ymgyrch genhadol o dan arweiniad William Booth. Roedd ef newydd ymddiswyddo o'i waith fel pregethwr gyda'r Gylchdaith Wesleaidd. Wrth ddechrau'r gwaith, mewn pabell ar dir mynwent y Crynwyr, deuai llawer o bobl fwyaf difreintiedig cymdeithas ato. O fewn blwyddyn roedd 60 o bobl wedi dod i gredu trwy ei weinidogaeth. Yn fuan iawn, dysgodd Booth ddau beth pwysig. Yn gyntaf, bod yn rhaid iddo newid ei gyflwyniad o'r Efengyl i fod yn fwy theatrig. Yn ail, nad oedd ei ddychweledigion yn gallu ymgartrefu mewn eglwysi traddodiadol. Oherwydd hynny, sefydlodd nifer o orsafoedd lle roedd yn gallu meithrin Cristnogion newydd. Er mwyn bod yn agosach at y bobl yr oedd am eu cyrraedd, symudodd ef a'i deulu i fyw i Hackney ac agorodd bencadlys yn 272 Whitechapel Road.

Wrth weld tlodion yn dathlu'r Nadolig ym 1868 trwy feddwi yn chwil ulw penderfynodd y byddai'n ceisio darparu rhywbeth ar eu cyfer. Y flwyddyn ddilynol paratôdd ef a'i wraig Catherine a chynorthwywyr eraill 300 o giniawau Nadolig. Dyma oedd y cam cyntaf yng ngwaith dyngarol y Fyddin. Ehangwyd ar y gwaith hwn trwy agor ceginau cawl a bwytai rhad. Dechreuasant hefyd ddefnyddio termau milwrol wrth siarad am y gwaith, fel 'ymladd dros Dduw' a 'byddin yr Haleliwia', a gelwid Booth yn Gadfridog. Ym 1878 bathwyd yr enw Byddin yr Iachawdwriaeth (Salvation Army). Tyfodd y mudiad yn rhyfeddol ac erbyn 1879 roedd ganddynt filoedd o ddilynwyr, 81 o orsafoedd a 127 o efengylwyr llawnamser yn cynnal 75,000 o gyfarfodydd y flwyddyn.

Dechreuwyd hefyd ddefnyddio band pres i gyfeilio yn yr addoliad ac i dynnu sylw mewn ymgyrchoedd cenhadol. Dyma pryd y dywedodd Booth ei eiriau enwog, 'Pam ddylai'r diafol gael yr alawon gorau?' ('Why should the devil have all the best tunes?'). Datblygodd strwythur y mudiad; gelwid y bwrdd llywio yn Gyngor Rhyfel, cynlluniwyd baner gyda'r geiriau 'gwaed a thân' arni ac ym 1880 ymddangosodd y lifrai nodweddiadol sy'n cael eu gwisgo hyd heddiw. Yn y 1880au bu'n rhaid iddynt wynebu erledigaeth. Ymosodwyd yn filain ar 669 o aelodau'r fyddin a maluriwyd 56 o adeiladau.

Y cam nesaf oedd ymestyn y mudiad y tu hwnt i ffiniau gwledydd Prydain. Ymfudodd un o'r aelodau, sef Amos Shirley, i'r Unol Daleithiau a chychwynnodd gyfarfodydd yn Philadelphia. Sefydlwyd canghennau hefyd yn Ffrainc, India, Awstralia a Seland Newydd. Erbyn 1891 roedd 10,000 o swyddogion yn gweithio mewn 26 o wledydd. Agorwyd hefyd y lloches gyntaf i'r digartref yn Llundain wrth ymyl y West India Dock. Credai William Booth fod pregethu Efengyl Iesu Grist a rhannu cariad Duw yn ymarferol yn annatod glwm yn ei gilydd. Bu farw ar 20 Awst 1912 a chladdwyd ei weddillion ym mynwent Abney Park, Stamford Hill, Llundain.

Hudson Taylor 1832–1905

Sefydlydd Cymdeithas y Genhadaeth Dramor

Ganwyd Hudson Taylor yn Barnsley, De Swydd Efrog, ar 21 Mai 1832 i deulu o Fethodistiaid. Cafodd ei hen daid, James, dröedigaeth ym 1776 yn Staincross Ridge wrth fyfyrio ar adnod o'r Beibl, ac yr oedd ei dad yn fferyllydd ac yn bregethwr poblogaidd gyda'r gylchdaith Wesleaidd yn Barnsley.

Pan oedd Hudson Taylor yn fachgen ifanc byddai'n gwrando ar bregethwyr yn y lolfa yn fferyllfa'r teulu yn Cheapside yn trafod cenhadaeth dramor a'r sefyllfa yn China. Fel plentyn byddai'n aml yn datgan, 'Pan fyddaf yn oedolyn rwyf am fynd yn genhadwr i China.' Er bod ganddo ddiddordeb mewn Cristnogaeth er pan oedd yn ifanc ni chafodd dröedigaeth hyd nes ei fod yn 17 oed. Digwyddodd hynny wrth iddo ddarllen tract Cristnogol. Dyheai am berthynas ddyfnach gyda Duw ac wrth iddo weddïo un noson fe glywodd lais yn dweud, 'Dos ar fy rhan i China.' Penderfynodd mai dyna fyddai yn ei wneud. Dechreuodd ddysgu'r iaith Fandarin trwy gael copi o Efengyl Luc yn yr iaith honno. Cafodd fenthyg llyfr *China* gan weinidog lleol a chanolbwyntiodd ei feddwl ar genhadaeth trwy feddygaeth. Aeth i gynorthwyo Dr Hardey yn Hull lle yr astudiodd feddygaeth gan ddysgu i ymddiried mwy yn Nuw. Gweithiai yn un o ardaloedd tlotaf Hull ac un nos Sul aeth at wely angau un o'r cleifion. Wrth weld tlodi dychrynllyd y teulu rhoddodd iddynt ei ddarn olaf o arian.

Yn rhyfeddol y bore wedyn cyrhaeddodd y postman gyda pharsel gan gyfrannwr dienw ac ynddo bâr o fenig a hanner sofran. 'Clod i'r Arglwydd', bloeddiodd, 'Pedwar cant y cant am fuddsoddiad o ddeuddeg awr – dyna log ardderchog.' Cadarnhaodd hyn ei ffydd a'i argyhoeddiad y dylai fynd i China.

Cafodd ei dderbyn i Gymdeithas Efengylu China (Chinese Evangelisation Society) ac aeth i Lundain i dderbyn rhagor o hyfforddiant gan hwylio i China ym mis Medi 1853. Treuliodd saith mlynedd yn Shanghai a Ningpo cyn iddo orfod dychwelyd i ganolfan y Gymdeithas Genhadol Lundeinig (London Missionary Society) oherwydd salwch. Yn y cyfnod hwn daeth yn ddigon rhugl yn yr iaith i ddechrau pregethu. Gwnaeth dri phenderfyniad pwysig. 1. Penderfynodd wisgo fel y brodorion. Hwylusodd hyn ei waith. 2. Priododd ym 1858 gyda Maria Dyer a oedd yn athrawes genhadol. Cawsant chwech o blant ond bu tri ohonynt farw cyn i'w mam farw ym 1870. 3. Ymddiswyddodd o Gymdeithas Efengylu China oherwydd eu bod wedi mynd i ddyled. Ar waliau ei lolfa rhoddodd ddau air Hebraeg sef Ebeneser (Hyd yma y cynorthwyodd yr Arglwydd ni) a Jehovah-Jireh (Bydd yr Arglwydd yn darparu).

Dychwelodd i Lundain lle yr astudiodd feddygaeth ymhellach; dechreuodd gyfieithu'r Testament Newydd i dafodiaith y Ningpo ac annog Cristnogion eraill i weithio yn China. Ym 1865 tra oedd yn aros yn Brighton penderfynodd sefydlu – gyda £10 yn y banc – Cenhadaeth Fewnol China (China Inland Mission) ac aeth â 18 o genhadon i Shanghai i ddechrau ar y gwaith. Erbyn 1872 yr oedd 13 o orsafoedd cenhadol, 19 o genhadon a chant o weithwyr Chineaidd. Tyfodd y gwaith yn aruthrol a daeth rhoddion ariannol o America, Sweden ac Awstralia. Aeth y gwaith rhagddo yn hwylus ac er bod gelyniaeth tuag at y Cristnogion ni fu fawr o wrthdaro hyd Terfysg y Bocser ym 1900. Bryd hynny, ymosodwyd yn ffyrnig ar estroniaid a lladdwyd 58 o genhadon a 21 o blant. Torrodd Taylor ei galon er ei fod wedi amau bod gwrthwynebiad cynyddol i'w waith. Dychwelodd i China am y tro olaf ym 1904 lle y bu farw ar 1 Mehefin 1905 yn Changsha, Hunan, a chladdwyd ei weddillion yn Chinkiang.

Michael Paget Baxter 1834–1910

Sefydlydd y Christian Herald

Ganwyd Michael Baxter ym 1834 i deulu o Gristnogion cyffyrddus eu byd. Roedd ei dad – a oedd yn ddisgynnydd i'r enwog Richard Baxter – yn gyfreithiwr yn Doncaster, De Swydd Efrog, a'i fam, Joanna Marie, yn ferch i fancwr. Roeddent yn Gristnogion o argyhoeddiad ac yn ymwneud â nifer o fudiadau Cristnogol fel y Church Missionary Society a'r Gymdeithas Feiblaidd Frutanaidd a Thramor. Cydweithiodd ei dad gyda'r Arglwydd Radstock i sefydlu'r Open Air Mission (1853), yr Evangelization Society (1864), y Christian Community a'r Soldiers' Homes.

Penodwyd ei dad i weithio gyda chwmni o gyfreithwyr enwog yn Llundain a symudodd y teulu i fyw yno. Daethant i gysylltiad â chylch o Gristnogion efengylaidd bonheddig oedd yn cefnogi'r Ragged Schools a'r Religious Tract Society.

Aeth Michael i Goleg y Drindod, Caergrawnt, ac yno y daeth i gredu yn yr Arglwydd Iesu. Daeth trwy fwlch yr argyhoeddiad wrth wrando ar y Parch. Samuel Martin yn pregethu yn Westminster Chapel, Llundain.

Newidiodd hyn ei fywyd yn llwyr. Roedd yn astudio'r gyfraith yn y coleg ond wedi iddo gredu teimlai alwad gan Dduw i fynd i'r weinidogaeth. Aeth i Rydychen i gael hyfforddiant ar gyfer y weinidogaeth gyda'r Anglicaniaid. Ym 1859 aeth draw i'r Unol Daleithiau ac yna i Ganada lle y daeth yn weinidog crwydrol poblogaidd. Gwnaeth argraff fawr ar Esgob Huron ac fe gafodd ei ordeinio yn yr Eglwys Anglicanaidd a'i benodi yn offeiriad yn Onondaga, Ontario.

Yn y cyfnod hwn roedd ganddo ddiddordeb ysol mewn proffwydoliaeth ac yn yr ailddyfodiad. Mewn dim o amser gadawodd yr eglwys gan fynd i bregethu hwnt ac yma. Er mwyn ceisio gwneud ei bregethau'n fwy trawiadol fe brynodd 'magic lantern' – ffurf gynnar ar PowerPoint! – gan ddangos tryloywon. Bu wrthi'n ddiwyd yn ysgrifennu a chyhoeddodd nifer o lyfrau gan gynnwys *Louis Napoleon the Destined Monarch of the World* a werthodd 50,000 o gopïau a *Forty Coming Wonders* a werthodd dros 100,000 o gopïau.

Dychwelodd i Loegr ym 1863 a dechreuodd ddarlithio ar broffwydoliaeth. Penderfynodd y byddai'n gallu cyrraedd llawer mwy o bobl trwy'r gair ysgrifenedig. O ganlyniad dechreuodd gyhoeddi'r misolyn *Signs of Our Times* (1866). Wrth wrando ar yr efengylwyr enwog Sankey a Moody yn siarad yn Glasgow yng ngaeaf 1873–4 sylweddolodd yr angen am gyhoeddiad oedd yn cynnwys adroddiadau am gyfarfodydd a gweithgareddau cenhadol. Addasodd *Signs of Our Times* gan ei droi yn wythnosolyn oedd yn rhoi llawer mwy o le i efengylu. Wrth wneud hyn ceisiodd hefyd newid delwedd ddiflas cyhoeddiadau Cristnogol. Newidiodd y teitl i *The Christian Herald and Signs of Our Times* ym 1876 ac o hynny ymlaen ceisiodd gynnwys llawer mwy o luniau er mwyn ei wneud yn fwy trawiadol. Cynhwysai hefyd bregethau gan bregethwyr poblogaidd fel C. H. Spurgeon a Moody yn ogystal ag eitemau newyddion a fyddai o ddiddordeb i'r cyhoedd. Yn sgil hyn daeth llwyddiant ac fe gynyddodd y cylchrediad i 300,000 yr wythnos.

Ym 1877 anfonodd ddau ohebydd i'r Unol Daleithiau er mwyn sefydlu rhifyn Americanaidd o'r *Christian Herald*. Bu hwn eto yn llwyddiant mawr ond oherwydd pwysau gwaith bu'n rhaid iddo ei werthu ym 1890. Bu ei wraig Elizabeth o gymorth mawr iddo gyda'r *Herald* trwy ysgrifennu gwers Ysgol Sul wythnosol a golygu'r cylchgrawn misol *The Eleventh Hour*.

Bu Michael Paget Baxter farw ym 1910. Roedd yn ddyn eithriadol o hael tuag at nifer o fudiadau ac yn enwedig tuag at y tlodion. Roedd ei gyfraniad tuag at ddatblygiad newyddiaduraeth Gristnogol yn allweddol ac fe newidiodd ei waith a'i bwyslais gyfeiriad y wasg Gristnogol Saesneg ei hiaith.

Charles Haddon Spurgeon 1834–1892

Efengylydd a Gweinidog gyda'r Bedyddwyr

Ganwyd Charles Haddon Spurgeon ar 19 Mehefin 1834 yn Kelvedon, Essex, yr hynaf o 17 o blant John ac Eliza Spurgeon. Roedd ei dad yn glerc mewn cwmni glo a llongau, ac aeth yn ddiweddarach i fod yn weinidog Annibynnol.

Rhwng 1835 a 1841 bu'n byw gyda'i nain a'i daid yn Essex. Dylanwadodd ei daid – a oedd yn weinidog eglwys Annibynnol Stambourne – yn drwm iawn arno. Pan oedd yn ifanc yr oedd C. H. Spurgeon yn ddarllenwr brwd o weithiau Bunyan, Foxe a diwinyddion Piwritanaidd eraill ac fe aeth i ysgol bentref Stambourne. Ym 1844 dychwelodd at ei deulu a oedd erbyn hynny yn Colchester. Aeth i ysgol Henry Lewis, sef Stockwell House, Coleg Amaethyddol Anglicanaidd yn Maidstone ac yna ysgol John Swindell yn Newmarket i astudio Ffrangeg a Groeg.

Cafodd dröedigaeth ar 6 Ionawr 1850 wrth wrando ar bregethwr o blith y Methodistiaid yn Colchester. Wedi blynyddoedd o ing wrth ymgodymu â'i gyflwr fel pechadur fe ddaeth ei dröedigaeth â llawenydd a grym digymysg a effeithiodd ar ei weinidogaeth i'r dyfodol. Roedd yn un o'r pregethwyr mwyaf gwreiddiol ac effeithiol a welodd Lloegr erioed. O fewn wythnosau dechreuodd rannu tractiau ac ymunodd â'r eglwys Gynulleidfaol yn Newmarket ac ar 3 Mai 1850 fe'i bedyddiwyd yn yr afon Lark gan y Parch William Cantlow, Isleham. Symudodd i Gaergrawnt i helpu mewn ysgol a dechreuodd bregethu. Bu am ddwy flynedd yn helpu mewn eglwys yn Waterbeach ac yna gofynnwyd iddo bregethu yn New Park Street, Southwark. Roedd yr achos hwn yn prysur edwino ond trwy ei ddylanwad cynyddodd y gynulleidfa yn fawr. Nid oedd Llundain wedi gweld unrhyw un tebyg iddo ers George Whitefield. Priododd Susannah Thompson yn 1856 ac fe gawsant ddau fab. Dechreuodd rentu Exeter Hall yn y Strand er mwyn cyflwyno'r Efengyl i gynulleidfaoedd mwy. Tyrrai pobl i wrando arno. Pregethodd un tro i dorf o 24,000 yn y Crystal Palace. Ym mis Mawrth 1861 symudodd i'r capel newydd a adeiladwyd yn arbennig ar ei gyfer, sef y Metropolitan Tabernacle yn yr Elephant and Castle, Llundain. Costiodd y Metropolitan £31,000 ac roedd lle ynddo i rhwng 5,000 a 6,000 o addolwyr. Arhosodd C. H. Spurgeon yn weinidog yno hyd ei ymddeoliad.

Roedd hefyd yn awdur toreithiog. Rhwng 1855 a 1917 cyhoeddwyd 3,500 o'i bregethau yn y llyfryn *Metropolitan Tabernacle Pulpit*. Roedd cyfartaledd gwerthiant wythnosol y llyfrynnau hyn rhwng 25,000 a 30,000 a chyfieithwyd hwy i yn agos i ddeugain o ieithoedd. Cyhoeddodd hefyd lawer o lyfrau eraill fel *John Ploughman's Talk* (1868), *The Saint and the Saviour* (1857), *The Interpreter* (1874), a'r enwog *The Cheque Book of the Bank of Faith* (1888). Sefydlodd hefyd y Pastors' College ym 1856 er mwyn hyfforddi pregethwyr addawol beth bynnag oedd eu cefndir ariannol ac addysgol. Pwysleisiwyd yn y coleg hwn ennill eneidiau yn hytrach nag ysgolheictod. Bu farw ar 31 Ionawr 1892 yng ngwesty'r Beau Rivage, Menton, o glefyd Bright a oedd wedi effeithio ar ei arennau. Claddwyd ei weddillion ym mynwent Norwood ar 11 Chwefror.

Frances Ridley Havergal 1836–1879

Bardd ac emynydd

'Cymer, Arglwydd, f'einioes i
i'w chysegru oll i ti;
cymer fy munudau i fod
fyth yn llifo er dy glod.'

Ganwyd Frances Ridley Havergal ar 14 Rhagfyr 1836 yn rheithordy Astley, Swydd Caerwrangon, yn chweched plentyn a'r cyw melyn olaf i William Henry Havergal a'i briod Jane, Head. Roedd ei thad yn offeiriad yn Eglwys Loegr ac yn gyfansoddwr. Yn y cartref rhoddid pwyslais ar ddefosiwn ac yn ddyddiol cynhelid dyletswydd deuluaidd pan ddeuai pawb at ei gilydd i ddarllen yr ysgrythur a gweddïo. Roedd Frances yn blentyn deallus ac yn ddisgybl llawn brwdfrydedd yn ysgol Belmont, Campden Hill, Llundain a Powick Court, Caerwrangon. Ond daeth ei gyrfa addysgol i ben yn fuan oherwydd ei bod yn dioddef o fflamwydden (erysipelas), afiechyd ar y croen, ac aeth i ogledd Cymru i geisio iachâd.

Cafodd ergyd fawr iawn pan fu farw ei mam pan nad oedd ond un ar ddeg oed. Roedd golwg ei thad yn dirywio'n gyflym ac felly ym 1852 aeth gyda'i thad a'i ail wraig Caroline i'r Almaen i weld arbenigwr ar y llygaid. Yno fe astudiodd yn y Louisenschule yn Düsseldorf ac yna aeth at deulu offeiriad Almaenig yn Oberkassel. Dychwelodd i Loegr yn Rhagfyr 1853. Er pan oedd yn saith oed bu'n barddoni a rhigymu ac fe gyhoeddwyd ei cherddi yn y *Good Words* a chyfnodolion a llyfrynnau eraill o dan y ffugenwau Sabrina a Zoide.

Ysgrifennai yn ddi-baid ac nid oedd ei phin dur byth yn segur oherwydd ei diwydrwydd. Ymwelodd eto â'r Almaen yn 1865–66 i geisio barn yr Athro Ferdinand Hiller am ei dawn gerddorol. Credai Hiller fod ganddi ddigon o ddoniau i fod yn gerddor proffesiynol ond dewisodd beidio â mynd i'r cyfeiriad hwnnw. Bu farw ei thad yn ddisymwth ym 1870 ac aeth Frances ati i baratoi i gyhoeddi argraffiad newydd o'i lyfr *Psalmody*. Cydweithiodd gyda'r Parch. C. B. Snepp i olygu'r gyfrol *Songs of Grace and Glory* (1872). Pan fu farw ei mam wen ym 1878 fe symudodd o Leamington Spa yn Swydd Warwick i Fae Caswell, ger y Mwmbwls, Abertawe.

Trwy gydol ei hoes gweithiodd yn ddiflino dros waith Iesu Grist o fewn yr eglwys a hefyd gyda gwaith dyngarol. Rhoddodd y rhan fwyaf o'r elw a wnaeth o'i chyhoeddiadau i achosion da. Oherwydd ei hymroddiad i waith Cristnogol gwrthododd nifer o gynigion i briodi. Cyhoeddwyd ei cherddi a'i hemynau mewn nifer o gyfrolau yn cynnwys *The Ministry of Song (*1869*), Under the Surface (*1874*), Loyal Responses (*1878*), Life Chords (*1880*)* a *Coming to the King (*1886*).* Hefyd fe gasglodd ei chwaer, Maria Vernon Graham Havergal, ei gwaith mewn dwy gyfrol yn dwyn y teitl *Poetical Works* (1884). Ysgrifennodd hefyd bamffledi defosiynol, rhai ohonynt i blant. Adlewyrchir ei natur fewnblyg yn ei gwaith wrth iddi bwysleisio duwioldeb ac ymgysegriad. Daeth ei cherddi Cristnogol yn boblogaidd yn y cylchoedd efengylaidd ac fe geir cyfieithiad o ddau o'i hemynau yn *Caneuon Ffydd,* sef 'Cymer, Arglwydd, f'einioes i' a 'Gwawr wedi hirnos'.

Bu farw yn Newton, Ystumllwynarth, Morgannwg, ar 3 Mehefin 1879 a chladdwyd ei chorff yn yr eglwys yn Astley.

Joseph Rowntree 1836–1925
Masnachwr siocled a Chrynwr

Ganwyd Joseph Rowntree ar 24 Mai 1836 yn Pavement, Efrog, yn fab i Joseph a Sarah Rowntree. Sefydlodd ei dad fusnes groser ffyniannus a bu'n flaenllaw gyda'r Crynwyr a chyda materion cymdeithasol a dinesig. Cydweithiodd ei dad Joseph (1801–59) gyda Samuel Tuke i sefydlu ysgolion Bootham a Mount gan y Crynwyr.

Ar ddechrau ei oes addysgwyd Joseph gartref ac yna yn Ysgol Bootham. Pan oedd yn un ar bymtheg oed fe'i prentisiwyd gan ei dad ac ym 1856 priododd Julia Eliza, merch y masnachwr gwlân a'r Crynwr blaenllaw Benjamin Seebohm. Bu hi farw ym 1863 ac fe briododd ei chyfnither Antoinette Seebohm a chawsant ddwy ferch a phedwar mab. Pan fu farw ei dad cymerodd ef at awenau'r busnes gyda'i frawd hŷn John Stephenson.

Ym 1862 prynodd ei frawd iau Henry Isaac fusnes coco, siocled a chicory gan deulu o Grynwyr eraill sef y Tukeiaid. Nid oedd Henry yn ddyn busnes da gan ei fod yn fwy o ddilynwr nac arweinydd ac o ganlyniad gadawodd Joseph ei fusnes groser i ymuno fel partner yng nghwmni ei frawd ym 1869. Rhanasant y cyfrifoldebau rhyngddynt, Henry i edrych ar ôl y cynhyrchu a Joseph i fwrw golwg dros y gwerthiant a'r llyfrau. Roedd Joseph yn fanwl iawn yn ei waith. Arhosodd y cwmni'n fychan am gyfnod gan wneud colled ym 1873 a 1876. Ym 1881 daeth y llwyddiant gwirioneddol cyntaf pan ddechreuasant gynhyrchu losin pastil gyda chymorth y fferinwr Ffrengig Claude Gaget. Hyd hynny roedd y da-da hwn yn cael eu mewnforio o Ffrainc. Pwysleisiwyd ansawdd aruchel y cynnyrch ond yn y cyfnod hwn roedd pobl braidd yn amheus o hysbysebu. Bu farw Henry ym 1883 a daeth Joseph yn berchennog y cwmni. Roedd ef yn ansicr o'r dyfodol oherwydd y ddyled o £21,000, y trosiant blynyddol yn £51,118 a'r elw o £2,196.

Ym 1887 lansiodd Rowntree ei rinflas (essence) o goco pur, Elect. Yn raddol ehangai'r busnes a phrynodd 33 acer yn Haxby Road, Efrog, i adeiladu ffatri newydd y Cocoa Works. Yn y diwedd penderfynodd ddechrau hysbysebu'r Elect. Corfforwyd y cwmni fel Rowntree and Company ym 1897. Tyfodd y gwerthiant o £114,429 ym 1890 i £463,199 ym 1900 a £1,219,352 ym 1910 a thyfodd y gweithlu o 200 ym 1883 i 4,000 ym 1906.

Cysylltwyd y cwmni yn gyson gyda gofal dros y gweithlu a dyngarwch, dwy egwyddor a ddeilliai yn uniongyrchol o ddaliadau Cristnogol dwfn Joseph. Roedd y cwmni hwn yn flaengar wrth ystyried amgylchiadau ac angen y gweithwyr. Edrychai ar ei fusnes fel rhodd gan Dduw ac yr oedd yn ymwybodol o'i gyfrifoldeb tuag at ei weithwyr, y gymuned, y perchenogion a'r cyfranddalwyr. Penodwyd swyddog lles ym 1891 oedd yn gyfrifol am y menywod a sefydlwyd adran gyflogi merched ym 1896. Credai fod amgylchiadau gweithio da yn llesol i'r cwmni. Cychwynnwyd cronfeydd salwch a darbodaeth (provident), meddygfa ym 1904, ysgol i ferched ym 1905, cynllun pensiwn ym 1906 ac ysgol i fechgyn ym 1907.

Digwyddodd gweithred ddyngarol enwocaf Joseph ym 1904 pan ddefnyddiodd hanner ei gyfoeth i sefydlu tair ymddiriedolaeth. Sefydlwyd: 1. Y Joseph Rowntree Charitable Trust er mwyn cefnogi ymchwil cymdeithasol, addysg oedolion a Chymdeithas y Cyfeillion. 2. Y Joseph Rowntree Social Trust i ganolbwyntio ar weithgareddau cymdeithasol a gwleidyddol. 3. Y Joseph Rowntree Village Trust oedd yn gyfrifol am adeiladu tai addas a fforddiadwy i'r dosbarth gweithiol. Bu'n weithredol gyda llu o ymgyrchoedd dyngarol yn cynnwys addysg, dirwest a heddwch rhyngwladol. Ysgrifennodd lyfrau yn cynnwys *The Temperance Problem and Social Reform*. Prynodd bapurau newydd i'w hatal rhag mynd i ddwylo'r Torïaid.

Pan ymddeolodd ym 1923 yn 87 oed roedd trosiant y cwmni yn dair miliwn o bunnoedd a'r gweithlu yn saith mil. Bu farw yn ei gartref yn Clifton Lodge, Efrog, ar 24 Chwefror 1925, a chladdwyd ei weddillion ym mynwent y Crynwyr, Heslington Road, Efrog.

Benjamin Waugh 1839–1908

Sefydlydd yr NSPCC -
National Society for the Prevention of Cruelty to Children

Ganwyd Benjamin Waugh ar 20 Chwefror 1839 yn Settle, Swydd Efrog, yn fab hynaf i James, a oedd yn gyfrwywr, a Mary. Wedi pum mlynedd o addysg mewn ysgol breifat yn Stretton under Fosse fe'i prentisiwyd fel dilledydd lliain gyda Samuel Boothroyd yn Southport. Yn 1862 aeth i Goleg Airedale, Bradford, i gael ei hyfforddi fel gweinidog Annibynnol. Priododd Sarah Elizabeth Boothroyd ac fe gawsant 12 o blant. Bu'n weinidog yn Newbury (1865–6), Greenwich (1866-85) a New Southgate (1885–7).

Yn y cyfnod hwn roedd problemau difrifol gyda cham–drin plant. Er enghraifft, roedd rhai yn cael babanod ac yna yn eu gwerthu am arian. Roedd eraill yn yswirio plant ac yna yn eu lladd er mwyn cael yr arian. Ymatebodd nifer o bobl i'r creulondeb hwn, yn enwedig Cristnogion fel C. H. Spurgeon, Y Parch. Bowman Stephenson, a'r Dr Tom Barnardo, a sefydlodd gartrefi plant. Ond prif ofid Benjamin Waugh oedd y plant hynny oedd yn cael eu cam-drin gan eu rhieni.

Pan aeth yn weinidog ar eglwys Greenwich ym 1866, fe'i dychrynwyd yn fawr gan y tlodi a'r creulondeb a welodd o'i gwmpas a dechreuodd feddwl am ffyrdd i helpu. Y peth cyntaf a wnaeth oedd agor canolfan ddyddiol i fechgyn digartref. Ym 1873 cyhoeddodd lyfr dylanwadol sef *The Gaol Cradle – Who Rocks it?* Yn hwn roedd yn galw am ddiddymu carcharu plant a sefydlu llysoedd arbennig ar gyfer ieuenctid. Teimlai rwystredigaeth fawr nad oedd deddfwriaeth i atal rhieni rhag cam-drin eu plant. Ond credid ar y pryd ei fod yn fater rhy breifat.

Ym 1881 aeth bancwr o Lerpwl, sef Thomas Agnew, i Efrog Newydd lle clywodd am y Society for the Prevention of Cruelty to Children a sefydlwyd ym 1875. Dychwelodd ym 1882 i Brydain yn llawn brwdfrydedd a rhannodd ei feddyliau gyda Samuel Smith, AS

Rhyddfrydol Lerpwl. Y flwyddyn wedyn sefydlodd Waugh y Liverpool Society for the Prevention of Cruelty to Children. Lledodd y syniad trwy wledydd Prydain a sefydlwyd nifer o gymdeithasau tebyg. Cynhaliwyd cyfarfod gan y Farwnes Angela Burdett-Coutts yn y Mansion House, Llundain, ym mis Gorffennaf 1884 i sefydlu'r London Society for the Prevention of Cruelty to Children. Yma penodwyd Benjamin Waugh yn Ysgrifennydd Mygedol ac yr oedd ei gyfraniad i'r gymdeithas yn amhrisiadwy.

Dau nod oedd gan y gymdeithas sef amddiffyn plant rhag creulondeb a gwarantu deddfwriaeth a fyddai'n rhoi iddynt warchodaeth gyfreithiol. Roedd llawer o'r hyn a gyflawnwyd gan y gymdeithas yn y blynyddoedd dilynol o ganlyniad i weledigaeth ac egni Waugh.

Roedd 1889 yn flwyddyn bwysig, oherwydd dyma pryd y penderfynodd 31 o gymdeithasau amddiffyn plant Gwledydd Prydain – pob un ar wahân i Lerpwl – uno gyda'i gilydd gan fabwysiadu'r enw National Society for the Prevention of Cruelty to Children. Daeth y Frenhines Victoria yn noddwr i'r gymdeithas. Yn yr un flwyddyn cafwyd deddfwriaeth Atal Creulondeb tuag at Blant. Am bum mlynedd ymgyrchodd Waugh yn frwdfrydig am hyn a daeth yn gymeriad cyfarwydd yng nghyntedd Tŷ'r Cyffredin wrth iddo ddadlau ei achos gydag Aelodau Seneddol.

Mantais y ddeddf hon oedd y rhoddai hawl i'r heddlu arestio unrhyw un oedd yn cam-drin plant a chael gwarant i fynd i dŷ os oedd amheuaeth o gam-drin. Rhoddai hefyd ganllawiau pendant ynglŷn â chyflogi plant ac fe'u gwaharddwyd rhag cardota ar y stryd.

Yn ystod y flwyddyn gyntaf cyflogwyd dau archwiliwr i ymdrin â'r cannoedd o achosion a ddaeth i sylw'r gymdeithas. Erbyn 1905 roedd 198 archwiliwr yn gweithio o fil o ganolfannau. Oherwydd pwysau gwaith a salwch bu'n rhaid i Waugh ymddeol ym 1905. Bu farw dair blynedd yn ddiweddarach ar 11 Mawrth 1908 yn Westcliffe-on-Sea, Essex, a chladdwyd ei gorff ym mynwent bwrdeistref Southend.

George Cadbury 1839–1922

Cynhyrchydd siocled a diwygiwr cymdeithasol

Ganwyd George Cadbury yn Birmingham ar 19 Medi 1839 yn bedwerydd plentyn i John a Candia Cadbury. Addysgwyd ef gartref ac yn Ysgol Lean yn Edgbaston a gedwid gan y Crynwyr. Ei ddymuniad cyntaf oedd bod yn llawfeddyg ond dilynodd yn ôl traed ei dad a mynd i fyd busnes gan ddechrau yng nghwmni groser Joseph Rowntree yn Efrog, cyn ymuno â'i dad yn y ffatri goco yn Birmingham. Yn Ebrill 1861 cymerodd ef, ac yntau yn un ar hugain oed, a'i frawd Richard reolaeth lwyr o'r busnes o ganlyniad i salwch eu tad. Wedi cyfnod cychwynnol anodd fe ddaeth cyfnod eithriadol o ffyniannus. Gweithiodd George fel lladd nadroedd i adeiladu busnes cryf a gweithredai ar egwyddorion a ddeilliai o'i ffydd Gristnogol fel diwydrwydd, cynnyrch safonol, gonestrwydd llwyr ac amodau da i'r gweithwyr.

Daeth y datblygiad pwysicaf yn hanes cwmni Cadbury Brothers ym 1866 pan ddechreuwyd cynhyrchu rhinflas coco (cocoa essence). Trwy broses arbennig, yn defnyddio gwasgydd Van Houten, llwyddwyd i gynhyrchu powdwr coco manach na'r arferol. Pwysleisiwyd nad oedd unrhyw ychwanegiadau i'r cynnyrch hwn, yn wahanol i gwmnïau eraill, a llwyddwyd i'w werthu trwy hysbysebu trawiadol a phacio deniadol. Roedd George yn barod i fentro ac arloesi ac erbyn 1910 Cadbury oedd y cynhyrchydd coco a siocled mwyaf yng ngwledydd Prydain.

Erbyn 1879 roedd yr adeilad yn Bridge Street yn llawer rhy fychan i'r cwmni ac felly penderfynodd y partneriaid achub ar y cyfle i weithredu arbrawf economaidd a chymdeithasol. Symudasant eu gweithfeydd i Bournville, ardal wledig rhyw bedair milltir o Birmingham. Yma gweithredwyd ar gynllun i wella effeithiolrwydd eu ffatrïoedd ac amgylchiadau'r gweithlu trwy adeiladu tai pwrpasol ar eu cyfer. Yn ddiweddarach cyflwynwyd taliadau salwch a phensiynau. Syniad George oedd llawer iawn o hyn. Ym 1900 sefydlodd y Bournville Village Trust oedd yn berchen ar lawer o dir. Bwriad yr ymddiriedolaeth hon oedd cynorthwyo gweithwyr. Bu George yn briod ddwywaith ac fe gafodd 11 o blant. Wedi marwolaeth ei frawd Richard ym 1899 daeth Cadbury Brothers yn gwmni cyfyngedig gyda George yn gadeirydd. Roeddent yn dal i arloesi gyda thechnoleg cynhyrchu a marchnata ac ym 1905 ymddangosodd y Cadbury's Dairy Milk, a coco Bournville y flwyddyn ddilynol. Dan arweiniad George fe dyfodd gweithlu'r cwmni o 20 i oddeutu 8,600 o bobl.

Rhan fawr o waith cymdeithasol George oedd y mudiad ysgolion i oedolion. Trwy gydol ei oes bu'n athro mewn ysgol i oedolion yn Birmingham ac yn arweinydd dosbarth Beiblaidd. Dysgodd gannoedd o ddynion y ddinas i ddarllen ac ysgrifennu a thrwy ymwneud â'r bobl hyn dysgai ef beth oedd eu hanghenion.

Roedd ganddo lawer iawn o ddiddordebau eraill. Yr oedd yn gyd-berchennog y *Daily News*, papur newydd a roddai fynegiant i safbwyntiau Ymneilltuol a'r Blaid Ryddfrydol. Bu farw yn ei gartref, Manor House, Birmingham, ar 24 Hydref 1922.

James Chalmers 1841–1901
Cenhadwr yn Guinea Newydd

Penderfynodd James Chalmers yn ystod ei arddegau y byddai'n mynd yn genhadwr ar ôl iddo glywed llythyr gan genhadwr Cristnogol yn Fiji yn cael ei ddarllen yn ei eglwys. Geiriau clo'r pregethwr oedd, 'Ys gwn i a oes bachgen yma a fydd maes o law yn mynd â'r Efengyl i'r canibaliaid?'

Ddeng mlynedd yn ddiweddarach hwyliodd Chalmers a'i wraig ifanc i Ynysoedd y De. Llongddrylliwyd hwy ar y ffordd. Wrth iddo gael ei gario i'r lan ar ôl cyrraedd ynys Rarotonga gofynnodd un o'r brodorion iddo mewn Saesneg bratiog, 'What fellow name belong you?' Atebodd ef, 'Chalmers'. Ceisiodd y brawd ddweud yr enw ond yr hyn a ddaeth o'i enau oedd 'Tamate'. Gelwid ef oddi ar hynny wrth yr enw hwnnw ymhlith y brodorion. Ymgartrefodd ar ynys Rarotonga ac yn raddol dysgodd yr iaith ac ymgyfarwyddodd gyda'r diwylliant a'r tywydd.

Ym mis Mai 1877 hwyliodd i Papua, de-ddwyrain Guinea Newydd, a chael croeso i bentref o ganibaliaid sef Suau. Ar y cyfan datblygodd perthynas gyfeillgar rhyngddo a'r brodorion er bod tyndra ambell dro. Ni cheisiodd bregethu iddynt ond byw bywyd syml a da fel Cristion.

Rhoddwyd llong stêm at y gwaith gan y Genhadaeth ac aeth Chalmers ati'n syth i ymweld â 105 o bentrefi er mwyn dechrau gwaith Cristnogol. Gallai fod yn waith peryglus. Mewn un lle fe'u hamgylchynwyd gan filwyr arfog yn bygwth eu lladd oni bai eu bod yn rhoi iddynt gyllyll a bwyeill.

Ym 1879 bu farw ei wraig wedi cyfnod hir o salwch ac am gyfnod bu mewn galar dwys. Ond yn hytrach na chael seibiant o'r gwaith symudodd i Port Moresby i weithio yn galetach. Dywedodd, 'Gadewch i mi gladdu fy ngalar yng ngwaith Crist.' Erbyn hyn roedd yn argyhoeddedig mai ei waith ef oedd bod yn rhagredegydd, yn paratoi'r ffordd er mwyn i eraill ei ddilyn yn y dyfodol. Aeth ati i greu perthynas gyfeillgar gyda'r gwahanol lwythau. Daeth y bobl leol i'w barchu yn bennaf oherwydd ei ddewrder. Byddai'n cael ei wahodd i siarad yn rhai o'r pentrefi a phregethai'n achlysurol mewn temlau paganaidd. Ar ddiwedd un o'r cyfarfodydd dywedodd y bobl wrtho, 'Dim mwy o ymladd, Tamate, dim mwy o fwyta pobl. Fe geisiwn heddwch.' Erbyn 1882 gallai Chalmers ddweud nad oedd unrhyw 'ffwrneisi canibalaidd, gloddestau, cnawd dynol nac awydd am benglogau' yn yr ardal lle roedd yn gweithio.

Dychwelodd Chalmers ddwywaith i Loegr ar wyliau a hynny ym 1886 a 1894. Pan ddaeth teimlai orfodaeth i ddychwelyd yn ôl gan ddweud, 'Ni allaf orffwyso gyda chymaint o filoedd o anwariaid wrth ein hymyl heb unrhyw adnabyddiaeth o Dduw.' Ar 7 Ebrill 1901 hwyliodd gydag Oliver Tompkins ac ychydig o gynorthwywyr i Ynys Goaribari. Trannoeth aethant i'r lan i ymweld â'r brodorion, ond cipiodd rhai rhyfelwyr eu llong. Daliwyd Chalmers a Tompkins ac aethpwyd â hwy i adeilad mawr gerllaw. Yno cawsant eu curo i farwolaeth gyda phastynau cerrig, torrwyd eu pennau i ffwrdd a darniwyd eu cyrff yn barod i'w coginio.

James Gilmour 1843–1891

Cenhadwr ym Mongolia

Ganwyd James Gilmour yn Cathkin, plwyf Carmunnock, nid nepell o Glasgow, ar 12 Mehefin 1843. Ef oedd y trydydd o chwe mab i James ac Elizabeth Gilmour. Roedd ei dad yn saer ac roedd amgylchiadau ariannol y teulu yn gyffyrddus. Ar y Sul mynychent eglwys gynulleidfaol yn Glasgow. Addysgwyd Gilmour yn ysgol Bushyhill yn Cambuslang, ysgol ieuenctid Gorbals yn Glasgow ac ysgol uwchradd Glasgow. Ym 1862 dechreuodd fynychu dosbarthiadau ym Mhrifysgol Glasgow lle y dangosodd fedrusrwydd mawr gyda Groeg a Lladin. Tra oedd yn Glasgow cafodd dröedigaeth ac aeth i goleg diwinyddol yr Eglwys Gynulleidfaol yng Nghaeredin. Tra oedd yno fe'i derbyniwyd i fod yn genhadwr gyda Chymdeithas Genhadol Llundain (London Missionary Society) ac fe'i hanfonwyd i Goleg Cheshunt, canolfan hyfforddi'r LMS, lle y bu hyd 1869.

Anfonwyd ef gan yr LMS i ailagor cenhadaeth ym Mongolia. Bu William Swan ac Edward Stallybrass yn cenhadu gyda'r Mongoliaid Buryat yn Siberia o 1817 ymlaen ond ataliwyd y gwaith gan yr awdurdodau Rwsiaidd ym 1840. Llugoer oedd ymateb Gilmour ar y dechrau i'r ffaith ei fod yn cael ei anfon i ardal mor anghysbell i weithio ymhlith Bwdhyddion lamaidd. Er hynny penderfynodd fynd ac fe'i hordeiniwyd yn Eglwys Awstin, Caeredin, ar 10 Chwefror 1870 a theithiodd i China. Cyrhaeddodd Peking (Beijing) ym mis Mai lle y cyfarfu â Dr John Dudgeon a Joseph Edkins. Cynghorwyd ef i aros yno am dair blynedd yn dysgu Tsieinëeg a Mongoleg ond penderfynodd ef o ganlyniad i gyflafan y Tientsin (Tianjin) fynd i Mongolia. Ar ei daith gyntaf teithiodd gyda masnachwyr Rwsiaidd i Kiakhta oedd ar y ffin gyda Rwsia. Arhosodd yno am gyfnod mewn yurt gyda lama (person ac nid yr anifail) lle y dysgodd Fongoleg. Ym 1871 dychwelodd i Peking a'r flwyddyn ddilynol aeth ar ail daith i ardal amaethyddol gogledd ddwyrain Mongolia. Wedi cloriannu'r posibiliadau penderfynodd ganolbwyntio ei waith efengylu ar grwydriaid y gwastadeddau gan fod eu pebyll bob amser yn agored i ddieithriaid. Golygai hynny y gallai gymysgu yn rhwydd gyda hwy. Yr anhawster mawr a wynebodd trwy gydol ei yrfa oedd nad oedd y Mongoliaid na'r Rwsiaid yn awyddus iddo aros yn Mongolia. Yn ystod y cyfnod o ugain mlynedd y bu yno defnyddiai Peking fel canolfan barhaol er mwyn mynd ar deithiau blynyddol i Mongolia. Teithiodd gan fwyaf yn ardal Kalgan ar ffin China ar gefn camel gan grafu byw mewn pebyll a thafarndai llwm. Byddai'n mynd am fisoedd ben bwy gilydd heb weld unrhyw bobl eraill o'r gorllewin. Mabwysiadodd hefyd ddiwyg a dillad Mongolaidd. Yn ddiweddarach yn ei yrfa teithiai gyda phabell las gan ei gosod gerllaw temlau Bwdïaidd. Yna byddai'n pregethu'r Efengyl ac yn dosbarthu moddion. Effeithiodd yr unigrwydd a'r diffyg ymateb arno ac fe anfonodd adroddiad yn ôl i'r LMS ym 1873 yn dweud, 'Rwyf yn y felan.' Ym 1874 cyfaddefodd nad oedd unrhyw Fongol wedi dod i gredu yn Iesu Grist ac nad oedd wedi dod ar draws unrhyw un oedd ag unrhyw ddiddordeb yn y pwnc.

Daeth yn gyfarwydd iawn ag arferion a thraddodiadau'r Mongoliaid ac ysgrifennodd amdanynt, o dan y ffug enw Hoinos a olygai 'yr un o'r gogledd', yn y *Chinese Recorder* a gyhoeddwyd yn Shanghai. Dechreuodd ohebu gydag Emily Prankard, cenhades gyda'r LMS yn Peking, ac fe briododd y ddau yn Shanghai. Am gyfnod, hyd nes iddynt gael plant, byddai ei wraig yn mynd gydag ef ar ei grwydradau trwy Fongolia. Er y gwaith caled nid oedd unrhyw Fongol wedi derbyn yr Arglwydd Iesu. Ym 1882 daethant am yr unig seibiant a gawsant ym Mhrydain fel teulu. Cyhoeddodd y Religious Tract Society *Among the Mongols* yn seiliedig ar erthyglau Gilmour a bu ymateb rhagorol i'r gyfrol. Wedi dychwelyd i Fongolia wynebodd ragor o siomedigaeth oherwydd diffyg ymateb a arweiniodd at iselder ysbryd, ac ar ben hyn bu farw ei wraig ym 1885 a'i fab ieuengaf ym 1887. Yn y diwedd aeth y cwbl yn drech nag ef. Cafodd anhwylder meddwl a dychwelodd i Brydain ym 1889 i wella gan aros gyda theulu yn Hamilton. Flwyddyn yn ddiweddarach dychwelodd i Fongolia ond fe'i trawyd yn sâl gyda typhus a bu farw ar 21 Mai 1891 yn Tientsin ac yno y claddwyd ei weddillion. Codwyd cofeb wenithfaen er cof amdano yn Hamilton.

Thomas John Barnardo 1845–1905

Sefydlydd Cartrefi Barnardo i blant amddifad

Bu cynnydd enfawr yn nifer y plant digartref yn Lloegr yn ystod y bedwaredd ganrif ar bymtheg. Er nad oes ystadegau manwl tybir bod cymaint â 30,000 o blant dan un ar bymtheg oed yn byw ar strydoedd yr East End, Llundain. Byddai hyd at 15,000 o rai eraill heb gartrefi parhaol ond yn gallu talu ychydig am lety.

Sefydlwyd nifer o gartrefi iddynt, e.e. Shaftesbury Homes, St Giles ym 1843 a Chartrefi Mr Fegan i fechgyn amddifad ym 1870. Sefydlwyd cartrefi gan Ymneilltuwyr a Chatholigion.

Ganwyd Thomas Barnardo, a oedd o dras Eidalaidd, yn Nulyn i deulu o fasnachwyr crwyn ffyniannus. Addolai ei rieni'n gyson yn Eglwys Sant Andreas ond nid oedd ganddo ef fawr o ddiddordeb mewn crefydd. Yn wir datganodd pan oedd yn un ar bymtheg oed ei fod yn agnostig. Er hynny roedd bwriad Duw ar ei gyfer yn wahanol ac fe gafodd dröedigaeth gan ymuno â'r Brodyr Plymouth (Open Plymouth Brethren). Gweithiodd yn ddygn am bedair blynedd gyda'r tlodion yn Nulyn. Yn dilyn sgwrs gyda Hudson Taylor ym 1865 derbyniodd wahoddiad i fynd yn genhadwr.

Ym mis Ebrill 1866 aeth i Lundain i ymuno â chriw o recriwtiaid oedd ar fin hwylio i China. Ond yna perswadiodd Hudson Taylor ef y dylai gael ei hyfforddi fel meddyg cyn mynd. Er ei fod yn siomedig cofrestrodd yn y London Hospital yn Whitechapel. Ymaelododd gyda'r Brodyr Plymouth yn Sidney Street a threuliai bob Sul a dwy noson yr wythnos yn dosbarthu Beiblau a phregethu ar y strydoedd. Dyn bychan o gorffolaeth ydoedd, rhyw bum troedfedd a thair modfedd o daldra. Yn ddiweddarach y flwyddyn honno fe agorodd ysgol ar gyfer plant tlawd mewn hen stabl mulod. Roedd llawer o resymau am y digartrefedd fel diweithdra, cyflog isel ac alcohol. Gorfodwyd rhai plant i gardota, gwerthwyd eraill gan eu rhieni fel llafur rhad a thaflwyd eraill o'u cartrefi. Sefydlodd yr East End Juvenile Mission mewn dau fwthyn gyferbyn â'r stabl. Cynorthwyai'r plant hefyd i gael swyddi ond gwyddai nad oedd ei waith yn ddigonol a bod angen ateb llawer mwy radical.

Un dydd rhoddwyd £1,000 gan Aelod Seneddol tuag at y gwaith. Cymerodd Barnardo hyn fel arwydd gan Dduw y dylai barhau yn y gwaith hwnnw gan roi heibio'r syniad o fynd yn genhadwr i China. Gan barhau gyda'i addysg feddygol, pregethai Barnardo dair gwaith yr wythnos a chynnal cyrddau gweddi nosweithiol. Deuai hyd at 500 o ieuenctid i'r cyfarfodydd hyn ac erbyn gwanwyn 1870 yr oedd 150 o ddychweledigion wedi eu bedyddio.

Rhentodd dŷ mawr ar y Stepney Causeway fel cartref i blant amddifad. Aeth trwy slymiau cyfagos yn gwahodd bechgyn i ddod yno i fyw ond ar y dechrau nid oedd lle ond i bump ar hugain. Ei gynllun mawr nesaf oedd agor y People's Church ynghanol yr East End. Prynodd hen dŷ tafarn yr Edinburgh Castle a'i agor fel capel gyda chaffi a bar coffi. Penodwyd ef yn fugail ac fe gynyddodd y gynulleidfa i ddwy fil o addolwyr ar y Sul. Yn yr un flwyddyn priododd Sarah Louise (Syrie) Elmslie o Richmond a chyda'i gilydd agorasant y cartref Barnardo cyntaf i ferched yn Ilford. Yn fuan sylweddolodd bod angen patrwm gwahanol i ferched a datblygodd Bentref i Ferched yn Ilford.

Fel meddyg roedd ganddo faich arbennig dros iechyd plant. Ym 1876 agorodd ysbyty i blant sâl yn agos i'r cartref yn Stepney Causeway. Tros y blynyddoedd ymestynnodd i lawer o gyfeiriadau. Agorodd gartref i fabanod yng Nghaint ym 1883, dau gartref i bobl fethedig ym 1887, cartref i bobl gyda chlefydau marwol ym 1894 ac Academi Forwrol i fechgyn ym 1903. Rhoddwyd cyfle i rai o'r plant hŷn ddechrau bywyd newydd yng Nghanada ac Awstralia. Cynhaliwyd yr holl sefydliadau trwy weddi a rhoddion gwirfoddol a chyrhaeddodd cyfanswm y rhoddion £150,000 y flwyddyn. Er hyn fe aeth i ddyled fawr a bu'n rhaid tocio ar y gweithgareddau.

Bu Thomas John Barnardo farw gartref yn St Leonard's Lodge ar 19 Medi 1905 o drawiad ar y galon. Arddangoswyd ei gorff yn yr Edinburgh Castle am dri diwrnod a chladdwyd ei weddillion yng ngerddi'r Pentref i Ferched yn Ilford.

William Walters, 1845–1907
Sylfaenydd Scripture Gift Mission International

Roedd William Walters wedi ei argyhoeddi bod angen i bobl gyffredin ddarllen y Beibl. Sefydlodd y Scripture Gift Mission er mwyn rhoi Testamentau Newydd a Beiblau yn rhad ac am ddim i bobl. Ers dyddiau ei ieuenctid treuliai'r amser cyn brecwast yn astudio ac yn yr haf darllenai'r Beibl mewn lleoliad tawel yn yr ardd.

Ganwyd ef yn Wolverhampton. Fe'i prentisiwyd fel argraffydd a sefydlodd ei fusnes ei hun yn Birmingham. Roedd yn ymwybodol iawn bod y Beibl yn llyfr dieithr i ganran uchel o'r boblogaeth. Wrth agosau at ei ben blwydd yn ddeugain teimlai nad oedd wedi cyflawni'r nesaf peth i ddim dros achos yr Arglwydd. Daeth yn argyhoeddedig mai ei ddyletswydd ef oedd defnyddio ei waith a'i ddawn i gyrraedd pobl gyda gair Duw.

Ym 1885 penderfynodd fod yn rhaid iddo gamu ymlaen mewn ffydd. Gwerthodd ei fusnes argraffu llyfrau ac yn gwbl annisgwyl derbyniodd rodd ariannol tuag at y gwaith o ddosbarthu'r Ysgrythur. Symudodd i Lundain gan agor swyddfa yn Paternoster Row ger Cadeirlan St Paul. Dechreuodd ar ei waith mawr yn Chwefror 1888 o dan yr enw Scripture Text Mission er mwyn dosbarthu rhannau o'r Ysgrythur yn rhad ac am ddim. Yn fuan penderfynwyd newid yr enw i Scripture Gift Mission.

Arloesodd yn y defnydd o liw a lluniau mewn Beiblau. Roedd yn awyddus i wneud ei gyhoeddiadau mor ddeniadol â phosibl 'i'r llygad er mwyn ennill y galon'. Cafodd y syniad o greu lluniau a ddangosai olygfeydd o'r Dwyrain Canol. Llwyddodd i gael cymorth dau artist poblogaidd sef Henry Harper a James Clark.

Cynhaliodd y ddau ohonynt tra oeddent yn gweithio iddo ym Mhalesteina. Rhyngddynt cynhyrchwyd dros 200 o ddarluniau eglurhaol yn portreadu bywyd yn y Dwyrain. Yn ystod y tair blynedd gyntaf cyfyngodd ei waith i gyhoeddi copïau o'r pedair Efengyl yn Saesneg.

Ond gofynnodd ffermwr estrys, oedd â diddordeb mewn cenhadu ymhlith Mwslemiaid Gogledd Affrica, a fyddai'n ystyried cyhoeddi Efengyl Ioan mewn Arabeg. Gwnaeth hynny ac yn fuan ymddangosodd Efengyl Ioan yn Sbaeneg a Phortiwgaleg, Efengyl Luc yn Ffrangeg ac Efengyl Marc mewn Eidaleg. Yna daeth ceisiadau lu am gyhoeddiadau mewn amrywiol ieithoedd. Tyfodd y gwaith ac erbyn Rhagfyr 1895 roedd SGM wedi argraffu dros ddwy filiwn o gopïau o'r Efengylau.

Gosododd y busnes ar sylfaen gadarnach trwy ffurfio pwyllgor ymgynghorol. Cychwynnodd fisolyn sef *The Word of Life* er mwyn rhannu gwybodaeth am y gwaith. O'r dechrau dosbarthai rannau o'r Ysgrythur yn rhad ac am ddim. Codwyd arian ar y dechrau trwy apeliadau a hysbysebion ond newidiwyd y polisi yn ddiweddarach i weithredu trwy ffydd.

Ym 1899, ar ddechrau Rhyfel y Boer, argraffodd rifynnau arbennig yn dwyn y teitl *The Soldiers New Testament*. Pan ddaeth Edward VII i'r orsedd ym 1901 rhoddwyd fersiwn arbennig o Efengyl Marc i'r miloedd o bobl dlawd a aeth i ginio'r coroni.

Aeth William Walters ati i baratoi rhifyn arbennig o'r Beibl gyda lluniau. Yn hwn roedd 20 o luniau lliw a 72 o ysgythriadau sepia. Roedd y gwerthiant y tu hwnt i bob disgwyl. Ym Mai 1907 bu farw'n ddisymwth. Mewn cyfnod o ugain mlynedd llwyddodd y dyn rhyfeddol hwn i anfon deng miliwn cyfran o'r Ysgrythur mewn 22 o ieithoedd i 50 o wledydd. Defnyddiodd rym y wasg i ledaenu Efengyl yr Arglwydd Iesu Grist.

Erbyn hyn y mae tua 17 miliwn o gyhoeddiadau yn cael eu hanfon am ddim i 20,000 o Gristnogion mewn 150 o wledydd. Fe'u hargreffir mewn 350 o ieithoedd. Mae SGM hefyd yn arloesi mewn argraffu darnau o'r Beibl mewn ieithoedd am y tro cyntaf.

Wellesley Cosby Bailey 1846–1937

Sylfaenydd y Genhadaeth i'r Gwahangleifion

Ganwyd Wellesley Cosby Bailey ar 28 Ebrill 1846 yn Abbeyleix, de-orllewin Dulyn, lle roedd ei dad yn gweithio fel asiant i Stad Stradballey. Bedyddiwyd ef ynghyd â'i dri brawd yn Eglwys Anglicanaidd Iwerddon ac fe ddaeth i'r bywyd pan oedd yn ugain oed. Aeth am gyfnod byr i Awstralia i geisio gwneud ei ffortiwn ond aeth ei holl gynlluniau i'r gwellt a dychwelodd i Iwerddon.

Wedi iddo ddychwelyd credai y byddai Duw yn rhoi arweiniad iddo ynglŷn â'r hyn yr oedd i fod i'w wneud. Hwyliodd i India lle roedd ei frawd yn swyddog yn y fyddin. Ei fwriad cyntaf oedd dysgu Hindi a mynd yn heddwas, ond nid felly y bu. Tra oedd yn aros yng nghartref y cenhadwr Almaenig y Parch. Reuther teimlodd faich cynyddol dros y tlodion ac ystyriodd efallai fod Duw yn ei alw i fod yn genhadwr yn hytrach na heddwas. Gwnaeth gais i'r Genhadaeth Bresbyteraidd Americanaidd i fod yn athro yn eu hysgol yn Ambala, ac fe'i derbyniwyd. Yno, daeth o dan ddylanwad y Parch. Ddr J. H. Morrison oedd yn ddyn duwiol a gweddigar a chydag ef yr ymwelodd â lloches i wahangleifion am y tro cyntaf. (Ers y dyddiau cynnar mae Cristnogion wedi bod yn cynorthwyo gwahangleifion. Yn y bedwaredd ganrif agorwyd ysbyty iddynt yng Nghesarea [Cappadocia] dan arweiniad yr Esgob Basil.) Cyffyrddodd yr hyn a welodd Bailey ef yn ddwfn yn ei galon a dywedodd, 'Os oes unrhyw waith Crist-debyg i'w wneud ar y ddaear, dyma fo, mynd i blith y dioddefwyr hyn a rhannu gyda hwy gysur yr Efengyl.'

Ymwelai'n gyson â'r lloches gan ddod i ddeall beth oedd anghenion y gwahangleifion. Sylweddolodd fod arnynt angen amodau byw gwell, bwyd maethlon, dillad a gofal meddygol yn ogystal â'r Efengyl.

Ym 1871 daeth ei ddyweddi Alice Grahame ato ac wedi iddynt briodi bu'r ddau ohonynt yn cynorthwyo yn y lloches. Ym 1873 oherwydd salwch Alice dychwelasant i Iwerddon. Tra oeddent yno siaradodd

Wellesley mewn cyfarfod yn Nhŷ Cwrdd y Crynwyr yn Nulyn am y gwaith. Yno yr oedd y chwiorydd Pim, tair chwaer a gyffyrddwyd gan ei anerchiad. Addawsant gyfrannu o leiaf £30 yn flynyddol tuag at y gwaith. Agorodd Bailey gyfrif banc yn dwyn yr enw 'Gwahangleifion yn India'. Ymunodd â Chymdeithas Genhadol Eglwys yr Alban ym 1875 ac fe'i hanfonwyd i Chamba yn yr India ar odre Mynyddoedd yr Himalaya. Yno sefydlasant loches i wahangleifion gydag ychydig nawdd gan y llywodraeth. Agorodd ganolfannau eraill hefyd yn Sabutha ger Bryniau Simla a Wazirabad. Erbyn hyn yr oedd llawer o fudiadau eraill yn cysylltu gydag ef er mwyn manteisio ar ei wybodaeth a'i arbenigedd. Ym 1879 symudodd i'r Alban a chael ei benodi yn Ysgrifennydd cyntaf Mission to Lepers in India a thyfodd y gwaith. Sefydlwyd cartref yn Burma ym 1889 ac yn Hangchow yn China a daeth ceisiadau am gymorth o Japan, De Affrica, De America, Sumatra a Chorea. Trwy ei waith llwyddwyd i helpu llawer o ddioddefwyr yn gorfforol ac ysbrydol ond hefyd aethpwyd i'r afael â'r rhagfarn gymdeithasol oedd tuag at wahangleifion.

Heddiw dywedir bod cynifer â 12 miliwn o bobl yn dioddef o'r gwahanglwyf a dim ond 3 miliwn ohonynt yn derbyn triniaeth.

Wilson Carlile 1847–1942
Offeiriad, efengylydd a sefydlydd y Church Army

Bu'r eglwys Anglicanaidd yn Lloegr yn araf iawn wrth ymateb i'r
Chwyldro Diwydiannol yn y bedwaredd ganrif ar bymtheg pan oedd y
mwyafrif o'r dosbarth gweithiol yn gwbl anwybodus am wirioneddau
sylfaenol Cristnogaeth. Ni lwyddwyd i ddechrau datrys eu diffygion ym
maes efengylu ac ymestyn allan nes daeth Wilson Carlile a'r Church
Army ym 1882. Ei weledigaeth oedd sefydlu cenhadaeth Gristnogol i
weithwyr gan weithwyr trwy ddefnyddio lleygwyr i gyrraedd y rhai oedd
yn fethiant, yn ddrwgweithredwyr ac yn ddi-waith. Dechreuodd Carlile
ei waith yng Ngorllewin Llundain ac am drigain mlynedd bu'n
cyfarwyddo'r gwaith. Hanai o linach hir o Bresbyteriaid Albanaidd a
ymfudodd i Lundain. Ganwyd ef yn Brixton ar 14 Ionawr 1847, yr hynaf
o ddeuddeg o blant i Maria ac Edward Carlile, masnachwr yn y Ddinas
yn Llundain. Roedd yn blentyn bregus oherwydd nam ar yr asgwrn cefn.
Aeth i ysgol breifat Brixton a phan oedd yn dair ar ddeg ymunodd ym
musnes teilwra a sidan ei daid. Yn fuan wedyn aeth i'r City of London
School ac yna am flwyddyn i ysgol yn Lille lle dysgodd siarad Ffrangeg
yn rhugl. Yn ddiweddarach dysgodd siarad Almaeneg ac Eidaleg.
Dychwelodd i weithio gyda chwmni ei daid yn Cheapside a gosododd
nod iddo'i hun y byddai'n hel celc o £20,000 erbyn y byddai'n bump ar
hugain. Llwyddodd i wneud hynny oherwydd ei ddoniau trefnu a'i
fanylrwydd gyda'r gwaith. Ond ym 1873 bu argyfwng yn y byd bancio
yn Llundain ac Efrog Newydd a chollodd ei ffortiwn fel nad oedd ganddo
ond £1,500. Dioddefodd salwch drwg lle y bu yn orweddiog am hir ac
yn y cyfnod hwn y siaradodd Duw gydag ef. Cafodd lyfr yn rhodd gan
fodryb yn dwyn y teitl *Grace and Truth* a chyn iddo orffen darllen y
bennod gyntaf yr oedd wedi cyflwyno ei fywyd i'r Arglwydd.

Pan ddychwelodd i'r busnes nid oedd ei galon yn y gwaith ac nid oedd
ganddo ddiddordeb mewn gwneud arian. Treuliai ei amser sbâr yn
efengylu yn Blackfriars. I gychwyn roedd yn aelod gyda'r Brodyr
Plymouth ac yna gyda'r Anglicaniaid yn Eglwys Holy Trinity, Richmond.
Priododd Flora Vickers ym 1870 ac ymaelododd y ddau yn eglwys
Anglicanaidd Clapham. Pan ddaeth yr efengylwyr Americanaidd Ira D

Sankey a Dwight L Moody ar ymweliad â Llundain ym 1875 fe gynorthwyodd Carlile hwy ar yr ochr gerddorol. Gadawodd dulliau efengylu'r Americanwyr argraff ddofn arno, yn enwedig y defnydd a wnaed o ddynion cyffredin yn rhannu profiad o'u tröedigaethau ac o waith Duw yn eu bywydau.

Ym 1878 teimlodd alwad gan Dduw i'r weinidogaeth. Treuliodd ddwy flynedd yn astudio yng Ngholeg St John yn Highbury ac yna fe'i hordeiniwyd fel ciwrad yn St Mary Abbots yn Kensington. Ei nod o ddechrau ei weinidogaeth oedd cyrraedd pobl dlawd gyda'r Efengyl. Casglodd at ei gilydd griw o weithwyr cyffredin oedd yn gallu rhannu eu ffydd yn rhwydd. Cynhaliwyd cyfarfodydd awyr agored, gorymdeithiau ac oedfaon Magic Lantern yn neuadd yr ysgol. Ymosodwyd arnynt yn aml yn ystod y cyfarfodydd hyn ond daeth llawer o bobl gyffredin i gredu yn Iesu Grist. Roedd yr arbrawf o ddefnyddio pobl gyffredin i efengylu wedi gweithio yn ardderchog. Yn yr un cyfnod roedd eraill o fewn yr Eglwys Anglicanaidd yn ceisio datblygu strategaethau efengylu yn enwedig y Parch. Evan Hopkins a oedd wedi dechrau'r Church Gospel Army yn Richmond a hefyd y Canon Atherton ac F. S. Webster. Cyfarfu Carlile â'r tri ym 1882 a phenderfynasant uno mewn gwaith o dan yr enw The Church Army. Ymddiswyddodd Carlile o'i gyfrifoldebau yn Eglwys St Mary Abbots er mwyn bod yn gyfarwyddwr y mudiad newydd. Rhoddwyd hysbyseb mewn papurau eglwysig yn galw am 'ddynion ifanc llawn tân a brwdfrydedd sy'n barod i roi heibio'r cwbl er mwyn Iesu Grist i ymladd yn erbyn pechod ac annuwioldeb'. Cafwyd ymateb gan ddynion o bob math – gofaint, clercod a gweithwyr ffatri. Anfonwyd hwy am hyfforddiant i Rydychen. Pan gwblhawyd yr hyfforddiant fe'u gwnaethpwyd yn Gapteiniaid oedd â chyfrifoldeb dros gorfflu. Sefydlwyd gorsaf gyntaf y Church Army yn Richmond. Eu gwaith oedd efengylu a thystio yn yr awyr agored. Yn hytrach na gwahodd pobl i ddod i'r eglwys, bwriad yr Army oedd bod yn eglwys oedd yn mynd at y bobl. Wedi tair blynedd o waith roedd gan y Church Army 65 o swyddogion a rhwng pedair a phum mil o 'filwyr'. O fewn blwyddyn cafwyd dwy fil o bobl yn credu o'r newydd yn Iesu. Yn ddiweddarach datblygodd y gwaith trwy ddarparu lloches i'r digartref a'u bwydo ar y Thames Embankment. Ambell i noson yn y gaeaf byddai cymaint â 2,000 yn ymgynnull yno i gael bwyd. Bu Carlile farw yn ei gartref yn Kingsbury, Woking, ar 26 Medi 1942.

Mary Mitchell Slessor 1848–1915

Cenhades Calabar

Pan ddechreuodd y mudiad cenhadol ar ddiwedd y ddeunawfed ganrif, dynion oedd pob cenhadwr. Byddai gwragedd yn cynorthwyo eu gwŷr mewn gwaith cenhadol ond ni chlywid byth am ferched sengl yn cyflawni'r gwaith. Ar ddechrau'r bedwaredd ganrif ar bymtheg gwelwyd pethau'n newid.

Pan sefydlodd Hudson Taylor y genhadaeth yn China (China Inland Mission) ym 1865, cytunodd i anfon merched sengl i ganolbarth y wlad i weithio gyda merched eraill. Felly pan wnaeth Mary Slessor gais i ymuno â Chenhadaeth Calabar ym 1875 nid oedd unrhyw anhawster i'w derbyn.

Yn Gilcomston, ardal o Aberdeen, y ganwyd Mary Mitchell Slessor ar 2 Rhagfyr 1848, yr ail o saith o blant i'r crydd Robert a'r gwehydd Mary. Cafodd fagwraeth dlawd a difreintiedig a hynny'n rhannol oherwydd alcoholiaeth ei thad. O ganlyniad i'w feddwdod collodd ei thad ei waith a bu'n rhaid i'r teulu symud o Aberdeen i Dundee. Un ystafell oedd i'w chartref newydd ac nid oedd dŵr, golau na thŷ bach. Ar y Sul byddai eu mam yn mynd â hwy i'r eglwys Bresbyteraidd leol ac yno clywodd yr Efengyl am y tro cyntaf.

Pan oedd yn ddeg treuliai hanner ei diwrnod mewn ysgol a'r hanner arall yn gweithio mewn melin. Pan oedd yn bedair ar ddeg oed dechreuodd weithio yn llawnamser, 58 awr yr wythnos, yn gwehyddu.

Dangosodd ddiddordeb cynnar mewn gwaith cenhadol. Cafodd dröedigaeth yn ei harddegau ac fe'i harweiniwyd ymhellach i ystyried gwaith cenhadol pan ddarllenodd yn y *Missionary Record* am ei harwr David Livingstone. Gwelodd yr angen i'w haddysgu ei hun er mwyn mynd i'r genhadaeth ac felly ymunodd â dosbarthiadau nos. Fe'i hanogwyd gan weinidog yr eglwys i helpu yn yr Ysgol Sul a chyda gwaith ieuenctid. Gwnaeth gais i fynd i Calabar ac fe'i derbyniwyd.

Wedi cyfnod o dri mis o hyfforddiant yn Moray House, Caeredin, hwyliodd ym mis Awst 1876 i Calabar sydd bellach yn ne-ddwyrain Nigeria, Gorllewin Affrica. Yn ystod ei harhosiad cyntaf bu yno am dair blynedd yn dysgu'r iaith Efik. Yn ystod ei hail arhosiad fe'i penodwyd i oruchwylio gorsaf genhadol yn Old Town. Bu'n ddiwyd yn ymestyn allan ymhellach i'r wlad. Sefydlodd dair gorsaf genhadol newydd a gweithiai fel athrawes a nyrs ardal gan rannu moddion a chynnal pedair oedfa'r Sul.

Cam pwysig ganddi oedd penderfynu gwisgo a bwyta fel y brodorion. Gwisgai yn syml a thorrai ei gwallt yn fyr gan fwyta bwydydd lleol. Trwy hyn daeth yn llawer mwy derbyniol yng ngolwg y bobl leol ac roedd hon yn ffordd effeithiol o dystio i'r ffydd.

Yn ddiweddarach mentrodd i mewn i'r tir mawr er mwyn cyrraedd llwyth yr Okoyong a symudodd i bentref Ekenge. Caniatawyd iddi aros yno gan y Pennaeth Edem ac yn y diwedd cafodd gwt iddi ei hun oedd yn arwydd ei bod yn dderbyniol.

Ni allai oddef y creulondeb mawr a welai ac weithiau byddai'n herio penderfyniad y pennaeth i ddedfrydu pobl i farwolaeth. Ym 1898 fe'i penodwyd yn is-gonswl i oruchwylio dros lys brodorol Ikot Obong.

Bu Mary Mitchell Slessor farw yn Calabar ar 13 Ionawr 1915 a chladdwyd ei gweddillion mewn mynwent leol. Heddiw mae ei henw ar ysbyty sydd yn gwasanaethu pobl Calabar. Trwy ei llafur tanseiliwyd ofergoeliaeth, sefydlwyd ysgolion, arbedwyd babanod ac efeilliaid rhag cael eu lladd a phregethwyd yr Efengyl.

Ebenezer Joseph Mather 1849–1927

Sefydlydd National Mission to Deep Sea Fishermen

Yn ystod y bedwaredd ganrif ar bymtheg roedd cyflwr gwaith pysgotwyr Môr y Gogledd yn echrydus. Roedd yn ddiwydiant sylweddol gyda miloedd o longau pysgota ar y môr. Problem fawr ar y môr oedd yfed trwm ac alcoholiaeth. Byddai llongau a elwid yn copres o'r Almaen a'r Iseldiroedd yn ymweld â'r fflydoedd pysgota gan werthu alcohol a baco rhad. Roedd cymaint â 350 o bysgotwyr yn marw wrth eu gwaith yn flynyddol a llawer mwy yn cael eu hanafu. Daeth hyn i sylw'r cyhoedd pan lofruddiwyd bachgen ifanc o brentis gan gapten llong. Wrth weld difrifoldeb y sefyllfa penderfynodd un dyn yn arbennig sef E. J. Mather geisio gwella'r sefyllfa.

Ganwyd ef ar 12 Mehefin 1849 yn Stafford. Er iddo gael ei fagu mewn teulu oedd yn Frodyr Plymouth fe drodd ef yn ddiweddarach at yr Eglwys Anglicanaidd. Wedi iddo dderbyn addysg mewn academi breifat aeth i weithio yn y banc yng Nghaerwrangon ac fe'i penodwyd yn frocer yn y Ddinas yn Llundain ym 1869.

Ym 1880 aeth yn ysgrifennydd y Thames Church Mission a weithiai ar ran yr Eglwys Anglicanaidd gyda phobl ar 76 milltir o lannau afon Tafwys. Ym 1881 cafodd wahoddiad gan Samuel Hewett o Yarmouth, perchennog cwmni pysgota'r Short Blue Fleet, i fynd i weld ei weithwyr wrth eu gwaith ar Fôr y Gogledd. Yno gwelodd drosto'i hun gyflwr gwaith y pysgotwyr ac aeth ati yn syth bin i weithredu ar eu rhan. Traddododd ddarlith yn Newcastle ym 1881 ar waith Cristnogol ar y môr ac aeth ati i sefydlu'r Mission to Deep Sea Fishermen, (MDSF) gyda dau fwriad, sef pregethu'r Efengyl iddynt a gwella'r amodau gwaith sâl. Prynodd long 56 tunnell gan Samuel Hewett i ddechrau'r gwaith. Addaswyd y llong ac fe'i galwyd yn *Ensign*. Ei phriod waith oedd cario angenrheidiau meddygol, dŵr a bwyd ffres, dillad sych, llyfrau, Beiblau a thractiau. Hwyliodd am y tro cyntaf o dan lywyddiaeth y Capten Budd o Gorleston yng Ngorffennaf 1882. Rhoddwyd caniatâd hefyd gan Hewett i ddefnyddio un o'u llongau fel meddygfa ac ysbyty.

Er mwyn ceisio atal pysgotwyr rhag prynu alcohol oddi ar y copres yr oedd yr MDSF yn gwerthu baco ar eu llongau. Bu gwrthwynebiad i hyn ond bu'r arfer yn bwysig i'r gwaith yn yr hir dymor. Golygai yn raddol fod y pysgotwyr wedi peidio â mynd at y copres i brynu baco, lle roedd temtasiwn i brynu alcohol hefyd, gan droi at awyrgylch mwy croesawus llongau'r MDSF. Ym 1887 gwaharddwyd gwerthu gwirodydd ar Fôr y Gogledd a rhoddwyd caniatâd i Mather werthu baco yn ddi-dreth. Erbyn y flwyddyn honno roedd gan y mudiad saith o longau yn weithredol ar y môr. Yn ogystal â chyflwyno'r Efengyl yr oeddent hefyd yn cynorthwyo'r cleifion a'r anafedig. Cludwyd y rhai oedd wedi eu hanafu yn ddifrifol i'r London Hospital ger Marchnad Billingsgate, ond sylweddolodd y meddygon y byddai'n well o lawer pe baent yn cael eu trin yn y fan a'r lle. Gwirfoddolodd Dr Wilfred Grenfell i chwilio am feddygon i gynorthwyo gyda'r gwaith a neilltuwyd llong am gyfnod arbrofol o ddau fis i fod yn ysbyty. Bu'r arbrawf yn llwyddiant ac yn Rhagfyr 1888 penodwyd Grenfell yn feddyg llawnamser ar gyflog o £300.

Yn fuan wedyn ymddiswyddodd Mather ac fe dreuliodd weddill ei oes yn gwneud amrywiol bethau fel ysgrifennu llyfr teithio i Awstralia, sef *The Squatter's Bairn*, a golygu'r cylchgrawn *Church Family Newspaper*. Bu farw ar 23 Rhagfyr 1927 yn Canvey Island, Essex, a daearwyd ei weddillion yn eglwys St Nicholas.

Jesse Boot 1850–1931
Barwn Trent, masnachwr a fferyllydd

Ganwyd Jesse Boot yn Nottingham ar 2 Mehefin 1850. Roedd ei dad John Boot (1815–1860) yn llysieuydd meddygol ac yn Fethodist Wesleaidd o argyhoeddiad dwfn. Tybiai rhai fod diddordeb ei dad mewn meddyginiaeth wedi deillio o gyfrol John Wesley sef *Primitive Physic,* ond o ffynhonnell arall y deilliodd, sef y Thomsoniaid yn yr Unol Daleithiau. Er hynny daeth â'i sêl efengylaidd i'w fusnes a defnyddiodd ei weinidogaeth grwydrol leyg fel cyfrwng i ddod â moddion llysieuol i'r tlawd. Trosglwyddodd ei sêl efengylaidd Anghydffurfiol i'w fab Jesse. Pan oedd Jesse yn ddeg oed bu farw ei dad a bu'n rhaid iddo adael ysgol uwchradd Nottingham i weithio oriau hirion yn y siop lysieuol fechan deuluol. Roedd canran uchel o'r boblogaeth yn symud fwyfwy at foddion oedd yn cael eu hysbysebu ac felly roedd dyfodol y siop yn dibynnu ar newid trywydd. Penderfynodd ehangu ei orwelion gan ddechrau gwerthu amrywiaeth o gynnyrch gan gwmnïau eraill. O dan nawdd tri gŵr busnes lleol fe lansiodd ymgyrch hysbysebu yn y *Nottingham Daily Express* yn Chwefror 1877. Bu'n llwyddiant ysgubol a chynyddodd ei enillion wythnosol o £20 i £100. Yn y cyfnod hwn datblygodd ei egwyddorion busnes oedd yn seiliedig ar drosiant uchel gyda ffiniau elw isel ac ymgais gyson i sefydlu a hyrwyddo ei gynhyrchion ei hun.

Wedi iddo adeiladu eiddo deniadol yn Nottingham ym 1883 agorodd ganghennau yn Lincoln, Sheffield a threfi eraill. O'r dechrau cynhyrchodd foddion ei hun ond ym 1885 huriodd le mewn ffatrïoedd ger gorsaf Midland yn y dref. Daeth y llwyddiant mwyaf yn sgil dechrau dosbarthu moddion. Yn y cyfnod hwn newidiwyd cyfraith gwlad fel ei bod yn bosibl bellach i'r cwmni gyflogi fferyllwyr trwyddedig.

Ym 1886 torrodd ei iechyd ac aeth ar ei wyliau cyntaf i Jersey lle y syrthiodd dros ei ben a'i glustiau mewn cariad â Florence Annie Rowe a'i phriodi. Daeth hi i'w gynorthwyo yn y busnes trwy edrych ar ôl y merched a weithiai iddynt a datblygu ochr gwerthu llyfrau, deunydd ysgrifennu a lluniau'r cwmni.

Oherwydd bod cwmnïau eraill yn tyfu a bygwth ei fusnes fe aeth i bartneriaeth gydag eraill fel James Duckworth o Rochdale, Weslead arall a gwerthwr te. Ym 1901 prynodd 65 o siopau a dau warws Cwmni Day yn Llundain a de Lloegr. Dechreuodd hysbysebu fwy a mwy yn y wasg Brydeinig. Cynyddodd nifer y canghennau o 251 ym 1901 i 560 ym 1914. Yna ym 1903 dechreuwyd adeiladu siopau adrannol (department) yn y prif drefi a bu hyn unwaith eto yn llwyddiant ysgubol.

Nid oedd gan Jesse Boot lawer o ffydd yn ei fab John Campbell ac felly ym 1920 gwerthodd reolaeth y busnes i'r Americanwr Louis K. Liggett am £2.275 miliwn. Rhoddodd lawer o roddion i ddinas Nottingham er mwyn darparu parciau a wardiau ysbyty a bu yn eithriadol o hael tuag at Brifysgol Nottingham. Bu farw ar 13 Mehefin 1931 yn Vallée, Jersey.

William Alexander Smith 1854–1914

Sylfaenydd y Boys' Brigade

Hyd ganol yr ugeinfed ganrif gorfodwyd plant teuluoedd tlawd i fynd allan i weithio cyn gynted ag yr oeddent yn ddigon hen. Roedd hyn yn wir ar ddechrau'r Chwyldro Diwydiannol. Wrth i'r bedwaredd ganrif ar bymtheg gerdded yn ei blaen daeth deddfwriaeth newydd i amddiffyn plant a sylweddolwyd bod angen gweithgareddau addysgol a hamdden ar eu cyfer. Er mwyn ymateb i'r sefyllfa newydd hon dechreuodd eglwysi a chapeli ddarparu gweithgareddau iddynt.

Roedd gan yr efengylydd Dwight L. Moody galon dros yr hyn a alwai yn 'sancteiddrwydd ymarferol', a chefnogai lawer o brosiectau cymdeithasol. Pwysleisiai fod cyfnod yr arddegau yn allweddol yn natblygiad ieuenctid a bod arnynt angen arweiniad. Gwnaeth lawer o waith yn annog Cristnogion mewn trefi i sefydlu canghennau o'r YMCA. Yn ystod ei ymweliad â Phrydain anogodd Gristnogion i ymwneud ag ieuenctid a thlodion.

Dan ei weinidogaeth yn Glasgow y cafodd William Smith dröedigaeth a'i hysbrydolodd i weithio gyda bechgyn. Arweiniodd hyn maes o law iddo sefydlu'r Boys' Brigade a ddaeth yn fudiad byd-eang gyda chynrychiolaeth mewn 60 gwlad. Ganwyd William Smith ar 27 Hydref 1854 yn Thurso, Caithness, yr hynaf o bedwar o blant i David a Harriet Smith.

Roedd William Smith yn mynychu eglwys yn gyson ac er iddo gael ei herio i gredu yn Iesu nid oedd am ymateb yn fyrbwyll. Aeth i wrando ar Moody a ddywedodd wrth y gynulleidfa, 'Pam ddim heno?' Penderfynodd Smith gysegru ei fywyd i wasanaethu'r Gwaredwr.

Roedd eisoes yn mynychu'r Free College Church ac fe'i derbyniwyd fel aelod. Ymrodd i waith yr Ysgol Sul yn y North Woodside Mission ac ymaelododd gyda'r YMCA. Yn yr Ysgol Sul ei nod oedd ennill bechgyn i Grist, ond nid oedd yn fodlon gyda'r ymateb llugoer. Ymgodymodd â'r methiant am flynyddoedd. Rhannodd ei ofid gyda chydweithiwr a dywedodd hwnnw, 'Oni fedri di ddefnyddio rhywfaint o ddulliau'r "Volunteers" yn yr Ysgol Sul?'

Deuai William Smith o gefndir milwrol. Bu ei dad a'i daid yn y fyddin ac yr oedd ef hefyd wedi gobeithio eu dilyn. Pan oedd yn ddeunaw oed ymunodd â'r Lanarkshire Rifle Volunteers ac fe'i gwnaed yn swyddog. Un o nodweddion ei gymeriad oedd trylwyredd mewn disgyblaeth. Datblygodd y syniad i sefydlu catrawd i fechgyn gyda lifrai a bathodyn. Trefnodd i gasglu bechgyn yr Ysgol Sul oedd dros ddeuddeg oed at ei gilydd yn Frigâd. Yn ystod yr wythnos roeddent yn dysgu driliau sylfaenol, ymarfer corff, ufudd-dod i orchmynion, prydlondeb a glendid. Roedd ar y bechgyn angen defnyddio eu hegni. Rhannodd ei syniad gyda dau frawd, James a John Hill, a threuliasant nosweithiau yn haf 1883 yn trafod a gweddïo.

Penderfynwyd ar enw ac ar arwyddlun gyda chroes ac angor a'r arwyddair 'Remember now thy Creator in the days of thy youth'. Lluniwyd hefyd gyfansoddiad a ffurflen gofrestru i'r bechgyn. Lansiwyd y Boys' Brigade ar 4 Hydref 1883 yn y Free College Church Mission, Glasgow. Yr oedd tri swyddog a 28 o fechgyn. William Smith oedd y capten a'r ddau frawd Hill yn Lefftenantiaid. Wedi tair wythnos roedd 59 o fechgyn wedi ymaelodi.

Cynhaliwyd gwersyll cyntaf y Frigâd yng Ngorffennaf 1886 yn Kyles of Bute. Roedd gwyliau gwersylla yn ddatblygiad newydd. Cyhuddwyd William Smith o ddysgu crefft rhyfel i'r bechgyn, yn enwedig pan gyflwynodd ddrylliau pren ffug. Daeth llawer o'r bechgyn yn Gristnogion. Dechreuodd arweinyddion eraill rannu ei weledigaeth ac erbyn 1885 roedd pum catrawd wedi eu sefydlu ac un yng Nghaeredin. Penderfynwyd ehangu i fod yn fudiad Prydeinig. Aeth William Smith yn ysgrifennydd llawnamser ac erbyn 1891 roedd 418 cwmni. Lledodd y mudiad i'r Unol Daleithiau, Canada, Seland Newydd, Awstralia a De Affrica. O fewn tair blynedd roedd 300 catrawd yn yr Unol Daleithiau. Bu William Alexander Smith farw ar 10 Mai 1914.

Dyma ysbrydolodd Baden Powell i sefydlu'r Boy Scouts ym 1908. Erbyn hyn mae tua 3,000 o gatrodau yng ngwledydd Prydain.

Smith Wigglesworth 1859–1946

Pregethwr a chefnogwr y weinidogaeth iacháu

Ganwyd Wigglesworth i deulu dosbarth gweithiol yn Swydd Efrog ym 1859. Nid oedd ei rieni yn Gristnogion ac fe ymddengys mai'r dylanwad crefyddol mwyaf ar ei fywyd oedd ei nain a oedd yn Fethodist Wesleaidd. Yn fachgen ifanc byddai'n mynd gyda hi yn gyson i gyfarfodydd. Yn un o'r cyfarfodydd hyn pan oedd yn wyth oed deallodd fod Iesu wedi marw dros ei bechodau. Dywedodd yn ddiweddarach, 'Gwelais fod Duw am ein cadw fel ei fod wedi gwneud y telerau mor syml â phosibl – Credwch.'

O'r dydd hwnnw ymlaen roedd yn llawn sêl i ennill pobl i Grist a'r cyntaf ohonynt oedd ei fam. Pan oedd yn ddeg oed fe'i derbyniwyd yn aelod mewn eglwys Anglicanaidd leol a phan oedd yn dair ar ddeg fe symudodd y teulu i fyw i Bradford. Yno, ceisiodd rannu ei ffydd gyda bechgyn ifanc ac ymunodd â'r Christian Mission a ddatblygodd yn ddiweddarach i fod yn Fyddin yr Iachawdwriaeth.

Priododd pan oedd yn un ar hugain gyda Polly Featherstone, swyddog gyda Byddin yr Iachawdwriaeth, a chychwynasant waith cenhadol yn Bradford lle nad oedd unrhyw dystiolaeth Gristnogol. Roedd yn ei gynnal ei hun fel plymwr. Yn y cyfnod hwn iachawyd y ddau ohonynt o anhwylderau mewn cyfarfod yn Leeds a dechreuasant feithrin diddordeb yn y weinidogaeth iacháu. Am ugain mlynedd gweinidogaethodd y ddau yn Bradford gan bregethu yn yr awyr agored ac yn eu canolfan genhadol a gweddïo dros y cleifion. Clywodd Smith fod diwygiad yn Sunderland lle roedd pobl yn cael eu bendithio yn yr Ysbryd ac yn siarad â thafodau. Aeth yno a thystiai wedyn ei fod wedi derbyn 'gwir fedydd yr Ysbryd Glân fel ar ddydd y Pentecost'. Roedd hwn yn drobwynt mawr yn ei weinidogaeth a'i harweiniodd i fod yn Bentecostalaidd a chyn pen dim yr oedd ef a'i wraig yn derbyn gwahoddiadau i siarad ar hyd a lled gwledydd Prydain am eu profiadau. Profodd ryddid mawr wrth bregethu a manteisiai ar bob cyfle i ddweud wrth eraill am Iesu Grist.

Ei brif bwyslais oedd ffydd yn Nuw a chredai fod ffydd sicr yn dod â chanlyniadau sicr. Oherwydd ei ddawn i iacháu tyrrai pobl sâl yn eu miloedd i'w gyfarfodydd yn y gobaith y byddent yn cael eu gwella. Tros y blynyddoedd honnai fod Duw wedi ei ddefnyddio i beri i'r cloff gerdded, i'r byddar glywed, i'r dall weld, i fwrw allan gythreuliaid a hyd yn oed i godi'r meirw'n fyw. Wedi marwolaeth ei wraig ym 1913 teithiodd lawer mwy gan fynd dramor i gynnal ymgyrchoedd cenhadol. Aeth i'r Unol Daleithiau, y Swistir, Sgandinafia, Awstralia, Seland Newydd ac India. Pan oedd ef ei hun yn sâl gwrthodai gyngor meddygol gan ddibynnu'n llwyr ac yn gyfan gwbl ar weddi. Bu farw ar 12 Mawrth, yn 87 mlwydd oed.

Charles Thomas Studd 1860–1931
Cricedwr a Chenhadwr

Ganwyd Charles Thomas Studd yn Spratton, Swydd Northampton, ar 2 Rhagfyr 1860 yn drydydd mab i Edward Studd a Dorothy Sophia. Roedd ei dad yn gynhyrchydd indigo yn India.

Addysgwyd ef yng Ngholeg Eton a Choleg y Drindod, Caergrawnt, ac enillodd radd BA ym 1883. Chwaraeai griced i Eton a Chaergrawnt, fel dau o'i frodyr hŷn sef J. E. Kynaston Studd a G. B. Studd. Bu'r tri brawd yn capteinio Prifysgol Caergrawnt rhwng 1882 a 1884 gyda Charles yn gapten ym 1883. Roedd yn chwaraewr cyflawn ac enillodd enwogrwydd am ei gan rhediad pan gurodd Caergrawnt Awstralia o chwe wiced ym 1882. Y flwyddyn honno chwaraeodd i Loegr yn yr Oval, pan enillodd Awstralia o saith rhediad. Roedd ymhlith chwaraewyr gorau Lloegr yn y 1880au. Ef oedd yr ail chwaraewr erioed (yn ail i W. G. Grace) i wneud y dwbl o fil o rediadau a chan wiced. Ym 1882–3 aeth i Awstralia gyda Lloegr gan adennill yr 'Ashes'.

Roedd C. T. Studd yn gricedwr ymroddedig a hyfforddodd ei hun yn drylwyr. Defnyddiai fat hirach na'r cyffredin. Roedd ganddo osgo unionsyth a nodweddai amaturiaid y cyfnod a thrawiad caled gyda'r arddwrn a gynhyrchai rediadau cyson. Bowliai ychydig yn gyflymach na chanolig a'i berfformiad gorau oedd wyth wiced am ddeugain rhediad i Brifysgol Caergrawnt yn erbyn Middlesex. Yn ystod ei yrfa fer fel chwaraewr dosbarth cyntaf, gwnaeth 4,391 rhediad (cyfartaledd 30.49) a chymryd 441 wiced (cyfartaledd 17.36).

Erbyn 1884 roedd C. T. Studd yn enw cyfarwydd. Stori fawr oedd ei ymadawiad â chriced a'i fywyd esmwyth a chyfoethog, er mwyn mynd yn genhadwr i China.

Ym 1875 roedd ei dad wedi clywed yr Efengylydd Americanaidd D. L. Moody yn pregethu. Cafodd hyn y fath argraff arno fel ei fod wedi gwerthu ei geffyl rasio er mwyn ymroi i efengylu. Daeth ei dri mab yn Gristnogion ymroddedig tra oeddent yn Eton. Ond ar ôl marwolaeth ei dad collodd C. T. Studd ei gariad cyntaf at yr Arglwydd hyd Ionawr 1884. Yn y mis hwnnw credai fod ei frawd G. B. Studd yn marw o gancr ac ymrodd i weithgareddau Cristnogol â'r un manylder a disgyblaeth ag a ddangosodd at griced. Yr oedd yn benderfynol o ymuno gyda'r rhwyfwr Stanley Smith yn y China Inland Mission o dan arweiniad J. Hudson Taylor. Dilynodd pump o'i gyfeillion yr un trywydd ac aeth saith ohonynt o Gaergrawnt i China ym 1885.

Treuliodd naw mlynedd fel cenhadwr oedd yn braenaru'r tir yng ngogledd China. Ym 1887 cyfrannodd ei holl gyfoeth gan fyw trwy ffydd. Y flwyddyn ddilynol priododd y genhades Priscilla Livingstone ac fe gawsant bedair merch. Ym 1894 bu'n rhaid iddo ddychwelyd adref oherwydd salwch. Ni fu ei iechyd byth yr un fath ar ôl hynny. Ym 1896–8 aeth ar daith i Brifysgolion Gogledd America. Er nad oedd yn siaradwr rhwydd, bu ei enwogrwydd a'i ymroddiad yn gyfrwng i ddenu ac i annog llawer o fyfyrwyr i fod yn wirfoddolwyr.

O 1900 hyd 1906 bu yn India. Ym 1908 gwelodd boster yn Lerpwl a ddywedai 'Cannibals want missionaries', yr hyn a'i harweiniodd, yn groes i gyngor meddygol, i sefydlu'r genhadaeth Heart of Africa yn y Congo. Erbyn diwedd ei oes tueddai i fod yn unbenaethol ac achosodd hyn dyndra a gwrthdaro. Oherwydd ei ystyfnigrwydd i barhau â'r gwaith er bod ei iechyd yn gwaethygu aeth yn gaeth i forffin. Bu farw yn Ibambi, Congo Belgaidd, ar 16 Gorffennaf 1931 ac aeth 2,000 o Affricanwyr i'r angladd.

Amy Beatrice Carmichael 1867–1951

Sefydlydd Cymdeithas Dohnavur

Ganwyd Amy Beatrice Carmichael ar 16 Rhagfyr 1867 i deulu o Gristnogion dosbarth canol duwiol a chefnog ym Millisle, Swydd Down, Gogledd Iwerddon. Derbyniodd ei haddysg yn Marlborough House, Harrogate – ysgol breswyl a gedwid gan y Methodistiaid Wesleaidd yn Swydd Efrog – a Choleg Victoria, Belfast. Ers dyddiau ei phlentyndod roedd ganddi gariad tuag at Dduw a phan oedd yn ifanc iawn, tair neu bedair oed, byddai'n gweddïo yn ei gwely, 'Dad, tyrd i eistedd gyda mi.' Cafodd ei thanio gan lawer o syniadaeth sosialaidd ac aeth ati i sefydlu 'Neuadd Groeso' oedd yn gweithio yn arbennig gyda merched. Yma dysgodd yr egwyddor o ymddiried yn llwyr yn yr Arglwydd am gynhaliaeth ariannol, egwyddor y bu'n ei dilyn trwy gydol ei hoes. Symudodd gyda'r teulu i fyw ym Manceinion ac unwaith eto ymrodd i weithio yn y slymiau gyda Frank Crossley. Ym 1888 aeth am y tro cyntaf i'r Keswick Convention gan ddod yn gyfaill oes i un o'r sylfaenwyr sef Robert Wilson. O ganlyniad dewiswyd hi fel y cenhadwr cyntaf a noddwyd gan Keswick ac ym 1893 hwyliodd i Siapan. Bu'n rhaid iddi ddychwelyd adref o fewn blwyddyn oherwydd salwch. Derbyniwyd hi gan Gymdeithas Genhadol Zenana yn Eglwys Loegr ym 1895 ac aeth i weithio yn Bangalore, India. Ymsefydlodd yn ardal Tinefeli gan ymuno â'r Parch. Walker a'i briod yn eu gwaith efengylu. Ymhen dim yr oedd Amy wedi cynnull nifer o ferched Cristnogol at ei gilydd dan yr enw *Starry Cluster*. Aethant o amgylch y pentrefi yn ymweld â chartrefi ac yn siarad gyda merched a phlant oedd yn barod i wrando ar yr Efengyl. Cododd trafferth mawr pan redodd dwy ferch ifanc oddi cartref i gartref y Parch. Walker gan ddweud eu bod am fod yn Gristnogion a bu'n rhaid iddynt ffoi i Dohnavur.

Yma ym 1901 yr achubodd Amy ei phlentyn teml cyntaf sef Preena. Roedd merched bach (devadasis) yn cael eu gorfodi i 'briodi' un o dduwiau'r deml. Cyflwynwyd hwy i'r deml gan un ai bâr priod mewn perthynas anhapus, gweddwon, gwragedd yr oedd eu gwŷr wedi eu gadael, neu rieni oedd am eu rhoi er mwyn ceisio ffafriaeth gan y duwiau. Yn y deml roeddent yn cael eu hyfforddi i ganu a dawnsio, i gario'r goleuni sanctaidd ac i ddiwallu trachwant dynion trwy buteinio.

Aeth Amy ati i dderbyn plant oedd mewn perygl o fynd i wasanaethu'r deml. Prynodd ddarn o dir yng nghyffiniau Dohnavur lle yr adeiladodd y cartref cyntaf ac yn raddol agorwyd cartrefi eraill. Erbyn 1913 roedd 140 o blant yn ei gofal.

Agorodd Forest House er mwyn i weithwyr a'u plant gael encilio a chartref y Three Pavilions i blant oedd ag anableddau dwys. Ond ei menter fawr oedd yr ysbyty a elwid yn Place of Heavenly Healing. Credai yn gryf yng ngrym gweddi ac ni fyddai'n gwneud unrhyw apêl am arian ond trwy weddi. Mae ei dyddiadur yn llawn o gyfeiriadau at weddïau yn cael eu hateb. Pan adeiladwyd yr ysbyty, bu hi a'i chydweithwyr yn gweddïo am £10,000. Yn ddiweddarach ysgrifennodd yn ei dyddiadur, 'Asked for, and received according to 1 John 5: 14-15, £10,000 for the Place of Heavenly Healing.' Ym 1925 sefydlodd y Dohnavur Fellowship gyda'r bwriad o achub plant mewn perygl moesol a rhannu cariad Duw gyda phobl India. Ym 1931 cafodd ddamwain gas lle torrodd ei choes a'i ffêr. O ganlyniad i gymhlethdodau bu'n eithriadol o anabl weddill ei hoes ac yn aml yn orweddiog. Yn y cyfnod hwn ysgrifennodd nifer o lyfrau barddoniaeth a llyfrau am ei gwaith. Er bod yr arfer o 'briodi' plant i'r duwiau yn anghyfreithlon erbyn hyn y mae'n parhau mewn rhai ardaloedd. Bu farw Amy yn Dohnavur ar 18 Ionawr 1951 ac fe'i claddwyd yr un diwrnod.

Philip Thomas Byard (Tubby) Clayton1885–1972
Offeiriad a sylfaenydd Toc H

Ganwyd Philip Thomas Byard Clayton yn Maryborough, Queensland, Awstralia, ar 12 Rhagfyr 1885 yn chweched plentyn i Reginald ac Isobel. Gweithiai ei dad fel rheolwr planhigfa siwgr. Pan nad oedd ond blwydd oed symudodd y teulu i fyw i Loegr pan gafodd ei dad swydd fel asiant yn y Ddinas yn Llundain yn mewnforio nwyddau o Awstralia. Addysgwyd Clayton yn Ysgol St Paul's ac yng Ngholeg Caerwysg (Exeter), Rhydychen. Enillodd radd yn y clasuron ac yna gradd dosbarth cyntaf mewn diwinyddiaeth. Fe'i gwnaed yn ddiacon ym 1910 a'r flwyddyn ddilynol fe'i hordeiniwyd i'r offeiriadaeth.

Dechreuodd ar y weinidogaeth ym mhlwyf St Mary, Portsea, ac yna pan ddechreuodd y Rhyfel Byd Cyntaf gwirfoddolodd fel caplan a gweithiodd mewn ysbytai yn Ffrainc. Roedd y prif gaplan Neville Talbot yn chwilio am rywun i sefydlu cartref gorffwys i filwyr ar eu taith i'r ymgyrch yn Ypres. Cymerodd Clayton at y syniad yn frwdfrydig. Gyda'i gilydd daethant ar draws plasty gwag yn Poperinghe a thrawsnewidiwyd ef i fod yn Talbot House. Enwyd y ganolfan ar ôl brawd Neville Talbot a fu farw yn y rhyfel ychydig fisoedd ynghynt. Defnyddiwyd y plasty gan filoedd o filwyr. Yr oedd ynddo ystafell fwyta, ystafelloedd hamddena ac ysgrifennu, llyfrgell, ystafell i'r caplan a chapel. Daethpwyd i'w alw yn TH neu yn ôl iaith y signalwyr Morse yn Toc H. Defnyddiai Clayton, neu Tubby fel y'i gelwid, y tŷ fel man i ymweld â'r milwyr oedd ar flaen y gad. Gweithiodd yn ddiflino ac yn llawn egni gyda'r milwyr yn ystod y rhyfel a daeth miloedd ohonynt i werthfawrogi ei gyfraniad. Anrhydeddwyd ef gyda'r MC ym 1917.

Wedi iddo ddychwelyd i Loegr sefydlodd ysgol hyfforddi gweinidogion mewn hen garchar yn Knutsford. Gweithiai yno fel tiwtor a chaplan a thros y blynyddoedd ordeiniwyd 435 o offeiriaid o'r ysgol. Sefydlodd hefyd Talbot House yn Llundain ym 1920 a chychwyn y mudiad Toc H. Prif flaenoriaethau Toc H oedd cyfeillgarwch, gwasanaeth, tegwch meddwl a theyrnas Duw ac erbyn 1922 roedd deugain o ganghennau.

Rhoddodd Archesgob Caergaint, Randall Davidson, ofalaeth All Hallows by the Tower iddo ym 1923 i fod yn ganolfan ysbrydol i Toc H ac arhosodd yno yn ficer hyd 1963. Ym 1923 cyneuwyd lamp, a ddaeth yn arwyddlun, tros y mudiad gan Dywysog Cymru yn Neuadd Albert. Aeth Clayton ar deithiau codi arian byd-eang. Tyfodd y mudiad yn aruthrol ac yn y diwedd roedd ganddynt fil o ganghennau yng ngwledydd Prydain, cannoedd dramor a chymdeithas merched gref. Aeth ar daith i Rhodesia a De Affrica ym 1934 ac o ganlyniad fe aeth yn sâl yn feddyliol. Daeth ato'i hun wedi blwyddyn yn Belgaum, India, gyda'i frawd Sir Hugh Clayton.

Yn ystod blynyddoedd cynnar yr Ail Ryfel Byd roedd yn yr Orkney gyda'r Llynges Frenhinol yn sefydlu clybiau Toc H yn Scapa Flow. Dinistriwyd eglwys All Hallows gan ffrwydron ym 1940 a rhoddwyd iddo gaplaniaeth fflyd tanceri'r Anglo-Saxon Petroleum a chyda hwy teithiodd i wahanol lefydd yn America. Teithiodd wedyn gyda'r llynges i'r Dwyrain Canol cyn dychwelyd i All Hallows ym 1944. Penderfynwyd ailadeiladu'r eglwys ac aeth Clayton ati gydag afiaith i godi arian yng Nghanada ac UDA. Ailgysegrwyd yr eglwys ym 1957. Wedi hynny bu am gyfnod yn gysylltiedig â mordeithiau Syr Francis Chichester a bendithiodd dri o'i gychod hwylio. Derbyniodd radd DD (Lambeth) er anrhydedd ym 1954. Bu farw yn Tower Hill ar 15 Rhagfyr 1972.

George Fielden MacLeod 1895–1991
Gweinidog a sefydlydd Cymuned Iona

Ganwyd George Fielden MacLeod ar 17 Mehefin 1895 yn 4 Park Circus Place, Glasgow, yn fab i Sir John Mackintosh MacLeod, cyfrifydd ac Aelod Seneddol Unoliaethol Canol Glasgow, ac Edith, merch Aelod Seneddol Ceidwadol Gorllewin Riding.

Roedd George MacLeod yn un o arweinyddion Cristnogol mwyaf carismataidd yr Alban yn ystod yr ugeinfed ganrif. Etifeddodd gyfoeth mawr ar ochr ei fam ond gweithredodd trwy gydol ei oes fel Cristion sosialaidd oedd â chonsyrn mawr dros y difreintiedig.

Wedi iddo dderbyn addysg yn Ysgol Cargilfield, Caeredin, Coleg Winchester a Choleg Oriel, Rhydychen, ymunodd â'r Argyll and Sutherland Highlanders ar ddechrau'r Rhyfel Byd Cyntaf. Ymladdodd yn ddewr yng Ngwlad Groeg ac enillodd y Croix de Guerre ym 1918. Yn ddiweddarach fodd bynnag fe'i hargyhoeddwyd o heddychiaeth ac ymaelododd gyda'r Fellowship of Reconciliation (Cymdeithas y Cymod). Wedi iddo raddio yn Rhydychen ym 1919 aeth yn ôl i'r Alban i astudio Diwinyddiaeth ym Mhrifysgol Caeredin ac o'r fan honno aeth i'r Union Theological Seminary yn Efrog Newydd. Tra oedd yno daeth o dan ddylanwad mawr 'Tubby' Clayton, sylfaenydd y Toc H, ac fe arweiniodd hyn iddo weithio yn ddiweddarach dros Toc H yn Glasgow. (Ym 1924 ordeiniwyd ef yn gaplan llawn amser i'r Toc H yn Glasgow.) Pan ddychwelodd o'r Unol Daleithiau ym 1922 aeth yn gynorthwyydd yn eglwys Sant Giles, High Kirk Caeredin, ynghanol ardal fawr ddifreintiedig. Yno gweithiodd yn ddiflino dros fechgyn yn y slymiau a daeth yn bregethwr o fri. Ym 1926 derbyniodd alwad i eglwys Sant Cuthbert yn yr un ddinas lle y deuai cynulleidfaoedd mawr i wrando arno yn pregethu.

Ar ddechrau'r tridegau daeth gweddnewidiad yn ei weinidogaeth pan symudodd i eglwys y plwyf yn ardal dosbarth gweithiol Govan lle roedd tlodi a diweithdra enbyd. Cynddeiriogodd wrth weld y tlodi oedd yno a dechreuodd ar weinidogaeth arbennig o weithredu'n gymdeithasol.

Gwaetha'r modd bu'n rhaid iddo gael seibiant ym 1932–3 oherwydd iselder ysbryd. Yn dilyn y cyfnod hwn aeth ati i sefydlu Cymuned Iona. Dywed MacLeod fod yr ysbrydoliaeth wedi dod o'i brofiadau yn Govan ond arhosodd y digwyddiad canlynol yn ei gof. Galwyd ef un tro i'r ysbyty i weld dyn oedd yn marw o newyn. Pan aeth yno gwelodd mai Archie Gray oedd y dyn, gŵr a oedd byth a beunydd yn torri ar draws ei bregethau. Yr oedd Archie 'yn chwerw am yr Eglwys, nid oherwydd ei bod yn pregethu celwyddau ond oherwydd ei bod yn cyhoeddi gwirionedd heb olygu'r hyn a ddywedai.' 'Archie Gray,' yn ôl MacLeod, 'oedd gwir sylfaenydd Cymuned Iona.' Symudodd MacLeod i Ynys Iona. Rhan fawr o'r gwaith ar y dechrau oedd ailadeiladu'r Abaty a chwblhawyd hynny ym 1965. Gwelai ei hun fel Sant Columba yr oes newydd ac aeth ati i geisio adfywio'r hen Gristnogaeth Geltaidd a'i thraddodiadau.

Gellir gweld y syniadaeth a'i hysgogodd i sefydlu Cymuned Iona yn ei lyfr *We Shall Re-Build: the Work of the Iona Community on Mainland and Island* (1944). Y nod oedd adfywio'r Eglwys yn yr Alban a Phresbyteriaeth yn gyffredinol. Bwriadwyd gwireddu'r nod hwn trwy ddod â chenhadaeth yn ôl i ganol y gweithgareddau eglwysig ac adfywio'r plwyfi a'r cynulleidfaoedd. Cyhoeddodd nifer o lyfrau eraill yn cynnwys *Speaking the Truth in love: the Modern Preacher's Task* (1936) ac *Only One Way Left* (1956).

Priododd ei gyfnither Lorna Helen Janet Macleod ym mis Awst 1948 ac fe gawsant dri o blant. Ar y dechrau dim ond dynion oedd yn y Gymuned a'r rhan fwyaf ohonynt yn wŷr ifanc, darpar weinidogion yn bennaf, rhai gweinidogion hŷn ac ychydig grefftwyr. Gwisgid lifrai, siwt las tywyll, crys a thei. Disgwylid i bawb fynychu pob un o'r gwasanaethau a bwyteid prydau bwyd ar y cyd. Yn dilyn yr Ail Ryfel Byd wrth i'r Gymuned dyfu pwysleisid fwyfwy heddwch a chyfiawnder. Daeth yr Abaty yn Iona yn fyd-enwog fel canolfan addoliad amgen ac adnewyddiad ysbrydol.

Ym 1967 fe'i gwnaed yn Arglwydd am oes gyda'r teitl Baron MacLeod of Fuinary. Bu farw yn ei gartref 23 Learmonth Terrace, Caeredin, ar 27 Mehefin 1991. Gwasgarwyd peth o'i lwch ar Iona a chladdwyd y gweddill ym medd ei wraig yn Inverness.

Clive Staples Lewis 1898–1963

Awdur ac ysgolhaig

Ganwyd Clive Staples Lewis ar 29 Tachwedd 1898 yn Belfast, Gogledd Iwerddon, yn fab i'r cyfreithiwr Albert James a Florence Augusta Flora. Roedd ei fam yn un o raddedigion Coleg y Frenhines mewn mathemateg a rhesymeg. Bu hi farw o gancr pan nad oedd ond yn naw oed. Bythefnos yn ddiweddarach anfonwyd ef i ysgol ragbaratoawl Wynyard House yn Watford, Swydd Hertford. Yn ddiweddarach disgrifiodd y sefydliad hwnnw fel 'concentration camp'. Am gyfnod byr aeth i Goleg Campbell yn Belfast ond oherwydd salwch symudodd i ysgol arall yn Malvern ym 1911 ac enillodd ysgoloriaeth i Goleg Malvern ym 1913. Bu ei gyfnod yn yr ysgolion yn anhapus ar y cyfan ond yn Malvern magodd ddiddordeb mawr mewn llenyddiaeth Geltaidd a Llychlynaidd. Derbyniodd wersi ychwanegol gan W. T. Kirkpatrick a gafodd ddylanwad mawr iawn arno. Sylweddolodd Kirkpatrick aeddfedrwydd llenyddol hynod y gŵr ifanc oedd o dan ei hyfforddiant.

Ym 1916 enillodd ysgoloriaeth arall a'i galluogodd i fynd i Goleg y Brifysgol, Rhydychen. Bu'n rhaid iddo fynd i ymladd i'r ffosydd yn Ffrainc gyda'r fyddin ym 1917 ond cafodd ei anafu ym mrwydr Arras. O ganlyniad bu'n ymgeleddu ac yn ymgryfhau hyd ddiwedd y Rhyfel Byd Cyntaf. Dychwelodd i Rydychen ym 1919 i astudio'r clasuron ac aeth i fyw gyda Mrs Moore a'i merch Maureen. (Gwnaethai gytundeb gydag un o'i gyd-filwyr, sef Paddy Moore, pe bai un ohonynt yn cael ei ladd y byddai'r llall yn gofalu am ei rieni. Mrs Moore oedd mam Paddy.) Ym 1922 enillodd radd dosbarth cyntaf yn y clasuron (*literae humaniores*), a gradd dosbarth gyntaf mewn Saesneg yn 1923. Penodwyd ef am gyfnod byr fel darlithydd athroniaeth ond ym 1925 etholwyd ef yn Gymrawd a thiwtor iaith a llenyddiaeth Saesneg yng Ngholeg Magdalen. Bu yn y swydd am yn agos i ddeng mlynedd ar hugain. Y prif ddylanwad arno yn y cyfnod hwn oedd gweithiau Samuel Alexander a G. K. Chesterton.

Yn ysbrydol symudodd oddi wrth agnosticiaeth tuag at theistiaeth ac yna yn derfynol at Gristnogaeth. Cafodd dröedigaeth a phrofiad ysbrydol dirdynnol ym 1929 a weddnewidiodd ei fywyd. Adlewyrchwyd y newid calon yn glir yn ei weithiau llenyddol. Enghraifft o hyn oedd ei gyfansoddiad llenyddol alegorïol cyntaf a ysgrifennodd tra oedd ar wyliau yn Iwerddon sef *The Pilgrim's Regress* (1933).

Yn yr ystafelloedd yn Magdalen cyfarfyddai'r Inklings yn wythnosol. Criw o ffrindiau oedd y rhain – a Lewis yn eu plith – oedd yn rhannu eu cyfansoddiadau ac yn annog ei gilydd ymlaen. Yn eu plith yr oedd J. R. R. Tolkien, H. V. D. Dyson ac R. E. Havard.

Aeth C. S. Lewis ati i ysgrifennu nifer o gyfrolau ac yn eu plith yr oedd *The Allegory of Love* (1936) a *The Screwtape Letters* (1942). Daeth Lewis yn awdur byd-enwog ac erbyn 1963 roedd ei lyfrau clawr papur wedi gwerthu tros filiwn o gopïau. O holl weithiau amrywiol Lewis yr enwocaf yw *The Chronicles of Narnia*, saith cyfrol ffantasi ar gyfer plant a gyhoeddwyd rhwng 1950 a 1956. Teitlau'r straeon hyn yw *The Magician's Nephew, The Lion, the Witch and the Wardrobe, The Horse and his Boy, Prince Caspian, The Voyage of the Dawn Treader, The Silver Chair* a *The Last Battle*. Yn y llyfrau hyn y mae teulu o blant yn canfod y drws i wlad swynol Narnia. Yno mae'r cyfan yn hud a lledrith a'r creaduriaid yn siarad. Yr oedd ef am i'r llyfrau hyn ateb y cwestiwn, 'Sut un fyddai Crist pe bai byd fel Narnia yn bodoli ac y byddai yn dewis ymgnawdoli, marw ac atgyfodi yno fel y gwnaeth yn ein byd ni?'

Ysgrifennodd hefyd lyfrau ysgolheigaidd fel *English Literature in the Sixteenth Century* (1954). Fe'i penodwyd i gadair Llenyddiaeth Saesneg y Canoloesoedd a'r Dadeni ym 1954 yng Nghaergrawnt. Parhaodd i ysgrifennu toreth o lyfrau. Bu farw yn ei gartref The Kilns, ger Rhydychen, ar 22 Tachwedd 1963 ac fe gladdwyd ei weddillion yn Eglwys y Drindod Sanctaidd, Headington, Rhydychen.

Eric Henry Liddell 1902–1945

Cenhadwr ac athletwr

Ganwyd Eric Henry Liddell yn Tientsin (Tianjin), China, ar 16 Ionawr 1902. Ef oedd yr ail o dri phlentyn i'r Parch. James Dunlop Liddell, cenhadwr Annibynnol o Drymen, Swydd Stirling, a'i wraig Mary Reddin, nyrs o Paxton, Swydd Berwick. Treuliodd ei ddyddiau cynnar yn yr orsaf genhadol ym mhentref Xiaoguan (Siaokuan), de Hebei. Ym 1907 ac yntau yn bump oed daethpwyd ag ef yn ôl i'r Alban lle yr aeth i ysgol pentref Drymen ac yna rhwng 1908 a 1920 i'r School for the Sons of Missionaries in London (a ddaeth yn ddiweddarach yn Goleg Eltham). Yn yr ysgol yr oedd ef a'i frawd hŷn yn rhagori mewn chwaraeon. Ym 1919 sefydlodd record ysgol o 10.2 eiliad am y can llath, record sy'n dal i sefyll heddiw.

Ym 1920 aeth yn fyfyriwr i Brifysgol Caeredin i ddilyn gradd BSc mewn gwyddoniaeth. Fel myfyriwr torrodd record yr Alban am y 100 a'r 200 llath a sefydlu record newydd am y 440 llath (50.2 eiliad) yn y gystadleuaeth ryng-golegol. Oherwydd ei gyflymder rhyfeddol enillodd saith cap gyda thîm rygbi'r Alban fel asgellwr. Fe'i dewiswyd i redeg y 100 a'r 200 medr dros wledydd Prydain yng Ngemau Olympaidd Paris ym 1924. Ond gwrthododd redeg yn y ras 100 medr ar sail ei ffydd, oherwydd bod y rhagras yn cael ei chynnal ar ddydd Sul. Credai y dylid neilltuo'r Sul i addoli Duw a gorffwyso. Enillodd y fedal efydd yn y 200 medr ac yn gwbl annisgwyl fe enillodd y fedal aur yn y ras 400 medr gan greu record Olympaidd newydd o 47.6 eiliad.

Ychydig ddyddiau wedi'r fuddugoliaeth nodedig hon graddiodd ym Mhrifysgol Caeredin a chofrestrodd fel myfyriwr yng Ngholeg yr Annibynwyr Albanaidd yng Nghaeredin i ddilyn cwrs diwinyddol am flwyddyn. Yr oedd eisoes wedi penderfynu y byddai'n cysegru ei fywyd i waith cenhadol gan ddilyn ôl traed ei rieni. Yn ystod y flwyddyn fe'i trwythodd ei hun mewn gweithgareddau efengylu ymhlith y myfyrwyr gan siarad ar y penwythnosau ar hyd a lled yr Alban. Yn haf 1925 cymerodd ran yn ei gystadleuaeth athletau olaf a drefnwyd gan

Gymdeithas Athletau Amatur yr Alban lle yr enillodd y 100, 200 a 440 llath. Wedi hynny aeth yn athro i'r Coleg Anglo-Tsieineaidd yn Tientsin. Datblygodd weithgareddau athletig yn y coleg a pharhaodd i redeg mewn cystadlaethau yn China.

Ym 1931–2 dychwelodd Liddell am wyliau i'r Alban er mwyn cael ei ordeinio yn weinidog gyda'r Cynulleidfaolwyr. Ym 1934 priododd Florence – merch i genhadwr o Ganada – a hyfforddwyd fel nyrs. Ganwyd iddynt dair o ferched. Ni welodd erioed ei drydedd ferch gan iddo, yn sgil rhyfel cartref ac ymosodiad gan y Siapaneaid ar China, anfon ei wraig feichiog a'i ddwy ferch, er diogelwch, i Ganada. Arhosodd ef yn China yn ardal Siaokuan. Ysgrifennodd *The Sermon on the Mount: for Sunday School Teachers* (1937) ac yna gweithiodd ar *A Manual of Christian Discipline*, gyda'r bwriad o'i gyfieithu i un o'r ieithoedd brodorol.

Ym 1943 cafodd ef a'i gyd-genhadon eu carcharu gan y Siapaneaid mewn gwersyll yn Weihsien, Shantung. Er bod bywyd yn galed ac undonog yno nid oeddent yn greulon tuag atynt. Yn ddiweddarach roedd ei gyd-garcharorion a oroesodd yn cofio amdano fel dyn diymhongar, hwyliog a roddai esiampl Gristnogol loyw trwy ei ymddygiad. Bu farw yn Weihsien ar 21 Chwefror 1945 o diwmor ar yr ymennydd. Ym 1981 gwnaed y ffilm *Chariots of Fire* yn rhoi hanes ei fywyd.

Gladys May Aylward 1902–1970

Cenhades yn China

Ganwyd Gladys Aylward ar 24 Chwefror 1902 yn Edmonton, Middlesex. Gadawodd yr ysgol pan oedd yn bedair ar ddeg gan fynd i weithio mewn siop, fel gofalwr plant, ac yna fel morwyn gyda theuluoedd bonheddig. Roedd ei theulu yn Gristnogion ac roedd wedi mynychu eglwys yn gyson. Ym 1929 cafodd ei derbyn gan y China Inland Mission er mwyn ei hyfforddi ar gyfer y genhadaeth ond ni orffennodd y cwrs gan nad oedd yn llwyddo fel myfyriwr.

Roedd yr alwad i fynd i China yn parhau yn gryf yn ei chalon. Gweithiodd am gyfnod yn slymiau Abertawe a Bryste a bu bron iddi farw o niwmonia. Aeth adref i Edmonton i wella ac yno mewn capel Methodistaidd yn Wood Green clywodd fod mudiad bychan cenhadol yn China yn chwilio am weithiwr. Byddai'n rhaid i'r gweithiwr gyrraedd China o'i ben a'i bastwn ei hun. Er mwyn cynilo arian aeth i weithio eto fel morwyn ac yn y cyfnod hwn gweddïodd ei gweddi enwog yn ei hystafell, 'O Dduw. Dyma fi. Dyma fy Meibl. Dyma fy arian. Defnyddia ni Dduw. Defnyddia ni.'

Ar 15 Hydref 1932 gadawodd Gladys orsaf Liverpool Street am China gan deithio trwy'r Undeb Sofietaidd a Siapan. Cyrhaeddodd Yangsheng yn nhalaith Shansi ac ymuno â'r Albanes Mrs Lawson.

Agorasant dafarn i yrwyr mulod fel modd i efengylu. Dysgodd yr iaith leol ar lafar fel ei bod yn gymharol rugl. Pan fu farw ei noddwr fe'i gwnaed yn arolygwr traed yn yr ymgyrch yn erbyn rhwymo traed merched.

Daeth yn berson poblogaidd iawn. Gwraig fechan ydoedd hi, pum troedfedd yn unig, yn llawn hiwmor a heb unrhyw fath o ragfarnau diwylliannol. Roedd hefyd yn ardderchog fel storïwr ac yn cyflwyno Cristnogaeth yn syml a chlir. Gelwid hi gan y brodorion yn Ai Weh-te, a gyfieithir fel 'yr un rinweddol', ac fe'i gwnaed yn ddinesydd Tsieineaidd ym 1936. Yn raddol daeth rhai i gredu yn Iesu Grist. Un tro ar ei theithiau efengylu i ogledd orllewin y wlad bu'n annerch pum cant o fynaich Lama Tibetaidd. Yr oedd un ohonynt wedi cael tract gyda'r adnod 'Do, carodd Duw y byd gymaint nes iddo roi ei unig Fab, er mwyn i bob un sy'n credu ynddo ef beidio â mynd i ddistryw ond cael bywyd tragwyddol' (Ioan 3:16) arno. Credent yr anfonid negesydd atynt i esbonio am y Duw hwn oedd yn caru. Pan ymddangosodd Gladys tybid mai hi oedd yr un. Treuliodd dros wythnos gyda hwy yn esbonio'r Efengyl. Ni wyddai ar ôl hynny beth ddigwyddodd i'r mynaich hyn oherwydd bu'r Comiwnyddion yn eithriadol o greulon tuag atynt.

Ei gweithred enwocaf oedd yn ystod y rhyfel gyda'r Siapaneaid ym 1940. Bryd hynny arweiniodd gant o blant o Yangcheng trwy galedi a pheryglon tros y mynydd i ddiogelwch Sian yr ochr draw i'r Afon Felen. Yno yr oedd cartref i blant amddifad gan Madam Chiang Kai-shek. Gwnaed y digwyddiad hwn yn ffilm sef *The Inn of The Sixth Happiness* (1959) a ffilmiwyd yn rhannol yng Nghymru. Oherwydd salwch dychwelodd Gladys Aylward i Loegr ym 1949. Yn y blynyddoedd dilynol treuliodd amser yn dweud wrth eraill am ei hanturiaethau a sefydlu Eglwys Tseiniaidd yn Llundain. Ym 1957 aeth i Taiwan – ni allai ddychwelyd i China oherwydd bod y Comiwnyddion wedi cymryd drosodd – lle y treuliodd ddeuddeg mlynedd olaf ei bywyd yn gweithio gyda'r Tseiniaid oedd wedi ffoi yno. Bu farw yno ar 1 Ionawr 1970 a chladdwyd ei gweddillion mewn bedd marmor ym mynwent Coleg Crist, Tamsui.

William Barclay 1907–1978

Ysgolhaig Testament Newydd a darlledwr

Ganwyd William Barclay ar 5 Rhagfyr 1907 yn Wick, Caithness, yn unig fab i William Dugald Barclay, rheolwr banc ac efengylydd lleyg, a'i wraig, Barbara Linton McLeish. Ym 1912 symudodd y teulu i Motherwell pan benodwyd y tad yn rheolwr mewn cangen o'r Bank of Scotland. Yno disgleiriodd William yn Ysgol Uwchradd Dalziel yn enwedig mewn llenyddiaeth Saesneg. Rhannai ddiddordeb ei dad yng ngweithgareddau'r Eglwys Rydd Unedig ac ymddiddorai yn Gilbert a Sullivan a thîm pel-droed Motherwell. Enillodd radd dosbarth cyntaf yn y clasuron (1929) a gradd BD (1932) ym Mhrifysgol Glasgow cyn astudio am flwyddyn ym Mhrifysgol Marburg.

Ym mis Chwefror 1933 ordeiniwyd a sefydlwyd ef yn weinidog ar Eglwys y Drindod, Renfrew, ardal lle yr oedd mwyafrif yr aelodau yn gweithio yn y diwydiant adeiladu llongau ar yr afon Clyde. Yn yr un flwyddyn priododd Catherine Barbara Gillespie, merch y Parch. James Hogg Gillespie. Gweithiodd yn galed yn Eglwys Trinity a chymerodd yr aelodau at y gŵr annwyl hwn a siaradai gydag acen drom Swydd Lanark (Lanarkshire) ar ei wefusau. Ym 1939 dechreuodd yr Ail Ryfel Byd ac amharwyd ar fywyd y gymuned gyda bomiau, y 'blackout' a chyfyngiadau. Yn y cyfnod hwn cynyddodd ei boblogrwydd fel siaradwr cyhoeddus a chefnogwr mudiadau fel yr YMCA, y Boys' Brigade ac Undeb yr Ysgolion Sul ac awdur y *New Testament Studies* (1937). Wedi pedair blynedd ar ddeg fel gweinidog ymroddgar symudodd ef a'i deulu i Glasgow pan benodwyd ef yn ddarlithydd Testament Newydd yn y Brifysgol. Daeth i'r gadair ym 1964.

Anodd oedd gosod Barclay mewn unrhyw gategori diwinyddol. Disgrifid ef gan rai fel 'rhyddfrydwr efengylaidd'. Roedd yn ansicr am y geni gwyrthiol ac yn ystyried gwyrthiau'r Iesu fel arwydd o'r hyn y mae'r Arglwydd yn gallu ei wneud yn y presennol. Ei bwyslais mawr oedd Duw cariad a chariad rhyfeddol Duw. Y cariad hwn a'i galluogodd i ymdopi gyda'r ergyd drom a gafodd pan foddodd ei ferch yn y môr.

Cododd ei esboniadau Beiblaidd wrychyn Cristnogion ceidwadol a daeth o dan eu llach. Derbyniodd lythyr creulon dienw o Ogledd Iwerddon yn dweud, 'Lladdodd Duw dy ferch ... er mwyn ei harbed rhag cael ei llygru gan dy heresïau di.' Galwodd gweinidog eglwys fawr yng nghanol Llundain ef, 'y dyn mwyaf peryglus o fewn i Wledydd Cred'. Condemniwyd ef hefyd am ysmygu ac am gefnu ar ei fagwraeth lwyrymataliol.

Ym 1953 penodwyd ef gan y Kirk i lenwi bwlch trwy ysgrifennu darlleniadau Beiblaidd dyddiol, hyd nes y byddent yn cael gafael ar rywun arall. Ni ddaeth neb i'r adwy a pharhaodd i baratoi'r darlleniadau. Gwerthodd rhifyn 1959 o'r *Daily Study Bible* bum miliwn o gopïau. Yn y cyfnod hwn hefyd ysgrifennodd *The Mind of St. Paul* (1958) ac *Educational Ideas in the Ancient World* (1959). Dros y blynyddoedd cyffyrddodd ei lyfrau – cyhoeddodd dros 70 ohonynt – a'i esboniadau Beiblaidd cyfoethog fywydau miliynau o bobl ar hyd a lled y byd. Cyfieithwyd hwy i 30 o ieithoedd. Ymfalchïai mewn disgyblaeth wrth weithio – ni fyddai byth yn ysgrifennu pregeth ar ôl dydd Iau – ac mewn ysgrifennu yn ddealladwy.

Anogai ei fyfyrwyr i gael diddordebau y tu allan i gylchoedd crefydd, fel gwylio'r teledu, er mwyn iddynt wybod beth oedd yn digwydd yn y byd mawr. Yr oedd ef yn gwneud hyn ei hun trwy ei ddiddordeb mewn golff, casglu stampiau a cherddoriaeth. Er ei fod bron yn fyddar am ddeugain mlynedd roedd yn arwain côr Coleg y Drindod. Roedd yn ddyn emosiynol iawn fel y gwelir yn ei gofiant *Testament of Faith* (1975). Derbyniodd radd DD er anrhydedd gan Brifysgol Caeredin a CBE gan frenhines Lloegr ym 1969. Bu farw yn Ysbyty Mearnskirk, Glasgow, ar 24 Ionawr 1978.

Edward Chad Varah 1911–2007
Offeiriad a sefydlydd y Samariaid

Ganwyd Edward Chad Varah ar 12 Tachwedd 1911 yn Barton-upon-Humber, Swydd Lincoln, yr hynaf o naw o blant ficer Eglwys St Peter. Fe'i henwyd ar ôl Sant Chad, a sefydlodd fynachlog yn y seithfed ganrif yn Barrow a oedd yn agos at y ficerdy yn Barton.

Derbyniodd addysg yng Ngholeg Worksop yng ngogledd Swydd Nottingham ac enillodd ysgoloriaeth i astudio'r gwyddorau naturiol yng Ngholeg Keble, Rhydychen. Yn fuan collodd ddiddordeb yn hynny a newidiodd i astudio athroniaeth, gwleidyddiaeth ac economeg, gan raddio ym 1933. Yn dilyn hynny aeth i astudio yng Ngholeg Diwinyddol Lincoln ac fe'i hordeiniwyd fel diacon yn Eglwys Loegr ym 1935 ac fel offeiriad ym 1936. Gwasanaethodd am gyfnod fel ciwrad yn eglwys Sant Giles, Lincoln, yn Eglwys y Santes Fair, Putney, ac yna yn Barrow-in-Furness.

Ym 1942 fe'i penodwyd yn ficer ar Eglwys Holy Trinity, Blackburn, a symudodd ym 1949 i Eglwys Sant Paul, Clapham Junction. Ym 1953 daeth yn rheithor eglwys Sant Stephen Walbrook a adeiladwyd gan Christopher Wren, dros y ffordd i'r Mansion House yn Ninas Llundain. Fe'i gwnaed yn Brebendari* er anrhydedd yn Eglwys Sant Paul ym 1975 ac fe ymddeolodd yn 2003 pan oedd yn 92 oed. Roedd yn un o sylfaenwyr y comic poblogaidd *The Eagle* a ymddangosodd yn y 1950au.

Ei waith pwysicaf a mwyaf pellgyrhaeddol oedd sefydlu mudiad y Samariaid. Gwelodd yr angen am gyfrwng i gynorthwyo pobl oedd am wneud amdanynt eu hunain a hynny mewn angladd ym 1935. Yn ei angladd cyntaf fel ciwrad yr oedd yn claddu merch bedair ar ddeg oed a wnaeth amdani ei hun oherwydd bod ei misglwyf wedi dechrau. Ofnai ei bod wedi dal haint rywiol a chan nad oedd ganddi neb i droi atynt am gyngor rhoddodd derfyn ar ei bywyd. Dywedodd Varah yn ddiweddarach, 'Ferch fach, nid oeddwn yn dy adnabod, ond newidiaist weddill fy mywyd er gwell.' Addawodd bryd hynny y byddai'n hyrwyddo addysg rywiol ac yn helpu pobl oedd yn ystyried lladd eu hunain. Bryd hynny roedd ceisio cyflawni hunanladdiad yn anghyfreithlon ac felly roedd ar bobl ofn trafod y pwnc.

I'r diben hwnnw sefydlodd y Samariaid ym 1953 yng nghrypt ei eglwys. Y bwriad oedd darparu llinell bedair awr ar hugain i roi cefnogaeth a chymorth emosiynol i bobl fyddai'n galw. Byddai'r holl sgwrs yn gwbl gyfrinachol. Derbyniodd y llinell ffôn, MAN 9000, yr alwad gyntaf ar 2 Tachwedd 1953, a chynyddodd y galwadau yn fawr wedi i'r *Daily Mirror* roi cyhoeddusrwydd i'r gwasanaeth yn Rhagfyr 1953. Trwy hynny sylweddolwyd maint yr angen a'r angen am wirfoddolwyr i gynorthwyo. Cynyddodd y diddordeb a sefydlwyd canghennau eraill ar hyd a lled gwledydd Prydain. Yr oedd y gyntaf o'r rheini yng Nghaeredin o dan arolygiaeth y Parch. Jim Blackie lle roedd 118 o wirfoddolwyr yn gweithio. Erbyn 1963 roedd 41 o ganghennau yn y Deyrnas Unedig ac Iwerddon a'r flwyddyn honno cofrestrwyd y Samariaid fel cwmni cyfyngedig. Ym 1970 prynwyd tŷ yn Slough, Llundain, ac yno sefydlwyd swyddfa gyffredinol y mudiad. Varah oedd cyfarwyddwr cangen Llundain o'r Samariaid hyd 1974. Bu farw mewn ysbyty yn Basingstoke ar 8 Tachwedd 2007.

*Prebendari yw canon sydd yn derbyn blwydd-dâl o goffrau eglwys gadeiriol.

Trevor (Ernest Urban) Huddleston 1913–1998

Archesgob Cefnfor India ac aelod o'r Community of the Resurrection

Ail blentyn ac unig fab oedd Trevor Huddleston i'r Capten Syr Ernest Whiteside Huddleston a'i briod, Elsie. Ganwyd ef ar 15 Mehefin 1913 yn Golders Green, Middlesex. Gan fod ei dad yn gweithio yn India, ni chyfarfu ag ef hyd nes ei fod yn saith oed. Treuliai ei fam hefyd lawer o'i hamser yno ac felly fe'i magwyd ef a'i chwaer gan fwyaf gan eu modryb Charlotte Dawson Robinson, chwaer eu mam. Roedd Huddleston yn blentyn i'r mudiad Anglo-Gatholig o fewn i Eglwys Loegr a mynychai eglwys St Michael's, Golders Green. Pan oedd yn saith oed aeth i ysgol ragbaratoawl Tenterden Hall yn Hendon. Wedi pedair blynedd yng Ngholeg Lancing aeth i Goleg Eglwys Crist, Rhydychen, ym 1931. Yno, enillodd radd ail ddosbarth mewn hanes modern ym 1934.

Glynodd Huddleston yn dynn wrth uchel eglwysyddiaeth Anglicanaidd ei fagwraeth, er iddo ddysgu, yn wahanol i rai offeiriaid uchel eglwysig eraill, na ellir caru Duw na ellir ei weld heb garu brawd y gellir ei weld. Ar ôl gadael Rhydychen fe aeth i'r Wells Theological College lle y cafodd ei ddenu yn raddol at fywyd mynachaidd yn enwedig y Community of the Resurrection, oedd â'i ganolfan yn Mirfield, West Riding, Swydd Efrog. Aeth am gyfnod i St Mark's, Swindon, lle yr hyfforddid offeiriaid ifanc ac a oedd ar y pryd yn llawn gweithgarwch ac egni Anglo-Gatholig. Ym 1936 fe'i hordeiniwyd yn ddiacon a'r flwyddyn ddilynol yn offeiriad. Ymunodd â'r gymuned yn Mirfield fel nofydd ym 1940, ac ym 1941 daeth yn aelod cyflawn o'r Community of the Resurrection gan dyngu llw triphlyg o dlodi, diweirdeb ac ufudd-dod. Cafodd dipyn o syndod pan benododd y Tad Raymond Raynes ef fel yr offeiriad oedd yn gyfrifol am waith y genhadaeth Anglicanaidd yn Sophiatown ac Orlando yn esgobaeth Johannesburg, De Affrica, ym 1943. Safai y Community of the Resurrection dros hawliau dynol pob unigolyn a chyfiawnder hiliol. Wedi iddo fynd i Dde Affrica gwelodd y dioddefaint a'r anghyfiawnder a wynebai llawer o'i blwyfolion o ddydd i ddydd. Yn fuan roedd yn protestio yn erbyn deddfwriaethau anghyfiawn y llywodraeth. Mynnodd ymladd yn erbyn drygioni a thros degwch ac urddas i'r bobl groenddu yr oedd yn gweinidogaethu yn eu plith. Dywedodd Nelson Mandela amdano, 'Cerddai'r Tad Huddleston ar ei ben ei hun bob awr o'r nos mewn mannau yr oeddem ni yn ofni troedio. Enillodd ei ddewrder gefnogaeth pawb. Nid oedd neb yn barod i'w gyffwrdd, dim gangster, tsotsi na lleidr.' Erbyn 1948 roedd Huddleston wedi sylweddoli bod hiliaeth sefydliadol – a fynegid trwy bolisi apartheid y cenedlaetholwyr – yn groes i'r Efengyl Gristnogol. Daeth i gredu bod apartheid yn ddrygioni annioddefol, yn drais yn erbyn dynoliaeth ac yn rym dieflig oedd yn dryllio delw Duw o fewn dyn. Yn Hydref 1955 galwyd Huddleston yn ôl i Mirfield, Lloegr. Erbyn hynny roedd wedi ysgrifennu llyfr o'i brofiadau yn Affrica yn dwyn y teitl *Naught for your Comfort*. Yn y llyfr canolbwyntiai ar ddeddfwriaeth apartheid oedd yn amddifadu pobl dduon maestrefi De Affrica o unrhyw hawliau, boed addysg, iechyd, cyflogaeth neu hunan barch. Gresynai at arafwch Ewropeaid, Americaniaid a'r Undeb Sofietaidd i wrthwynebu'r hyn a ddigwyddai yno. Cafodd ei lyfr effaith fawr ar lawer iawn o bobl ifanc ar hyd a lled y byd.

Bu yn Llundain am gyfnod cyn dychwelyd i Affrica ym 1960, y tro hwn fel esgob Masasi yn Ne Orllewin Tanganica. Cyn gadael Llundain anerchodd y cyfarfod cyntaf o'r Mudiad Gwrth Apartheid gyda'i gyfaill mawr Julius Nyerere. Daeth Tanganica yn annibynnol ym 1961 a chynorthwyodd Huddleston arweinyddiaeth y wlad newydd i ddatblygu eu democratiaeth. Dychwelodd i Lundain ym 1968 fel esgob cynorthwyol Stepney yn yr East End. Ddeng mlynedd yn ddiweddarach fe'i hetholwyd yn esgob Mauritius ac yna yn Archesgob Cefnfor India. Tra oedd ym Mauritius etholwyd ef yn llywydd y Mudiad Gwrth Apartheid ac o dan ei arweiniad dylanwadodd y mudiad yn drwm ar farn pobl gwledydd Prydain. Ef oedd yr ysgogydd y tu ôl i ymgyrch rhyddhau Nelson Mandela. Un o uchafbwyntiau'r ymgyrch honno ym 1988 oedd cyngerdd mawr yn stadiwm Wembley a ddarlledwyd i dros biliwn o bobl yn fyd-eang. Teithiodd yn ddiflino i gannoedd o gyfarfodydd ym Mhrydain yn gwrthwynebu apartheid ac yn hyrwyddo'r ymgyrch. Ar ddiwedd ei oes cafodd ei anrhydeddu gan ddegau o sefydliadau oedd am fynegi eu gwerthfawrogiad o'i lafur mawr. Bu farw yn Mirfield ar 20 Ebrill 1998 a chladdwyd ei lwch yn eglwys Christ the King yn Sophiatown, De Affrica.

Geoffrey Taylor Bull 1921–1999
Cenhadwr yn Tibet

Ganwyd Geoffrey Taylor Bull i deulu o efengylwyr ceidwadol a phan oedd yn 15 oed fe'i bedyddiwyd ac fe'i derbyniwyd i gymdeithas o Gristnogion a elwid yn New Testament Simplicity o draddodiad y Brodyr Plymouth. Ei fwriad cyntaf oedd mynd i'r byd ariannol ond ym 1941 dechreuodd ymdeimlo â galwad i'r genhadaeth yng Nghanolbarth Asia. Efallai iddo gael ei ysbrydoli gan George W. Hunter a fu'n genhadwr am flynyddoedd maith yn China. Ym 1947 ar ddiwedd yr Ail Ryfel Byd neilltuodd y Brodyr ef i fynd yn genhadwr llawn amser i Ganolbarth Asia. Aeth ef a George Patterson i China gan aros am gyfnod gyda chenhadon y China Inland Mission cyn symud yn uwch i fyny'r Afon Yangtse i Nanchang.

Er syndod iddynt sylweddolodd y ddau fod llawer o'r cenhadon yn parhau i ddefnyddio'r dull 'compound' lle roeddent yn aros mewn un man gan geisio sefydlu eglwys yno heb fentro ymhellach. Roedd Bull a Patterson yn awyddus i geisio gweithredu yn fwy Beiblaidd a dilyn y dull apostolaidd o deithio llawer mwy gan sefydlu eglwys ac yna symud ymlaen.

Aethant i Cangting gan aros am ddeunaw mis yn dysgu'r iaith ac yn gwneud cysylltiadau pwysig gyda Thibetiaid oedd yn byw yn yr ardal. Daethant i gysylltiad â dau frawd Pangda oedd o deuluoedd dylanwadol ac fe'u gwahoddwyd i'w pentref, sef Po ar lan afon Yangtse. Parhaodd Bull i ddysgu'r iaith Dibetaidd a dechreuodd bregethu. Erbyn 1950 roedd y Fyddin Goch yn agosáu ond er y peryglon penderfynodd Bull aros ac er mwyn hyrwyddo'r Efengyl agorodd fferyllfa. Gwerthfawrogwyd y gwasanaeth yn fawr a thrwy ei gyflenwadau o foddion a'i wybodaeth feddygol gallai drin anafiadau bach, anhwylderau a thrafferthion llygaid. Roedd llawer o'r dynion yn dioddef o afiechydon rhywiol oherwydd eu harfer o rannu eu merched. Ond roedd Bull yn anhapus pan glywodd fod ei gleifion yn mynd hefyd at y Lama er mwyn iddo alw ar yr ysbrydion i'w hiacháu. Esboniodd iddynt na fyddai Duw yn gweithio trwy gythreuliaid. Adeiladodd ystafell i addoli ynddi fel estyniad i'w gaban pren. Pan alwodd dau Efengylydd Tsieneaidd heibio cafodd gyfle i gynnal ei oedfa gyntaf o fawl yno. Dychwelodd wedyn i Batang, gorllewin China, i atgyfnerthu eglwys fechan oedd yno. Rhoddodd wybod i'r awdurdodau Comiwnyddol ei fod yno a gadawyd llonydd iddo am y tro.

Ym 1950, wrth i'r Fyddin Goch ddynesu ffodd i Po. Cyn hir cyraeddasant yno, ond ni chafodd Bull unrhyw drafferth. Ym mis Gorffennaf symudodd y fyddin yn ei blaen a phenderfynodd yntau symud. Aeth i Markham Gartok, caer 14,000 o droedfeddi uwchlaw lefel y môr. Arhosodd yno am ganiatâd i fynd ymhellach i mewn i Tibet. Tra oedd yno daeth yn ymwybodol o'r gwrthwynebiad cynyddol oedd i Gristnogaeth gan yr arweinwyr Bwdïaidd a Chomiwnyddol. Daeth o dan ymosodiad ysbrydol oedd yn tanseilio ei ffydd. Cafodd ei arestio ac fe'i cadwyd yn gaeth cyn iddynt ei hebrwng yn ôl i Batang i gael ei groesholi. Fe'i cyhuddwyd o fod yn Imperialydd Prydeinig a bygythiwyd ei saethu yn y fan a'r lle. Bu yn y carchar yno am 45 diwrnod cyn cael ei symud i Chungking. Yno cafodd ei groesholi gan swyddog o'r fyddin am ei fywyd a'i waith, y bobl yr oedd wedi eu cyfarfod, ei ddyddiaduron, llythyrau a phapurau. Am bum mis buont yn ceisio ei gyflyru i feddwl yn wahanol. Ym 1951 fe'i symudwyd i garchar arall. Yno rhoddwyd iddo lenyddiaeth Farcsaidd er mwyn ceisio newid ei feddwl. Am dros flwyddyn fe'i cadwyd ar ei ben ei hun ac ar wahân i garcharorion eraill, ond yn sydyn newidiodd yr awdurdodau eu dull a rhoddwyd carcharorion eraill yn ei gell.

Penodwyd arweinydd er mwyn arwain trafodaeth ddyddiol i droi eu meddyliau tuag at gomiwnyddiaeth. Cyhuddwyd Bull o ddefnyddio Cristnogaeth fel cyfrwng i guddio ei wir waith fel ysbïwr rhyngwladol. Roedd yr holl ymosodiadau hyn yn effeithio ar ei feddwl ac erbyn 1953 roedd wedi blino yn llwyr ac yn cael trafferth i fyfyrio ar yr ysgrythur ac i weddïo. Sylweddolodd fodd bynnag fod miloedd yn gweddïo trosto. Ym mis Rhagfyr 1953 fe'i taflwyd allan o China ac fe'i rhybuddiwyd nad oedd i ddychwelyd yno byth eto. Wrth iddo edrych yn ôl ar ei dair blynedd yn y carchar sylweddolodd fod Duw wedi ei gynnal trwy'r cwbl.

Roy Castle 1932–1994

Diddanwr, seren teledu a chefnogwr elusennau

Ganwyd Roy Castle ar 31 Awst 1932 yn Holmfirth, West Riding, Swydd Efrog, yn unig blentyn i Hubert ac Eliza Castle. Roedd ei dad yn gweithio fel asiant i gwmni yswiriant. Symudodd y teulu i bentref Scholes ger Huddersfield ac aeth Roy i ysgol ramadeg Honley. Dangosodd ddiddordeb pan oedd yn ifanc mewn cerddoriaeth ac fe gafodd wersi canu a dawnsio tap. Pan oedd yn ddeuddeg oed trefnodd ei fam iddo ymddangos mewn sioe leol o ddoniau sef *Youth on Parade* a gynhelid yn ystod yr haf gan Mildred Crossley a'i gŵr Norman Teal.

Ddwy flynedd yn ddiweddarach, ym 1946, gadawodd yr ysgol yn bedair ar ddeg oed er mwyn teithio gyda Crossley a Teal yn eu cynhyrchiad *Happiness Ahead*. Bu'n rhaid iddo ymuno gyda'r fyddin ym 1950 i wneud gwasanaeth cenedlaethol am ddwy flynedd. Wedi iddo orffen yn y fyddin ymunodd gyda phantomeim fel cath Dick Whittington. Bu am gyfnod byr fel trwmpedwr gyda'r Norman Teal Trio cyn mentro ar yrfa fel canwr-dawnsiwr-cerddor, a hefyd fel cocyn hitio i gomedïwr o ogledd Lloegr o'r enw Jimmy James.

Mae'n debyg mai 1958 oedd y flwyddyn bwysicaf yn ei hanes. Y flwyddyn honno fe'i dewiswyd gan yr impresario Val Parnell i ymddangos yn *New Look*, rhaglen ar sianel deledu ATV oedd yn llwyfan i ddoniau newydd. Oherwydd iddo wneud cymaint o argraff ar weithredwyr y cwmni teledu cafodd ei gynnwys i berfformio yn y *Royal Command Performance* y flwyddyn honno. Yn dilyn y digwyddiad hwnnw cafodd adolygiadau yn y wasg oedd yn ei ganmol i'r cymylau. O ganlyniad aeth ar lyfrau'r asiantau theatrig dylanwadol Lew a Leslie Grade. Roedd yn berson amryddawn iawn a galluogodd hyn ef i wneud llawer o bethau yn ystod ei yrfa. Bu'n teithio clybiau a theatrau 'variety' am flynyddoedd cyn cychwyn ar yrfa deledu lwyddiannus.

Cafodd ei gyfres ei hun, *The Roy Castle Show* (1965) ac actiodd mewn tair ffilm, sef *Dr Terror's House of Horrors* (1965), *Doctor Who and the Daleks* (1965) a *Carry on up the Khyber* (1968).

Ym 1972 dechreuodd gyflwyno'r rhaglen boblogaidd *Record Breakers* ar y BBC – yn seiliedig ar y *Guinness Book of Records* – a pharhaodd i wneud hynny am ddwy flynedd ar hugain. Sefydlodd ddwy record byd ei hun sef tapio miliwn o weithiau mewn 23 awr a 44 munud (1985) a theithio y tu allan i awyren am 3 awr a 23 munud wrth hedfan o Gatwick i Paris (1990). Roedd ganddo hefyd gyfres o raglenni ar BBC Radio 2 o 1974 hyd 1983, sef *Castle's in the Air.*

Roedd Roy Castle yn Gristion o argyhoeddiad a chyhoeddodd albwm o ganeuon Cristnogol ar arddull *jazz* gyda'i fab Ben sef *Big Celebration.* Ym 1992 canfuwyd bod ganddo ganser ar yr ysgyfaint ac aeth ati i dynnu sylw at beryglon ysmygu – er nad oedd ef erioed wedi ysmygu – a chynorthwyo apêl i godi £12 miliwn tuag at ymchwil cancr. Bu farw ar 2 Medi 1994 yn Gerrards Cross, Swydd Buckingham, Lloegr.

NEATH PORT TALBOT LIBRARY AND INFORMATION SERVICES

1		25		49		73	
2		26		50		74	
3		27		51		75	
4		28		52		76	
5		29		53		77	
6		30		54		78	
7		31		55		79	
8		32		56		80	
9		33		57		81	
10		34		58		82	
11	6/15	35		59		83	
12		36		60		84	
13		37		61		85	
14		38		62		86	
15		39		63		87	
16		40		64		88	
17		41		65		89	
18		42		66		90	
19		43		67		91	
20		44		68		92	
21		45		69		COMMUNITY SERVICES	
22		46		70			
23		47		71		NPT/111	
24		48		72			